价值观教育的人学理路研究

A Study on Values Education: From the Logic-Way Perspective of Humanlogy

杨艳春　著

江苏人民出版社

图书在版编目(CIP)数据

价值观教育的人学理路研究 / 杨艳春著. --南京 :
江苏人民出版社, 2023.5
国家社会科学基金后期资助项目
ISBN 978-7-214-27691-9

Ⅰ.①价… Ⅱ.①杨… Ⅲ.①思想政治教育-研究-
中国 Ⅳ.①D64

中国版本图书馆 CIP 数据核字(2022)第 229213 号

书　　名	价值观教育的人学理路研究
著　　者	杨艳春
责任编辑	薛耀华
装帧设计	刘葶葶
责任监制	王　娟
出版发行	江苏人民出版社
地　　址	南京市湖南路 1 号 A 楼,邮编:210009
照　　排	江苏凤凰制版有限公司
印　　刷	南京新洲印刷有限公司
开　　本	718 毫米×1000 毫米　1/16
印　　张	16.75
字　　数	291 千字
版　　次	2023 年 5 月第 1 版
印　　次	2023 年 5 月第 1 次印刷
标准书号	ISBN 978-7-214-27691-9
定　　价	88.00 元

国家社科基金后期资助项目

出版说明

后期资助项目是国家社科基金项目主要类别之一，旨在鼓励广大人文社会科学工作者潜心治学，扎实研究，多出优秀成果，进一步发挥国家社科基金在繁荣发展哲学社会科学中的示范引导作用。后期资助项目主要资助已基本完成且尚未出版的人文社会科学基础研究的优秀学术成果，以资助学术专著为主，也资助少量学术价值较高的资料汇编和学术含量较高的工具书。为扩大后期资助项目的学术影响，促进成果转化，全国哲学社会科学规划办公室按照“统一设计、统一标识、统一版式、形成系列”的总体要求，组织出版国家社科基金后期资助项目成果。

全国哲学社会科学规划办公室

目 录

导　言

加强和改进社会主义核心价值观教育，是价值观教育研究的理论热点和现实难点。本书在厘清价值、价值观、社会主义核心价值观、和谐文化、人性和马克思人的本质观等基本概念及其特点的基础上，系统研究了中国传统价值观教育的人性论理论依据和教育路径、西方人本主义价值观教育的哲学基础和特点、我国社会主义核心价值观教育的马克思主义人学理论依据和实践路径、中国共产党对价值观教育人本化发展的探索、社会主义核心价值观引领文化发展的人学理路等价值观教育的重大理论和实践问题，论证了价值观教育的人本指向是以人为本的时代精神的体现和立德树人的根本要求；在科学构建以人为本的价值观教育的理论依据、实践路径和保障机制等方面提出了一些新思想、新观点和新方法，是着眼于人的本质的自由全面发展，提升价值观教育的科学性、针对性、实效性、系统性和满意度的有益探索。

一、选题缘由

从1990年进入安徽大学哲学系至今的30多年里，笔者一直在高校从事马克思主义理论和思想政治教育的学习、教学和科研工作，特别是在笔者学习了马克思关于人的本质的自由、解放与全面发展的人学思想后，笔者深深为马克思列宁主义哲学人学所吸引，努力实现人的本质的自由全面发展不仅是笔者的人生信仰和价值追求，而且是笔者的人生梦想和行动方向。因此，人的本质的自由全面发展问题也是笔者一直关注的重大问题和长期研究的兴趣点。特别是在全球化、信息化时代，笔者对市场经济条件下人的价值观的物化和人的本质的异化现象导致的“人学空场”问题产生“苦恼的疑问”。作为一名长期奋斗在高校思想政治工作一线的思想政治理论课教师，笔者深知加强马克思主义理论武装和思想价值引领能够为解决“人学空场”问题，为引导大学生培养正确的世界观、人生观和价值观提供科学理论依据。因此，

1998 年笔者在中国人民大学攻读硕士学位时，就在导师——杨彦钧教授的指导下选定了“马克思人的本质观与‘两课’教育”作为硕士论文选题加以研究，从思想源头——马克思人的本质观的视角对解决高校思想政治教育教学的“人学空场”问题做了初步探索，选题的创新性、针对性和前瞻性得到了导师和答辩委员会老师的一致好评。2001 年硕士毕业后，笔者又在导师的鼓励下，结合对以人为本的科学发展观的学习、研究和运用，花了约 10 年时间，在 3 万多字的硕士论文的基础上完成了约 30 万字的著作《德育人本论》，对笔者关注的高校德育人本化发展问题做了深入系统研究，该书 2012 年在母校中国人民大学出版社出版。在该书的研究过程中，笔者越来越认识到市场经济条件下的“物化”和“人学空场”问题不仅存在于高等教育中，而且弥漫于整个社会文化、思想、价值观念之中，深深感悟到中国经济的快速发展与人的思想价值观念的相对滞后形成鲜明对比、经济爬坡与道德滑坡的矛盾凸显，尤其是价值领域中的“见物不见人”的价值物化及其导致的人的本质的异化现象十分突出，一些人甚至极少数党的高级领导干部的价值观歪曲和异化，严重影响了中国社会的和谐发展与现代化建设，败坏了党风、政风和社会风气，这不是仅仅靠高校德育人本化发展就能够解决的问题，而是需要全党全国全社会深入贯彻落实以人为本的科学发展观和以人民为中心的执政理念，从人的实践本质出发，加强和改进社会主义与集体主义价值观教育，践行为人民服务的宗旨和价值追求。2012 年党的十八大提出了加强以“三个倡导”为主要内容的社会主义核心价值观教育，为笔者深入研究社会主义核心价值观教育人本化发展指明了研究方向、提供了研究动力。笔者越来越认识到科学构建社会主义核心价值观教育人本化发展理路是需要深入研究的时代课题，这更加提升了笔者研究的兴趣。中国特色社会主义进入新时代，全球化、信息化条件下，文化、思想、价值观念的多元化、复杂化，特别是价值领域的物化、异化倾向不仅不能适应中国社会大变革、大转型、大发展的需要，而且给西方敌对势力和平演变之机，严重影响党的意识形态安全和国家安全，迫切需要我们加强马克思主义理论武装和思想价值引领，解放思想、实事求是、与时俱进，科学构建以人为本、以人民为中心的文化和价值观建设人本化发展新理路。党的十八大在总结以人为本的科学发展观和社会主义核心价值体系建设的经验的基础上，提出了加强以“三个倡导”为主要内容的社会主义核心价值观建设，为培育和践行社会主义核心价值观指明了马克思主义人学发展方向，也为国家富强、民族复兴、人民幸福、社会和谐、个人发展提供了价值指引，社会主义核心价值观教育人本化发展问题研究越来越成为笔者不断深化研究的兴奋点。2012 年笔者在深入学习党的十八大精神和习近平总书记关于加强社会主义核心价值观建设、发展和繁荣社会主义文化的系列重要讲话精神的基础上，又针对西方抛出的“普世价值”之争和对中国民主问题的歪化与批评，围绕社会主义核心价值观中的“民主”问题进行了深入的专题研究，主持完成2012年教育部人文社会科学基金项目“中国特色社会主义民主发展理路研究”(12YJA710087)，2015年在江西人民出版社出版了约25万字的研究专著《中国特色社会主义民主论》。该书在系统梳理中西方民主发展历程和不同发展理路的基础上，深入剖析了西方民主的抽象人本主义和人性论理论基础，论证了中国共产党开辟的中国特色社会主义民主发展道路是人类民主政治人本化发展的新道路，该书得到学术界的认可，简装本在2016年获得“第三十届华东地区优秀哲学社会科学图书评选二等奖”。

2019年3月18日，习近平总书记主持学校思想政治理论课教师座谈会，明确指出思想政治理论课是立德树人的关键课程，上好思想政治理论课的根本在思想政治理论课教师，并对思想政治理论课教师提出了“政治要强、情怀要深、思维要新、视野要广、自律要严、人格要正”①的要求，对于加强思想政治理论课教师队伍建设、办好人民满意的教育、立德树人、培养担当民族复兴大任的时代新人具有重大意义。笔者有幸入选2013年教育部“全国高校优秀中青年思想政治理论课教师择优资助计划”，该计划旨在培养一批国家级马克思主义学科领军人物和思想政治理论课学术带头人。作为一名资深的思想政治理论课教师，笔者一直不忘自己肩负的立德树人使命和大学生思想政治教育重大责任，不满足于只是把课上好和完成相应的科研任务，而是时时提醒自己尽最大努力深入研究人的本质与人的价值发展的矛盾辩证法，为促进人的本质的自由、解放与全面发展做出一个学者应有的贡献。同时，笔者深知以“三个倡导”为主要内容的社会主义核心价值观12个条目24个字涉及的内容太多、范围太广，其中的任何一个条目都不是一本著作能够完全说得清楚的，尽管笔者对其中的“民主”问题做了有益探索，对增强中国特色社会主义民主自信、坚持民主的价值追求、坚持中国特色社会主义民主发展道路有所启发和帮助，但社会主义核心价值观研究的复杂性和高难度，决定了笔者没有精力和能力去对其中的每一个条目做完整系统的深入研究。在反复调查研究基础上，笔者决定不再执迷于社会主义核心价值观12个条目24个字的分门别类的系统研究，而是借助马克思主义哲学人学方法论的指导和对人的本质的自由全面发展这个社会主义核心价值观的最根本价值追求，坚持以人为本、以人民为中心的价值发展新理念，不忘初心、牢记使命，

① 习近平：《思政课是落实立德树人根本任务的关键课程》，《求是》2020年第17期。

古为今用、洋为中用,在总结中国传统人性论价值观和西方人本主义价值观教育的经验教训的基础上,拨正价值观教育研究的人本指向,从最一般意义上,对价值观教育的人学理路做系统深入的探究。在确定了这个研究目标,厘清研究思路后,笔者在 2015 年成立课题研究组,指导研究生、青年博士助教老师开展相关调查研究,经过五年的不懈努力,在 2020 年初基本完成《价值观教育的人学理路研究》一书的初稿,并以此书稿申报国家社科基金后期资助项目并获得立项,国家社科基金委组织的盲审专家给出了宝贵修改意见。笔者又在此基础上,用一年左右时间,进一步广泛调研、认真吸收同行和专家的指导意见,不断深化研究。笔者希望本书的研究成果能够为党和国家加强社会主义核心价值观建设提供马克思主义人学理路的咨政服务,为人们磨砺正确的价值观提供理论参考和实践指导,为把社会主义核心价值观融入人的日常生活、贯穿人的本质的生成和发展全过程、加强和改进青少年学生思想政治教育教学服务,不负习近平总书记对思想政治理论课教师的殷殷期望,提高价值观教育的科学性、针对性、实效性、系统性和满意度。

二、主要内容

本书的主要内容是系统探索价值观教育人本化发展新理路。本书第一章对价值、价值观和如何树立正确价值观做了系统阐述。为了帮助读者了解本书研究的主要内容,这里对人学、人本化、理路等基本概念的内涵做简单梳理和说明。

从人学视角看,尽管国内以黄楠森教授为代表的人学研究有三十多年的历史,并且成立了全国人学学会,凝聚了一大批对人学有兴趣的研究者,关于人学研究也硕果累累,但人学能不能作为一个独立的学科、人学与哲学的关系等也一直是学术界争论不休的话题。从国家颁布的学科专业目录来看,人学还没有正式列入国家学科目录,说明人学作为一级学科建设还不够成熟,还有很长的路要走。但这并不影响人学的研究,学术界主要是从哲学特别是马克思主义哲学的角度来研究人学,形成了一系列关于马克思主义人学思想的研究成果,主要是围绕人性、人的阶级性、人的异化、人的本质、人的价值、人的主体性和实践性、人权以及人的自由、解放和全面发展等关于人的基本问题展开研究的,产生了一批有影响的研究成果。西方学者主要是从人本主义和社会批判理论的视角来解读马克思人学思想,并企图制造青年马克思与老年马克思的对立,用马克思的人本主义来消解历史唯物主义,因此其不可能科学揭示马克思人学思想与历史唯物主义的内在联系。改革开放以来,国内学者一直重视马克思人学思想的研究,基本突破了西方学者和苏联专家的解读范式,形成了马克思主义人学思想的中国化解读范式。其中,以黄楠森的《人学理论与历史丛书》和韩庆祥、亢安毅的《马克思开辟的道路——人的全面的发展研究》最具代表性,这些研究成果不仅从不同视角深化了马克思主义人学思想中国化的研究,而且为我们党提出贯彻和落实以人为本的科学发展观和坚持以人民为中心的执政理念提供了理论参考。但他们很少把马克思主义人学研究与价值观教育人本化发展研究结合起来。本书是把人学作为哲学的一个分支,从哲学高度来研究价值观教育人本化的人学理论基础和实践路径,在系统探索中国哲学传统人性论思想及其价值观教育理路、西方个人主义价值观教育的人本主义哲学理路的基础上,积极探索价值观教育的马克思主义人学理路,特别是在前期对"人的本质"概念在马克思著作中的不同理论定位①的解析的基础上,把人的本质的自由全面发展作为价值观教育人本化发展的根本价值追求,从马克思主义人学思想源头来揭示马克思人的本质观与马克思主义人学思想的科学内涵及其对价值观教育人本化的启示,从而凸显"以人为本"的价值,深化价值观教育人本化的哲学理论基础和实践路径研究。

从人本化视角看,人本化中的"人"不是抽象的、一般的人,而是在一定生产力条件下、一定社会关系中从事实践活动的历史的、具体的、现实的人。作为价值观教育的主客体就是指当代中国人。"本"包含根本与本质两层含义,从根本上看,马克思人的本质观是关于人的本质的最科学概括,马克思关于人的本质的自由全面发展观是社会主义核心价值观教育教学的根本,可见,马克思人的本质观既是马克思主义人学思想的源头,更是以人为本、推进社会主义核心价值观教育人本化发展的理论渊源,为坚持以人为本,加强和改进社会主义核心价值观教育提供了最根本的思想指导。从本质上看,价值观教育归根结底是关于人的工作,价值观教育人本化的本质是促进人的自由全面发展。"人本化"的核心是以人为本,就是要把人作为处理和解决问题的最高出发点、最终根据与最后落脚点,主要包括四个方面的基本内涵:在人和自然的关系上,就是不断增加可持续发展能力;在人和社会的关系上,就是使社会发展成果惠及全体人民,不断促进人的全面发展;在人和人的关系上,就是不断实现人的平等发展、和谐发展,使人与人互相尊重,主要包括注重社会公

① 参见杨艳春、王诚德《人的本质概念在马克思思想中的不同理论定位》,《求实》2010 年第 8 期。

正，关注弱势群体；在人和组织的关系上，就是各级组织要自觉尊重和保障个人的合法权益，不断满足人的全面发展需求，尊重人的能力。人本化的实质是从人的实践本质出发，以促进人的自由、解放与全面发展为根本价值追求，不断拓展人的本质力量的各种活动、过程和结果的总和。有必要指出，本书的以人为本是从马克思主义人学思想源头即马克思人的本质观来揭示马克思关于人的本质的自由全面发展思想，既超越西方人本主义、人文主义、人道主义和个人主义的"以人为本"，又超越中国传统文化人性论和"民本"思想。尽管它们都不同程度上包含以人为本的合理因素，但是，由于历史的和阶级的局限性，它们都没有超越资本主义和封建主义意识形态的范围。只有马克思主义才扬弃和超越了以往的人文主义、人道主义、人本主义和个人主义，使以人为本获得了科学的含义。

从价值观教育人本化的目标看，价值观教育人本化就是要从人的实践本质出发、以人为本地加强社会主义核心价值观教育，发挥价值观教育在立德树人、以文化人、培养人的正确"三观"方面的主要功能，为人的自由、解放与全面发展提供思想价值引领和精神支持。价值观教育人本化就是要将价值观教育培养目标与人本化过程和目标有机结合，从党的宗旨看就是要践行党的全心全意为人民服务的宗旨，不忘初心、牢记使命，体现党的思想政治教育价值；从发展观看就是要深入贯彻落实以人为本的科学发展观和新发展理念，全心全意为人民谋发展；从执政观看就是要坚持以人民为中心的执政价值追求，满足人民群众对美好生活的向往；从党的价值观教育观看就是要加强马克思主义理论武装和思想价值引领，培育和践行社会主义核心价值观；从教育使命观看就是要立德树人、以文化人，培养社会主义合格建设者和接班人；从马克思人的本质观看，就是要促进人的本质的自由全面发展。因此，本书所讲的价值观教育人本化就是以马克思主义人学思想中人的本质的自由全面发展思想为理论基础，科学吸取和运用中西方人学思想中的合理因素，以现实的人为出发点，按照以人为本的原则，加强和改进价值观教育，促进人的自由而全面的发展和人与自然、自身、社会的协调发展。

理路简单地说就是理论依据与实践路径。本书系统探索了价值观教育的人本化理路：首先，在系统探索中国传统价值观教育的人性论理路、西方价值观教育的人本主义哲学理路的基础上，系统探索价值观教育的马克思主义人学理路。科学构建价值观教育的马克思主义人学理路旨在从哲学高度探索如何运用马克思主义人学思想、辩证吸取中西人学思想的合理因素来加强和改进价值观教育，提高价值观教育的科学性、实效性、针对性、系统性和满意度，促进人的本质的健康生成和人的全面发展。其次，在上述基础上，分析中国共产党是如何推进价值观教育人本化发展、探索以人为本的价值观教育人本化发展新理路的。最后,从以文化人、立德树人的视角,探索了社会主义核心价值观引领文化发展的人学理路。总之,本书按照以人为本的科学发展观和以人民为中心的执政价值追求的要求,凸显"以人为本"在促进价值观教育人本化发展中的价值,积极探索系统构建价值观教育人本化的理论依据、实践路径和有效机制。基于此,本书共七章,主要内容如下:

1. 价值与价值观概述。厘清价值、价值评价、价值观、社会主义核心价值观等基本概念的科学内涵和特点,准确把握中国封建社会和资本主义国家核心价值观,梳理我国社会主义价值观教育的理论发展脉络,强调价值观教育人本化发展要坚持古为今用、洋为中用、不忘初心、不辱使命、推陈出新,积极探索提升社会主义核心价值观教育实效性的人学新路径,为系统探索价值观教育的中西方人学思想渊源和马克思主义人学理论依据与实践路径奠定基础。

2. 中国传统价值观教育的人性论理路探析。在讨论中国古代道德教育发展的人性论思想基础上,着重分析中国传统人性论的基本特征及以此为基础的传统价值观教育"修身为本"的基本目标和方法;揭示传统人性论价值观教育重德性与教化的原因,道德教化的主要内容、方法及其对当代价值观教育的启示。

3. 西方价值观教育的人本主义哲学理路解析。通过对西方人道主义、人本主义和个人主义等人学思想发展脉络的哲学解析,分析西方人文主义传统为什么会发展成以个人主义为核心的资产阶级价值观和意识形态,剖析其形成的经济、政治、社会、思想文化根源,把握其发展形态与发展趋势,正确评价西方人学思想在构建资本主义精神及个人主义核心价值观中的历史地位、作用与局限性,积极探索超越个人本位的个人主义价值观、构建社会本位的社会主义核心价值观的理论依据及对我国价值观教育的启示。

4. 价值观教育的马克思主义人学理路研究。从马克思主义人学思想源头厘定马克思人的本质观的科学内涵,揭示"人的本质决定人的价值、人的价值参与人的本质的生成发展"的互动品质要求价值观教育要坚持以人为本;论证马克思主义人学思想与其价值理论在逻辑、方法论和价值追求方面的内在统一,决定了它是价值观教育的理论基础;以实践为基础的马克思人的本质的自由全面发展观是践行社会主义核心价值观的科学依据,决定着坚持以人为本、培育和践行社会主义核心价值观的必要性、可能性和有效性;二者相互联系、相得益彰的良性互动,为价值观教育指明了人本化发展方向,为社会主义核心价值观教育提供了科学理论依据。在此基础上,阐述马克思人的本质观对加强思想价值引领的重大价值，系统构建社会主义核心价值观教育的马克思主义人学路径，论证思想政治理论课是立德树人、加强思想价值引领的关键课程，形成了加强青少年学生马克思主义理论武装和思想价值引领的有效路径。

5. 中国共产党对价值观教育人本化发展的探索。主要探索几代中国共产党人在不同历史时期对马克思主义人学思想的丰富与发展和对价值观教育人本化发展的探索，为社会主义核心价值观教育人本化发展进一步夯实理论基础，揭示以人为本的科学发展观、以人民为中心的执政理念和对人的本质的自由全面发展的价值追求不仅是对马克思主义人学思想的继承与发展，而且是中国共产党对人类价值观的合理扬弃，是党的初心和宗旨在价值观上的具体体现，是时代精神的精华，有其产生的历史必然性和内在根据。

6. 以人为本：价值观教育人本化发展的新理路。通过对“以人为本”为什么成为时代潮流、成为价值观教育的新理念和内在要求的科学分析，揭示价值观教育人本化发展的新体现和新要求，积极探索科学构建价值观教育人本化机制，提升价值观教育的针对性、科学性、实效性、系统性和满意度。

7. 以文化人：社会主义核心价值观引领文化发展的人学理路。在阐述社会主义核心价值观与和谐文化的科学内涵、基本特点、精神实质的基础上，揭示马克思主义人学思想、社会主义核心价值观与和谐文化的辩证关系，从文化自觉、大众文化建设、校园文化建设和机制构建等方面，科学构建社会主义核心价值观引领文化发展的马克思主义人学理路。

总之，本书提出和论证了价值观教育的人本指向是以人为本的时代精神的体现和立德树人的根本要求；在科学构建以人为本的价值观教育的理论依据、实践路径和保障机制等方面提出了一些新观点和新方法，是对加强正确世界观、人生观和价值观教育，促进人的本质的自由全面发展所做的有益探索。

三、主要观点

本书在厘清价值观教育的中西方人学理路与启示的基础上，阐述马克思人的本质的自由全面发展观，揭示人的本质与人的价值良性互动发展的矛盾辩证法，在分析中国共产党如何丰富和发展马克思主义人学思想、积极探索社会主义价值观教育人本化发展思想，科学构建社会主义核心价值观引领文化发展的马克思主义人学理路等方面，提出和论证了一些新观

点,例如:

1. 改革开放以来,中国经济的快速发展与人们思想价值观念的相对滞后形成的鲜明对比、经济爬坡与道德滑坡的矛盾凸显,特别是价值领域中的"见物不见人",金钱崇拜、商品崇拜与权钱色交易等价值观物化、异化的不良倾向严重影响中国社会的和谐发展与现代化建设,败坏党风、政风、民风和社会风气,迫切要求我们坚持马克思人的本质的自由、解放与全面发展的价值导向,坚持以人为本、以人民为中心的价值观发展新理念,不忘初心、不辱使命,古为今用、洋为中用,在扬弃中国传统人性论价值观和西方人本主义价值观教育的经验教训的基础上,拨正价值观教育的人本指向,积极探索社会主义核心价值观引领文化发展的马克思主义人学理路,按照习近平总书记关于立德树人、加强社会主义核心价值观教育的系列讲话要求,"把培育和弘扬社会主义核心价值观作为凝魂聚气、强基固本的基础工程",为加强和改进社会主义核心价值观教育提供马克思主义理论武装和思想价值引领。

2. 价值观教育的主客体都是人,人的本质观是对人的根本问题的回答,马克思人的本质观是迄今为止关于人的根本问题最科学的回答,能为人们加强价值观教育提供理论指导。马克思人的本质的自由全面发展观不仅是马克思主义人学思想的核心,而且是唯物史观和科学实践观的逻辑起点和理论落脚点,是社会主义核心价值观教育人本化发展的哲学基础,决定着价值观教育人本化发展的必要性、可能性、有效性和发展性;马克思人学思想与其价值理论在逻辑、方法论和价值追求方面的内在统一,决定了它是理解价值观教育人本化的理论基础;价值观教育人本化的核心是"人的本质的自由、解放与全面发展"的价值追求;人与社会辩证关系理论是价值观教育的理论根据;马克思对"劳动—社会—人"的认识和解决人与社会问题的方法论是价值观教育人本化发展的基本方法。

3. 人的本质的生成、发展与价值观教育相互影响、相得益彰。一方面,人的本质决定价值观教育的必要性、可能性和有效性;另一方面,价值观参与人的本质的生成和发展,我们要从人的实践本质出发,系统创新价值观教育的思路、内容、方法、手段等,构建价值观人本化发展的理路和机制,不断提高教育的科学性、实效性、针对性、系统性和满意度。价值观教育人本化发展要以马克思主义人学思想为指导,坚持以人为本、以人民为中心,辩证吸收中西方人学思想的合理因素,把握人的本质与价值观教育的本质相得益彰的互动品质,引导人们培育正确价值观,超越以个人为根本的个人主义、构建以社会为根本的社会主义集体主义核心价值观,促进人的本质的自由全面发展。

4. 青少年学生是价值观教育的重点对象，马克思人的本质的自由全面发展观是思想政治教育、社会主义核心价值观教育、思政课教学、素质教育和心理健康教育的出发点、落脚点和连接点；是以人为本、立德树人、以文化人，提升价值观教育教学科学性、针对性、实效性、系统性和满意度的理论依据。

四、学术创新

1. 本书通过对中西方人学思想和马克思主义人学思想的历史考察，坚持马克思开辟的人学道路，把马克思关于人的本质的自由全面发展观等人学思想与价值观教育结合起来，揭示其相互促进、相得益彰的互动品格，探索人的本质的健康生成、发展与价值观教育的规律性；同时说明价值观教育在参与人的本质的生成发展中的激励和建构作用，为马克思主义人学理论在社会主义核心价值观教育中的应用探索新领域。

2. 在分析中国共产党如何与时俱进丰富和发展价值观教育人本化发展的马克思主义人学思想的基础上，通过揭示以人为本、以人民为中心的价值观发展新理念和价值观教育的互动品质，从人的实践本质出发，在扬弃中西方价值观教育的人学理路的基础上，巧妙地把马克思人的本质观与价值观教育有机结合起来，努力实现马克思人的本质观与价值观教育研究的基础理论与前沿问题相结合，选题本身有开拓性和针对性。

五、学术价值

1. 本书将人的本质观与人的价值观有机结合起来，通过对中西方价值观教育的人学理路和马克思列宁主义人学依据的历史考察和科学分析，从理论上厘清马克思主义人学思想与西方人道主义、人本主义和个人主义之间的区别，科学分析马克思主义人学理论与中西方人学思想的异同及其革命性变革，正确理解“以人为本”的理论渊源、科学内涵及其对中国共产党的意识形态建设、思想政治工作和价值观教育人本化发展的时代价值，拓展价值观教育人本化发展的马克思主义人学研究新领域。

2. 通过论证马克思人的本质观与其价值理论在逻辑、方法论和价值追求方面的内在统一，指出其是加强和改进社会主义核心价值观教育的理论依据;在此基础上准确定位马克思人的本质观、价值观、唯物史观和以人为本的科学发展观、以人民为中心的执政价值发展新理念之间的内在联系;深刻揭示马克思人学思想与社会主义核心价值观教育相得益彰的良性互动品质;系统建构以社会主义核心价值观为主要内容和价值坐标的文化建设方案,科学构建以社会主义核心价值观引领文化建设的马克思主义人学理路,促进价值观教育人本化。

六、存在问题和需要改进之处

1. 从研究内容看,价值观教育人本化发展是一个复杂的时代课题,不是一本著作能够说得清楚的,需要系统研究,特别是要围绕重点难点进一步深化研究。重点是通过对中国传统人性论价值观教育理路、西方人本主义价值观教育的人学理路和社会主义核心价值观教育的马克思主义人学理路的系统考察,科学揭示价值观教育人本化发展的中西方人学思想渊源和马克思主义人学理论依据,进一步夯实价值观教育人本化发展的人学理论基础。难点是如何结合中国共产党对马克思主义人学思想的丰富发展和对社会主义价值观教育人本化发展理路的探索,从人的实践本质出发,把马克思主义人学思想与价值观教育有机结合起来,为科学构建以人的本质的自由全面发展为主要价值目标的价值观教育人本化发展路径提供理论指导,指明社会主义核心价值观引领文化发展的马克思主义人学指向,提高价值观教育的科学性、针对性、实效性、系统性和满意度。

2. 从进一步深化研究和成果应用转化看,本书研究内容十分复杂,需要耗费大量人力、物力和财力,尽管课题负责人组织自己指导的研究生和青年教师形成课题组进行了长期研究,系统梳理了价值观教育人本化的中西方人学思想渊源和马克思主义人学理论依据,构建了社会主义核心价值观教育引领文化发展的马克思主义人学理路,对促进价值观教育人本化发展做了积极探索,但由于主客观条件和研究水平所限,对社会主义核心价值观中国化的分析中,有些观点过于概念化、不够大众化。马克思主义人的本质观和价值观中国化的重要成果恰恰需要实践层面的更多解读和应用,而不是仅仅侧重于理路分析。因此,把马克思关于人的本质的自由全面发展观与价值观教育结合起来,探索人的本质的健康生成、发展与价值观教育的规律性;积极探索构建价值观教育人本化发展的新机制,从而实现马克思人的本质与价值观教育研究的基础理论与前沿问题相结合等,不能只是停留于理论和政策解读层面，还需要在进一步调研的基础上深化研究和推广应用。这也为本课题后续研究预留了空间。因此，作者积极与福建省社会科学界联合会和科学技术协会合作，计划在项目结题后加强成果的应用和转化，推动社会主义核心价值观教育人本化发展的科普工作，推动价值观教育大众化，引导人民群众广泛培育和践行社会主义核心价值观。

第一章　价值与价值观

价值观教育作为思想文化建设的核心越来越受到各个国家的重视，更是习近平总书记十分关心的重大问题，他多次强调，要“把培育和弘扬社会主义核心价值观作为凝魂聚气、强基固本的基础工程，继承和发扬中华优秀传统文化和传统美德，广泛开展社会主义核心价值观宣传教育，积极引导人们讲道德、尊道德、守道德，追求高尚的道德理想，不断夯实中国特色社会主义的思想道德基础。”①“核心价值观是文化软实力的灵魂、文化软实力建设的重点。这是决定文化性质和方向的最深层次要素。一个国家的文化软实力，从根本上说，取决于其核心价值观的生命力、凝聚力、感召力。培育和弘扬核心价值观，有效整合社会意识，是社会系统得以正常运转、社会秩序得以有效维护的重要途径，也是国家治理体系和治理能力的重要方面。历史和现实都表明，构建具有强大感召力的核心价值观，关系社会和谐稳定，关系国家长治久安。”②　为此，我们要深入研究价值观教育人本化发展理路，为促进人的本质的全面发展提供思想价值引领。

一、价值与价值评价

加强社会主义核心价值观教育，我们首先要了解：什么是价值和价值观？如何加强和改进价值观教育？如何培育和践行社会主义核心价值观？

（一）价值

加强和改进价值观教育首先要厘清价值概念的科学内涵与基本特点。

---

① 习近平：《把培育和弘扬社会主义核心价值观作为凝魂聚气强基固本的基础工程》，《人民日报》2014年2月26日第1版。

② 习近平：《把培育和弘扬社会主义核心价值观作为凝魂聚气强基固本的基础工程》，《人民日报》2014年2月26日第1版。

1. 价值的内涵

价值概念的内涵十分丰富，不同学科和视角对价值的认识不一样，从哲学上看，价值是展现主客体需要和满足需要的关系的哲学范畴，揭示的是客体对于主体的意义的范畴。从实践的价值尺度看，价值就是人们利用实践对外部世界进行改造从而使其满足自身需要，这也体现出实践的价值创造性这一显著特征。对于实践目标和价值尺度我们可以从三个方面来理解：首先，实践具有目的性。任何实践的出发点和落脚点都是为了满足人的需要，是以现实的人的需要为目标而进行的带有主观能动性的活动。其次，实践的对象是客体。但自然客体并不能够完全满足人的需要，这些客体也就构成了实践的对象。最后，实践的效果是创造有价值的事物来满足人的需要。

价值现象普遍存在于生产和生活的各领域和各层次。例如在经济上衡量经济活动的经济效益；在政治领域中衡量政权组织与人民利益的契合程度和人民的获得感彰显程度；在精神生活中各类信仰和信念对人们精神的支撑和指导效应；在艺术领域中艺术作品给予人们美的享受程度；等等。这些都是主客体之间价值关系的具体表现。哲学上的价值概念正是对各类价值现象的普遍本质的概括，是从各类具体价值内容和形式中抽象、概括出其中普遍存在的本质性的内容和客体对于主体的现实需要的满足状态：只有当客体满足主体的需要，客体的价值才能体现；客体对于主体满足程度越高，其价值就越大，反之就越小甚至无价值。

2. 价值的特点

首先，价值的客观性特点，是指构成价值关系的各个环节和要素都具有客观性。第一，人的需要都是客观的。人的需要包括自然需要、社会需要、物质需要、精神需要等，所有需要都是由人的实际生存条件决定的、都是客观的。第二，能够满足价值需要的客体都是客观的。因为客体对于人的需要的满足程度取决于客体的本质属性而不会以人的意志而转移。第三，需要的满足过程和结果也是客观的。从主客体的关系来看，需要的满足是主客体之间相互作用的结果。例如衣服满足人的保暖需要和美术满足审美需要等都是不以人的主观意志为转移的客观过程，主客体相互作用所形成的结果就直接体现出客体对主体需要的意义关系。例如，一件衣服被人穿上以后，对于这个人是否有积极意义；某类影视作品被观赏以后是否能够让主体接受教育或产生美感；自然风光为主体带来的身心愉悦感；等等。这些都直接体现出主客体相互作用后所形成的意义关系，这种意义关系本质上是客观的。所以，价值和形成价值关系的所有环节都是客观的，这就直接决定了价值具有客观性。

其次，主体价值的差异性。主体价值的差异性也是价值的重要特征。它具体表现在于不同主体需要的差异性和同一主体不同发展阶段的需要具有差异性，其内涵就是价值关系的形成过程是以主体为导向而发生变化的。可见，价值关系并不是主客体天然具有的，而是主体在实践中与客体形成的某种创造性关系。例如社会主义价值观对于无产阶级具有鲜明价值，对于资产阶级则没有价值甚至是负向价值等，说明客体对于主体价值具有差异性，不同主体的需要和同一主体不同阶段的需求都会改变。总之，主体价值的差异性直接说明主体对于客体的满足程度具有一定的区别，体现出直接的主体性。

再次，价值具有社会性和历史性。一方面，作为价值主体的人具有社会性和历史性；另一方面，人对于需要和需要的满足程度也都具有社会性和历史性，因此价值具有社会性和历史性的特征。例如，人类使用的能源从煤炭、石油等不可再生能源到风能、太阳能等可再生能源的发展、变化，说明随着社会历史的发展与变化，人类的需求类别和需求层次也发生了改变，所以对于价值的考察需要用历史的眼光和发展的眼光来看待。

最后，价值具有多维性。价值的多维性指的是作为整体的主体本身在其结构与规定性上具有复杂性和差异性，所以每一个客体对于主体的价值关系表现是多维和全面的。例如一颗宝石对于主体的不同需要来说，可以形成经济、适用、美观、科研等多维度的价值关系。主体在实践中基于一定条件而产生的特殊需要往往会展示客体的某种或多重价值，并且该类价值的获得甚至需要以放弃客体的其他价值为前提。价值多维性要求主体在进行价值创造或实现的时候对客体进行全面考察，避免看待问题的片面性和狭隘性。

（二）价值评价

厘清价值的科学内涵及其基本特点，我们还要进一步研究价值认识即价值评价的特点和作用，深化对价值观的理解。

1. 知识性的认识和价值性的认识

一般来说，人的认识可以分为两类：一是知识性认识，一是价值性认识。中国古人把它称为“见闻之知”与“德性之知”。“见闻之知”即知识性认识，指的是主体对于客体本质、结构、规律等方面的直接反应，是对客体是什么、有什么的认识。“德性之知”即价值性认识，指主体在知识性认识基础上对客体满足主体需要及需要程度的认识，回答的是客体对主体好不好、有没有用等问题。价值性认识与知识性认识构成了人类全部认识的总体，两者本质上是不同的，但是内在又具有一定的联系。中国古代的哲学认识论和价值观教育对于上述内容就已经进行了充分研究。

在中国思想史上,张载首先对知识做出了“德性之知”与“见闻之知”的划分,前者即为道德知识,后者类同于当代的科学之知。[①] 他说:“天大无外,故有外之心不足以合天心。见闻之知,乃物交而知,非德性之知;德性所知,不萌于见闻。”[②]“德性之知”即指能识宇宙万物的至上之智,“见闻之知”则是对外界认识的非至上之知;并且“见闻之知”并非“德性之知”的来源,因为“尽天下之物,且未须道穷理,只是人寻常据所闻,有拘管局杀心,便以此为心,如此则耳目安能尽天下之物?”[③]也就是说“见闻之知”是有限之知,而无限的“德性之知”并不是靠有限的“见闻之知”的累加形成。此外,程颐在“闻见之知,非德性之知”[④]的基础上对两者的关系进行了界定,他认为只穷一物则只见一物,需见万物则需穷万物,穷万物则理明。朱熹在程颐的理解基础之上,进一步阐述了“德性之知”与“见闻之知”的关系。在《大学》“格物致知”章中,朱熹言道:“所谓致知在格物者,言欲致吾之知,在即物而穷其理也。盖人心之灵,莫不有知,而天下之物,莫不有理,惟于理有未穷,故其知有不尽也。是以《大学》始教,必使学者即凡天下之物,莫不因其已知之理而益穷之,以求至乎其极。至于用力之久,而一旦豁然贯通焉,则众物之表里精粗无不到,而吾心之全体大用无不明矣。”[⑤]可见,朱熹强调“德性之知”就是“见闻之知”长期积累和最终豁然贯通的结果。程朱对于“德性之知”与“见闻之知”的关系的认识具有一定的合理性,但是二者对于“见闻之知”的基础性地位并没有真正认同。因而,在他们看来,“见闻之知”的积累是为了形成或启发“德性之知”这种先验之知。

王阳明与朱熹等人的观点正好相反,他否认“德性之知”是建立在“见闻之知”的基础上的观点,认为“见闻之知”属于变幻不定、因时而适的感性现象界,而“德性之知”则是能生万物的绝对本体。所以“德性之知”在逻辑上先于“见闻之知”;“见闻之知”所产生的前提和本质依据是“德性之知”。[⑥] “若主意头脑专以致良知为事,则凡多闻多见,莫非致良知之功。盖日用之间,见闻酬酢,虽千头万绪,莫非良知之发用流行。”[⑦]因此,他学习陆九渊“直指本心”

① 张刚:《儒家德智关系论探究》,《河北学刊》2007年第2期。
② 《张载集·大心篇》。
③ 《张载集·张子语录上》。
④ 《二程集·卷二五》。
⑤ 《四书集注·大学章句注》。
⑥ 张刚:《儒家德智关系论探究》,《河北学刊》2007年第2期。
⑦ 《传习录》(中)。

的原则。“不专论事论末，专就心上说”[1]直接表现了“德性之知”作为绝对普遍之知必然遍存一切事物之中，因此只要通过内省自我本心，摒弃一切私心就能够让“德性之知”自然呈现出来。例如，在对“格物”进行解释的时候，他直接说：“格物，如《孟子》‘大人格君心’之‘格’，是去其心之不正，以全其本体之正。但意念所在，即要去其不正以全其正，即无时无处不是存天理，即是穷理。天理即是‘明德’，穷理即是‘明明德’。”[2]也就是说“格物”非穷理而是摒除人之妄念。进而，王阳明彻底否定了外在事理的客观性：“心即理也。天下又有心外之事，心外之理乎？”[3]这都明证了他“德性之知”先于“见闻之知”的观点。[4]

通过比较分析中国古代先哲对道德知识与科学知识的理解发现，他们对待“德性之知”与“见闻之知”的观点存在一些差异，但是对于二者之间的内在联系和本质差异的理解是具有共性的。“德性之知”是主体自我反省的知识；“见闻之知”则是主体对客体的感觉经验知识。二者相互启发、诱导，相得益彰。为此，中国古代思想家设计了许多促进自我反省的道德教育和价值观培育方法。

2. 价值评价的基本特点

价值性的认识就是价值评价，具有两个基本特点：

一方面，价值评价认识对象的特殊性即它所认识的是主客体之间的价值关系。价值评价是通过对主客体之间价值关系的评价来获得客体对于主体的意义的认识。人们在日常生活和实际工作中经常需要对某些事和人进行评价，了解该类人或事对于社会或他人具有的意义及价值，并以此为依据形成不同的态度，这种通过评价形成态度的活动就是评价性活动。例如，干部考察就是看被考察人是否适合担任特定部门领导，就是其他主体对被考察对象进行评价。倡导为人民服务的人生观和价值观，就是从精神层面对主体的意义进行评价。这些评价都是为了表明评价者对被评价者肯定或否定的态度。所以，表明主体对客体的价值及善的认识也就是价值关系，是价值评价的第一个特点。

另一方面，价值评价作为一种主体性的认识，所形成的结果与评价主体之间具有直接联系。与知识性认识强调认识的客观性不同，评价性认识具有明显的主观性。评价性认识是对主体与客体间价值关系进行认识，因此主体

① 《象山语录》(下)。

② 《传习录》(上)。

③ 《传习录》(上)。

④ 张刚：《儒家德智关系论探究》，《河北学刊》2007 年第 2 期。

的客观状态就会对评价的结果产生一定影响，导致评价的结果容易因主体的具体特点而不同。例如不同的人对某类艺术品是否喜欢，是否适合某类服装，是否认同某种社会制度或政治体系等方面的评价往往存在差异甚至截然对立。这都是评价结果因主体而发生转移的外化表现。

因此，可以归纳出价值性的认识的正确性依赖于与之相关的真理。我们可以从一个反面的事例来说明这一点。例如，英国哲学家罗素认为上帝等同于唯物主义、救世主等同于马克思、选民等同于无产阶级、耶稣降世等同于革命、地狱等同于资本家的革命。他在这里把共产主义理想与宗教信仰这两种截然不同的价值认识等同起来，把关于社会主义、共产主义的信念与宗教信仰等同起来，这种错误的价值性认识就是因为他对科学信念、宗教信仰等缺乏知识性认识。首先，科学信念是在辩证唯物主义和历史唯物主义基础上形成的，而宗教信仰则是在唯心主义基础上形成的有神论；其次，科学信念是以客观真理为依据，相反，宗教信仰完全背离了真理的本质；最后，科学信念倡导理性思考，而宗教信仰则提倡非理性崇拜，鼓励非理性的信仰。

总之，根据价值评价的特点，价值评价应坚持以下三点：一是我们需要重视评价是一种含有客观内容的历史性活动。因为评价的对象即价值关系的客观性就决定价值评价与知识性认识一样，两者都不是一种主观随意性的活动，而是客观的认识性活动。二是正确的评价结果与正确的知识性认识的结果都是不以人的意志为转移的客观性内容。三是因为评价结果的正确性以相关真理性认识为基础，所以对于不同的评价主体而言，把握真理的程度和是否参照相关真理进行评价直接影响评价结果的正确性。因此，人们如果没有以客观的历史规律、人的本质及其发展规律、社会生活交往规律为依据，在形成政治理想、人生观、道德观等价值评价结果的时候就不会形成正确的认识。只有认识到这一点，人们在形成正确的世界观、人生观和价值观的时候才不会出现偏差，也就是说我们的价值观的确立需要以相关的真理为基础。

3. 实践是检验价值评价结果的根本标准

实践是检验评价结果的标准。一般而言，因为知识性认识与评价性认识都是人们在改造客观世界的实践活动中产生和发展并为实践服务的，都是主体对于客体的主观能动反映，所以必然会存在正确和错误之分。实践活动的成功也就直接说明知识性认识与评价性认识都是正确的，因而也只有这样的价值评价才会正确反映出主客体之间的价值关系。需要强调的是：现实生活中的价值认识主体存在多样性，个体、群体、组织、阶级、国家、人类等都在某些方面承担不同的价值认识，而不同主体由于其需求方面的差异性就直接决定了他们对于同一事物也会存在价值认识上的差异甚至对立。但是这并不意味着价值认识是各说各话，没有任何客观的标准。马克思主义论证了人民群众是历史的创造者，强调人民群众的要求和根本利益代表着人类总体的利益需求，与历史发展的趋势和规律相一致，所以对于任何价值认识主体而言，其价值认识的结果如果是与人民群众的要求或者根本利益具有一致性或不相矛盾就是正确的价值认识，反之则不是。例如，为人民服务的价值观、道德观、爱国主义、诚实守信等价值观因为与人类社会历史发展的要求和人民的总体利益相一致，所以是正确的经得起实践检验的价值认识。享乐主义、好逸恶劳虽然在私有制社会获得了一些人的肯定，但是与人类社会总体发展趋势和人民的根本利益相矛盾，因而是错误的价值观念，在实践中也必然被证明是错误的价值认识。

4. 价值评价的功能

价值认识对实践的作用主要体现在三个方面：精神驱动、制约和导向。

首先，价值认识是主体对自身客观需要和利益的主观反映，它是人进行实践的精神动力，不断地推动人们去进行各类实践从而达到实现价值的目的，因而是实践的精神驱动力。其次，价值认识是引导主体进行实践的规范性尺度，对人的实践活动具有明显的制约作用。也就是说它要求人的实践活动具有明确的指向性，而不是盲目的或者随意的，其服从于实践满足人的客观需要这一根本性目的。最后，价值认识对主体实践活动具有明显的导向作用。它引导人类的实践活动更加充分、更全面、更可持续地朝着满足主体的物质文化需要的方向前进。

二、价值观与人的本质观

厘清价值和价值评价的内涵、特点和作用，只是培养正确价值观的前提和基础。要加强价值观教育还要揭示价值观与世界观、人生观和人的本质观的内在联系与互动品质，促进人的本质的健康成长。

（一）价值观与世界观、人生观及其内在联系

世界观、人生观、价值观是人们常说的“三观”。三观既独立又相辅相成，缺一个都不健全。

1. 世界观

世界观就是主体对整个世界的根本看法和观点。人的本质是在实践中形成的各种社会关系的总和，由于人的家庭出身、教育经历、个体成长、个性

特征、实践活动、社会地位和社会关系等方面的不同，使得人观察问题的视角、态度和方法不同而导致世界观的不同。世界观不仅仅是认识问题，而且还包括坚定的信念和积极的行动。辩证唯物主义和历史唯物主义是指导我们认识和改造世界的科学世界观。

2. 人生观

人生观是对人生目的、意义的根本看法和态度。它指引人的生活方向，影响人的道德品质和道德行为，决定着人一生的价值目标和生活道路。人生观的内容丰富，主要包括家庭观、恋爱观、友谊观、幸福观、苦乐观、生死观等。人生观要回答的基本问题是：人究竟为什么活着？人应当怎样度过自己的一生？人生目的和意义是什么？人应当使自己成为一个什么样的人？正是由于人成长的主客观条件不同，不同的人对于人生的价值、生活目的和意义等问题有不同的观点和态度，因而形成了不同的人生观。

我们必须以马克思主义理论为指导，引导人们培养正确的人生观，努力使自己成为一个有益于他人、社会和人民的人。

3. 价值观

价值观是主体在社会实践中形成的具有根本性的社会生活和实践的高度普遍性、概括性的价值观念及其体系，是系统化的价值认识。价值观的内涵极其丰富，例如理想、科学观、道德观、审美观等都属于价值观的范畴。可见，价值观是指主体对客体及其对自己的行为结果的作用、效果和重要性的总体评价，决定着主体的思想和行动的原则、标准和善恶价值判断，是人的本质的价值体现和价值诉求，是个体心理结构的核心因素之一。价值观一方面表现为价值取向、价值追求，凝结为一定的价值目标；另一方面表现为价值尺度和准则，成为人们判断价值客体有无价值和价值大小的评价标准。价值观是人用于区别好坏，分辨是非及其重要性的心理倾向体系，它反映人对客观事物的善恶、是非及重要性的评价。一个人的价值观既有相对的稳定性和持久性的一面，又具有可塑造性的特点：一方面，一个人的价值观一旦确立，便具有相对稳定性，它使人的行为带有稳定的倾向性。另一方面，随着人在成长过程中社会关系与地位的改变和人生观、世界观的改变，人的价值观也会随之改变。这说明价值观也处于发展变化之中，人的成长中可能会出现多种价值观，价值观的多元化更是社会的客观现象。我们是社会主义国家，当然要以集体主义价值观为基础，引导正确的价值导向，以“三个倡导”培育和践行社会主义核心价值观。

4. 世界观、人生观、价值观的辩证关系

“三观”相互影响、相互作用、相得益彰：一方面，“三观”作为一个有机整体成为人的精神世界的主要内容，其中世界观在“三观”中起决定性作用，决定着一个人的人生观和价值观。世界观是对社会意识和社会存在的总体反映，是在社会实践基础上形成的对整个世界（包括人生和价值）的根本看法，科学的世界观能够为主体认识和改造世界提供正确的方向，错误的世界观则适得其反。另一方面，“三观”相辅相成。人生观决定一个人的价值取向，价值观则能够引导人生走向，二者又丰富着世界观。虽然价值观受人生观和世界观的制约和影响，但价值观在人的“三观”中的作用又更加具体、实在。特别是在市场经济条件下，人的价值取向和价值需求越来越影响着人的人生态度和对世界的看法，进而对社会产生重大影响。

（二）人的本质与人的价值

从本质上看，世界观、人生观和价值观，归根到底是在关于人与外部世界和自身的协同发展问题上而形成的根本观点。马克思关于人的本质的自由、解放与全面发展的观点，既是马克思主义人学思想的核心内容和马克思人的本质观的科学概括，又是社会主义核心价值观的根本价值追求。这就要求我们要从人的本质的自由全面发展的高度，来考察人的本质与人的价值，科学构建价值观教育人本化发展理路，加强马克思主义理论武装和思想价值引领，引导人们培育正确“三观”，促进人的本质的健康生成和全面发展。

1. 科学的人的本质观

人的本质是人类思想史上最有争议的问题之一，围绕中国传统人性论、西方人本主义理论形成的人学思潮与人文传统，都对人的本质及其生成发展与价值观教育的变化发展的关系做了长期探索，尽管在某些观点上具有片面的深刻性与合理性；但由于受唯心主义历史观和形而上学方法论的影响，加上阶级局限性，它们都没有对人的本质做出科学的概括，因而很难科学揭示人的本质与人的价值的辩证法、难以科学把握人的本质与价值观教育本质的内在联系。马克思在考察人的本质时，抛弃了旧哲学脱离人的实践和社会关系去考察人的本质的错误，强调要从人与社会的辩证关系来全面考察人的本质，进而揭示出人的本质与人性、人的价值、人的需要、人的理想信念、人的素质、人的能力和人的全面发展之间的关系，为马克思主义人的本质观奠定了基础，也为我们考察人的本质与价值观教育发展提供了科学的理论依据与方法指导。只有马克思主义在科学分析和批评以往人的本质观的基础上，创立了唯物辩证法，从人的社会实践本质出发，形成科学的人的本质观，揭示人的本质及其生成发展与价值观教育变化发展的互动品质，才为培养正确“三观”和培育共产主义新人提供了科学理论指导。

马克思对人的本质的认识，经历了从唯心主义到唯物主义再到马克思主义的科学发展历程。价值观教育只有从马克思主义理论源头上讲清楚“人的本质”概念在马克思思想发展中的不同理论定位，才能够厘清马克思人的本质观的发展历程，才能够揭示马克思人的本质观与科学世界观、人生观、价值观的内在联系，才能准确定位马克思人的本质观在马克思主义唯物史观中的重要地位以及明确对我们今天加强马克思主义理论武装和社会主义核心价值观教育的重大价值。马克思人的本质观的内涵十分丰富，可概括为 9 个方面：人的需要是人的内在本质；生产劳动是人的类本质；个性是人的个体本质；人的社会本质是社会关系的总和；人的价值是人的本质的潜在形式；人的理想信念是人的本质的观念形式；实践是人的本质实现的根本途径；人的素质和能力是人的本质形成和发展的依托；人的自由与全面发展是马克思人学思想的主旨和核心价值观。加强和改进社会主义核心价值观教育，就要以马克思科学的人的本质观为指导，根据人的本质的丰富内容，顺应“以人为本、立德树人”的教育方针和教育价值诉求，科学揭示人的本质与人的价值的辩证关系，把人的本质观融入价值观教育，引领人的全面发展。（详见本书第四章第一节第三目“马克思人的本质观的科学内涵”）

2. 人的本质与人的价值的辩证关系

马克思人的本质观不仅系统阐述了人的本质的科学内涵，而且科学揭示了人的本质与人的价值的内在联系与互动品质，为从人的实践本质出发加强和改进价值观教育提供了理论依据：“首先，人的本质是价值观教育的根本；其次，人的本质与价值观教育两者相互影响、相互作用；再次，人的本质决定价值观教育的可能性、必要性和有效性；价值观教育参与了人的本质的生成和发展”（详见本书第四章第一节第三目“人的本质与人的价值的互动品质”）。可见，马克思人的本质观是迄今为止关于人的根本问题最科学的回答，能为加强价值观教育提供理论指导；因为马克思人的本质观不仅是马克思主义人学思想的核心，而且是唯物史观和科学实践观的逻辑起点和理论落脚点，是价值观教育人本化发展的哲学基础，决定着价值观教育人本化发展的必要性、可能性、有效性和发展性。

3. 把人的本质观融入价值观教育

马克思人的本质观与其价值理论在逻辑、方法论和价值追求方面的内在统一，决定它是理解价值观教育人本化的理论基础；价值观教育人本化的核心是“人的本质的自由、解放与全面发展”的价值取向；人与社会辩证关系理论是价值观教育的理论根据；马克思对“劳动——社会——人”的认识和解决人与社会问题的方法论是价值观教育人本化发展的基本方法。这就要求我们要把人的本质观融入价值观教育，把人的本质观作为贯穿人的世界观、人生观和价值观教育的中心线索，从人的实践本质出发，系统创新价值观教育的思路、内容、方法、手段等，构建价值观教育人本化发展的理路和机制，不断提高教育的科学性、实效性、针对性和系统性；价值观教育人本化发展必须以马克思主义人学思想为指导，坚持以人为本、以人民为中心，辩证吸收中西方人学思想的合理因素，把人的本质与价值观教育的本质有机结合起来，引领人们树立正确价值观，超越以个人为根本的个人主义、构建以社会为根本的社会主义集体主义核心价值观，促进人的本质的自由全面发展（详见本书第四章第一节“以人的本质观为基础加强三观教育”）。

（三）树立正确价值观

厘清了人的本质与人的价值相得益彰的互动品质，我们就要以马克思科学的人的本质观为基础，着眼于人的本质的自由全面发展，加强和改进价值观教育，引导人们树立正确价值观，培育和践行社会主义核心价值观。

1. 价值观的作用

价值观的社会作用十分丰富，总结起来主要表现在三个方面：第一，价值观具有原则性与方法论相统一的性质，它对其他一切价值意识具有统摄和制约作用，是至上性的价值意识。也就是说在全部人类的价值意识当中，已形成的价值观将会直接影响其他层次的价值意识。第二，价值观的相对稳定性、实用性、民主性和意识形态性等特征能够有效地推动人们实践的发展。第三，价值观能够在较长时间内推动特定的社会集体为解决社会实践或生活中的重大问题进行持续不懈的奋斗。例如，我国在社会主义革命与建设时期凝结形成的伟大建党精神、红船精神、井冈山精神、长征精神、雷锋精神、焦裕禄精神和新时代的抗疫精神等都是中华民族优秀价值观的典型代表与集中体现。这些精神较好展现了中国人民为实现先进的社会理想和为人民争取利益而无私奉献、艰苦奋斗、顽强拼搏、不怕牺牲的精神，是推动我国革命、建设、改革成功的巨大推动力量和宝贵的精神财富，是社会主义核心价值观的精神之源和生动体现。

2. 树立正确价值观的意义

正确价值观是先进的阶级或集团在实践中形成的反映社会发展规律和人民群众根本利益的价值意识，它对人们的社会实践活动、个人的成长和社会历史发展进步有积极引导和促进作用。我国倡导的社会主义价值观主要包含为共产主义而奋斗终身的社会主义理想，全心全意为人民服务的人生观，崇尚科学、追求真理的科学观，集体主义道德观，真、善、美相统一的审美观，等等，特别是党的十八大以来，中国共产党在对以人为本的科学发展观和社会主义核心价值体系建设的经验教训进行科学总结的基础上提出了以“三个倡导”为主要内容的社会主义核心价值观，进一步为加强社会主义核心价值观教育、促进人的本质的健康成长指明了人本化发展方向。

3. 如何树立正确价值观

如何树立正确价值观？这里主要谈四点：

第一，坚持实践基础上“真、善、美”的统一。

树立正确价值观须厘清价值与真理在实践当中的辩证关系。

首先，真理与价值的辩证统一是实践活动成功的必然要求。任何成功的实践活动都必须要遵循价值与真理两个尺度，并将两者有机统一起来。遵循真理尺度就是以科学规律为准绳进行实践；遵循价值尺度就是寻找人的合理需求的契合点，满足人的需要。任何实践活动都需要在遵循科学规律的基础上，不断满足主体的需要，才能够最终达到实践目的并获得成功。

其次，真理是价值实现的前提，真理的有用性决定了它的价值性。人们对于实践的价值追求是实践的动因，而价值的实现必须以相关真理的把握为前提。因为实践中的价值目标作为一种预见性的评价认识，是以对主客体及其相互关系的本质和规律的真理性认识为依据的，缺乏这种真理性的认识直接导致不能形成正确的价值目标，没有正确的理论指导也就不会有成功的实践。这就是价值对真理的依赖性。与此同时，因为真理能够给实践活动提供科学的主客体尺度和正确的价值目标，一种认识只要是真理，其对实践的正确指导作用就会逐步显露出来，所以真理都是具有价值的。例如，爱因斯坦的相对论在刚刚被提出的时候遭受质疑和不被理解，大部分人更加不了解其本身的价值，但是在天体研究、宇宙航行、核能技术等实践活动中都展示出其巨大的价值意义。

再次，真理和价值在认识与实践中有相互制约、相互引导、相得益彰的关系。从相互制约看，一方面，价值的实现需要依赖对相关真理的掌握，人类对真理本身的认识程度制约着价值实现的程度；另一方面，真理在实践中被检验的过程需要依赖价值本身在实践中被实现的状况，价值被实现才能证明人们在实践中遵循对客观事物的本质及其规律的正确认识是真理。

从相互引导看：一方面，人们追求真理的目的是实现价值，认识世界的最终目的还是改造世界，因而满足人们需要的价值追求对探索相关真理的行为具有指导性，所以价值追求的指向性规定了认识活动的指向。另一方面，真理的前进与发展也不断引导人们提出新的价值追求。所以，真理发展的同时也直接影响价值发展的向度。

从相互促进、相得益彰看：一方面，真理能够促进价值发展。因为真理的发展可以让人们更加深刻而全面了解人类的生活发展及未来发展方向，这就使人们的价值追求更加符合科学，更加符合人类发展自身的必然规律，最终促进人们的价值实现在深度和广度上有序地、持续地得到发展。另一方面，价值实现对真理发展有反作用。人们对价值追求的内容越合理、主观能动性越强、对真理的作用认识越全面越深刻，就越能够激发人们探求真理的热情。所以说真理与价值是相互制约、相互引导、相互促进、相得益彰的关系。

最后，要坚持“真、善、美”的统一。从实践主客体的关系看，如果真理是主体对客体的正确认识即“真”，价值是主体对客体的合理需要即“善”，那么“美”则是主体在“真与善”统一基础上的更高追求。“美”既源于“真与善”的统一，又超越了“真与善”的功利性，“美”是人的本质力量的对象化，即通过创造审美对象来体现人的本质。因此，树立正确价值观要坚持在实践基础上追求“真、善、美”的统一。

第二，坚持科学精神和人文精神有机结合。

真理和价值的有机统一，要求加强和改进价值观教育必须把科学精神和人文精神教育有机结合起来，追求真、善、美的统一。

① 科学精神和人文精神

科学精神是指人们在实践活动中追求真理、坚持真理、服从真理的求真、求实的自觉意识。人文精神是指以爱护、尊重、维护人民利益和促进社会进步为核心的求善、求美的自觉意识。人们只有做到两者兼顾，才能真正做到自觉地遵循真理和价值尺度的统一，确保实践的成功和可持续性发展。

② 科学精神和人文精神的内涵

科学精神可归纳总结为四个方面的内容：首先，在认识世界和改造世界的过程中坚持实事求是的科学精神。主体在认识活动中必须坚持一切从实际出发，实事求是地反映和揭露事物的本质及其规律，反对主观歪曲或改变事物的本质特征。这也就意味着实事求是是对唯心主义、形而上学、迷信思想的反对。其次，遵循科学认识与实践活动的基本品质：追寻真实、反对虚假，如科学研究对学术腐败的零容忍就是科学精神的基本要求。再次，树立理性思维。这就要求我们在科学认识和理论创造中以严谨的、清晰的逻辑去指导实践活动，尽量不要被非理性的情感所左右，摆脱惯性思维的桎梏。最后，明确科学无禁区的理念，鼓励人们积极、勇敢探索宇宙的奥秘。

人文精神可归纳总结为四个方面的内容：首先，切实贯彻以人为本的原则，坚持把人民利益至上、促进人的全面发展作为一切认识与实践活动的出发点和落脚点。其次，从人民根本利益需求和社会发展要求出发，将人们对真、善、美的追求作为认识和实践活动的重要目标。再次，主张理性思维与非理性思维的有机统一，例如在理性思考的过程中融入情感、意志等非理性的意识形式与精神体验，更好地展现人们丰富多彩的存在状态和内心世界，进一步深化人们对于社会生活的认识，并推动人们去构建美好的社会生活。艺术正是以其形象化、审美化的特点而成为人文精神的重要载体。最后，它要求个体以符合人民利益和社会发展要求的价值标准作为自身思想和行为的准绳。比如说，研究克隆人技术是可行的，但是克隆人研究的技术成果不应该应用在违背人文精神的领域和方向，否则世界各国都会反对的。

③ 弘扬科学精神和人文精神的意义

弘扬科学精神和人文精神，对人们树立正确价值观、引领人的科学发展具有重要意义。特别是对于“三观”还具有极大可塑性的广大青少年来说，不仅仅需要大力弘扬科学精神和人文精神，还要将二者自觉有机结合起来，才能够更好地促进自身的健康成长和全面发展。一方面，每个人都需要遵循科学精神，坚持科学理论指导、实事求是，勇敢地对世界奥秘进行探索。另外一方面，需要以社会发展为指引，与社会实践相结合，全方位地提升个人的素养，成为建设国家和社会的有用之才。

第三，树立正确价值观要坚持改造主观世界与客观世界的有机统一。

人类对世界的改造活动主要包含改造客观世界和主观世界两个方面。改造客观世界就是对自然界和人类社会的改造。改造自然界就是按照自然界的客观规律和固有属性将自然事物的自然原始状态变革成“为我”的状态，使自然界发生和谐的转变，创造出新的物质资料来满足人类社会生产生活的需要。改造社会以改变人与人之间的关系为出发点，变革不合理的社会制度和管理体制，促使社会面貌向前发展。对自然界与社会的改造活动两者是相互联系、相互促进的。

人的主观世界指的是人在长期的实践中形成的相对稳定的内心世界，是个体由其各种主观精神要素按照一定方式结合成的意识和观念的系统。主观世界来源于客观世界并反映客观世界。人的主观世界一旦形成以后就具有相对稳定性与独立性的特征，并且对人改造客观世界的实践活动产生影响，所以，在改造客观世界的同时必然要包含着对自身主观世界的改造。改造主观世界具体来说就是对个体自身思想、世界观、人生观、价值观、思维逻辑等精神世界的改造，其核心就是对世界观和价值观的改造，也就是人们对世界的态度和价值追求。

改造客观世界与改造主观世界相互联系、相互作用、相辅相成，个体在这个改造过程中不断完善主客观世界之间的关系，最终实现客观世界与人自身双重发展的目标。

第四,坚持必然与自由的统一,促进由必然王国向自由王国的飞跃。

必然与自由是人在改造客观世界的活动中所处的两种不同的状态。必然指的是人由于缺乏对外部自然界规律和人本身发展规律的认识时,其实践行动具有盲目性并受到必然性的约束与支配的一种状态。自由则是指人们在对客观规律认识的基础之上能动地利用客观规律为自己服务的状态,其前提是对必然性的认识,因此自由是对必然的正确认识和对客观世界的科学改造。

认识必然从而实现自由是人认识和改造世界的根本目标,是一个世界历史性的发展过程。从必然发展到自由直接表现为人类不断地从必然王国走向自由王国的过程。必然王国指的是人们对历史的必然性没有完全掌握或缺乏认识从而受到这种必然性力量的支配和奴役的状态;自由王国则是指人们在对社会历史发展的必然性掌握的基础之上成为自然界和社会的主人,突破那种盲目力量的制约和奴役,从而自由自在创造历史的一种状态。自由与必然之间存在着密切关系:

一方面,自由与必然是辩证统一的。自由是对必然性的正确认识和对世界的科学改造。人们只有认识了必然性并且在这种认识的基础上去进行实践才能够实现对客观世界的合理科学的改造,人们才能最终实现真正的自由。因此,在必然性认识和改造的基础上所建立起来的自由王国才能够繁荣。恩格斯指出:"自由不在于幻想中摆脱自然规律而独立,而在于认识这些规律,从而能够有计划地使自然规律为一定的目的服务。这无论对外部自然的规律,或对支配人本身的肉体存在和精神存在的规律来说,都是一样的。"①恩格斯明确指出自由是从必然转化而来的,没有必然也就没有自由,自由不能够脱离必然而单独存在。因此不难看出,自由需要受到必然性的制约,并不是随心所欲、任意妄为的。这就要求我们在价值观教育上要坚持二者的有机统一,反对割裂二者辩证关系的错误观点和做法。在自由与必然的关系问题上,近现代欧洲哲学产生过两种片面的观点:一种观点是只承认必然,否认自由的存在。18 世纪法国唯物主义哲学家霍尔巴赫认为"支配物理世界之运动的必然性,也支配着精神世界的运动,因而在这个世界中,一切都服从于注定的命运"。在他看来,人在任何意义上都是没有自由的,一切都是由必然所注定的,这就导致了"宿命论"。另一种观点则是不承认任何的因果关系和客观必然,将自由在人类社会中的作用无限度地夸大,这就导致"唯意

① 《马克思恩格斯选集》(第 3 卷),人民出版社 1972 年版,第 153—154 页。

志论”。宿命论是错误的,唯意志论也是不正确的。任何自由都不是绝对的,都是有限的、相对的。例如,在市场经济环境下,人们的自由一定会受到经济条件的制约,这种影响是显而易见的。自由也不是人类头脑中想象出来的,而是必须实际地驾驭客观必然性并通过实践而实现的自由。例如庄子所主张的“逍遥游”就不是真正的自由,而只是一种单纯的意志自由。

另一方面,由必然王国向自由王国的飞跃是一个历史过程。无论是自然界还是人类社会,自由总是需要主体通过实践去驾驭客观必然性,从而对客观世界进行能动的改造,而这种改造必然要受到主观条件的制约。从主观方面来说,主要是受到人的认识和实践能力的制约。从客观方面来讲,不仅需要受到客体自身的展现程度还要受到人类所能利用的客观物质条件和手段的制约。同古代相比,今天人们的实践能力和认识能力都极大提高了,因此人们在自然领域和社会领域所获得的自由的广度和深度,都是古代所望尘莫及的。但这并不意味着人类从必然王国到自由王国的飞跃已经完成,而是更要随着实践和认识能力的提高而不断提升。实际上,从必然王国到自由王国的飞跃是一个永无止境的发展过程。这是因为物质世界是永恒运动发展的,人类社会也是永恒发展的,所以人类对于自然、社会规律的认识与运用都是无止境的。因而,从必然王国到自由王国的飞跃必然是一个不断发展的过程,人类社会每前进一步,就意味着某一种必然性得到了解放、某一领域的自由也就形成了;但是新的领域和认识又会产生,需要人类去再次争取自由。可见,从必然王国向自由王国的飞跃过程实质上也是人类在实践中不断追求真、善、美的统一的过程。

三、培育和践行社会主义核心价值观

社会主义国家的核心价值观建设要充分吸取人类社会的一切文明成果,特别是需要对封建社会和资本主义社会人类价值观进行合理扬弃。这就要求加强和改进社会主义核心价值观教育要准确把握封建社会和资本主义国家的核心价值观,合理有效地吸收人类社会价值观建设的一切文明成果,坚持解放思想、实事求是,做到古为今用、洋为中用,加强推陈出新、与时俱进。

(一) 厘清中国封建社会和资本主义国家核心价值观

中国一向被称为礼仪之邦,中华文明是世界上唯一没有中断的文明,其中一个主要原因就是我们十分重视以价值观教育为主要内容的道德教育,特别是在漫长的封建社会，形成了一套完整的思想价值体系和核心价值观即“三纲五常”，对维护我国传统社会的稳定、塑造民族性格和国民人格、培养符合统治阶级需要的士大夫和国民提供了共同的思想道德基础和价值引领。我们要取其精华、去其糟粕、推陈出新，实现创造性转化与创新性应用。

1. 中国封建社会核心价值观

“三纲五常”是我国封建社会长期发展中所形成的核心价值观。所谓三纲，是指“君为臣纲，父为子纲，夫为妻纲”，要求为臣、为子、为妻的必须绝对服从于君、父、夫；同时也要求君、父、夫为臣、子、妻做出表率。所谓“五常”就是指“仁、义、礼、智、信”五个基本的道德价值规范，“三纲五常”是我国封建社会核心价值观的具体内容，是当时人们的基本价值准则，对维护和促进我国封建社会发展提供了思想价值引领和基本道德规范。

“三纲五常”作为我国封建社会的核心价值观是在两千多年漫长发展历史中逐步凝练而成的，先秦时期管子提出的“礼义廉耻，国之四维”是其思想萌芽，而后孔子秉承周礼创造儒家，初步提出“君臣父子”的完整的伦理价值体系。孟子首次将“仁义礼智”四德作为一个整体提出。到了西汉时期，董仲舒在“三纲五常”整体概念的基础上发展出“君权神授”“罢黜百家、独尊儒术”等思想，奠定了“三纲五常”在封建社会伦理价值思想的统治地位。“三纲五常”成熟于唐宋时期，在战胜了道家、佛教、法家等各种社会思潮后成为封建社会的主流意识形态。唐代韩愈鼓吹封建纲常的“天命论”。宋代朱熹提出“存天理、灭人欲”的“五常之性”说，将“三纲五常”奉为“天理”。到了明清时期，“三纲五常”的思想价值体系已经化作牢固的社会文化心理而根深蒂固。这一时期，朝廷设礼部，把“三纲五常”转化为政治和社会生活的典章制度与具体行为规范。王阳明创立的“心学”更加强调“为善去恶”“致良知”，进一步把“三纲五常”的核心价值观渗透到人们的思想价值观念和文化发展中，使“三纲五常”内化于心、外化于行。

2. 资本主义国家的核心价值观

资本主义国家核心价值观起源于文艺复兴时期进步资产阶级思想家提出的“自由、民主、平等、博爱”思想，对反对封建专制制度和宗教愚昧思想起过重大历史进步作用，是资本主义意识形态的集中体现。资本主义核心价值观以启蒙思想家提出的“自由、民主、平等、博爱”为主要内容，以人本主义哲学理论为指导，以个人主义、功利主义为价值导向，强调个人价值、追求利益至上。厘清主要资本主义国家的核心价值观，有助于我们合理吸取人类一切文明成果，洋为中用建设社会主义核心价值观。

法国十分重视价值观建设和核心价值观宣传、教育。“自由、民主、平等、博爱”等被资本主义作为核心价值观的口号就是来源于文艺复兴和法国大革命时期的启蒙思想家，他们非常重视民族文化的独立性和文化价值观的传播。

英国人的价值观相对比较广泛，主要包括自由、民主、公正、宽容、开放、团结、权利与义务相结合、家庭观念等等，人们对于这些较为广泛的价值观都严格遵循。

日本的价值观由于其特殊的历史背景，较为复杂。其在历史上受中国儒家文化的影响较深，在明治维新后又受到了西方的民主、立宪、自由等价值观的影响，并且日本本土的民族崇拜、等级崇拜、神道教文化等的影响一直存在，这也就直接导致了日本价值观的混杂。

新加坡是进行价值观建设比较成功的典型。新加坡以“国家至上、社会为先，家庭为根、社会为本，关怀扶持、尊重个人，求同存异、协商共识，种族和谐、宗教宽容”作为公民应该共同遵循的价值观，即共同价值观，对整合国内不同思想价值有重大引领作用。

美国核心价值观是资本主义核心价值观的典型代表，“自由、民主、人权”等是美国的主要价值观，不仅体现在《独立宣言》《联邦宪法》等国家文献中，而且美国将自由女神像作为核心价值观的象征赋予其民主、自由、平等的含义，以培养国民对美国精神和资本主义价值观的认同感。二战后，哈耶克等人提出新自由主义思想。世纪之交，日裔美国籍学者福山针对苏联解体、东欧剧变提出“历史的终结”观，鼓吹以美国为代表的自由资本主义意识形态万古长存。美国学者亨廷顿提出“文明冲突论”为资本主义文明的优越性进行佐证。美国习惯性使用华丽的辞藻来掩盖自己“救世主”式的霸权思想和行为，并把抽象的“自由、民主、平等、博爱”等价值观粉饰为“普世价值”渗透到其他国家，以加强对别国的思想渗透、精神控制和文化霸权。

总之，西方主要资本主义国家的核心价值观是以西方启蒙思想和人本主义哲学为主要依据，并结合本国历史和现实条件，从抽象的人性论出发，以资产阶级“自由、民主、平等、博爱”为核心内容而形成的资本主义核心价值观。我们在对其扬弃的同时要警惕发达资本主义国家利用其先发优势，把本质上体现资本主义精神的抽象的“自由、民主、平等、博爱”等资产阶级核心价值粉饰为“普世价值”加强对发展中国家的文化霸权和对社会主义国家的文化渗透与和平演变。

（二）把握我国社会主义价值观教育的发展脉络

自中华人民共和国成立特别是改革开放以来，中国共产党一直在积极探索加强社会主义价值观建设的科学理路。在中国革命、建设和改革过程中，创立了毛泽东思想和中国特色社会主义理论体系，与时俱进推进马克思主义中国化发展，为坚持和发展社会主义核心价值体系建设提供了理论武装。

中国共产党人在坚持中国特色社会主义共同理想、培育和践行社会主义价值观上始终坚持崇高的理想信念，并且把中国共产党的建设思想和中华民族精神融入社会主义道德建设，引领思想道德和价值观教育的发展。毛泽东在民主革命时期就明确指出，大公无私，积极努力，克己奉公，埋头苦干的精神是最受尊敬的。1949 年颁布的《共同纲领》将“爱祖国、爱人民、爱劳动、爱科学、爱护公共财物”明确为全国人民的共同思想道德基础。改革开放初期，中国共产党又进一步开展了“五讲、四美、三热爱”活动。1982 年的宪法对“五爱”的要求详细阐述为“爱祖国、爱人民、爱劳动、爱科学、爱社会主义”。1996 年党的十四届六中全会明确将“为人民服务”作为社会主义道德建设的核心，将集体主义确立为社会主义道德建设的原则。2001 年 9 月，党中央正式印发《公民道德建设实施纲要》。2006 年，中共中央明确提出将“八荣八耻”作为社会主义荣辱观的主要内容。

中国共产党在十六届六中全会上，首次明确提出社会主义核心价值体系这一重大命题。全会指出，“马克思主义指导思想，中国特色社会主义共同理想，以爱国主义为核心的民族精神和以改革创新为核心的时代精神，社会主义荣辱观，构成社会主义核心价值体系的基本内容。”①

党的十七大进一步强调，“建设社会主义核心价值体系，增强社会主义意识形态的吸引力和凝聚力”。党的十七届六中全会深刻指出，“社会主义核心价值体系是兴国之魂，是社会主义先进文化的精髓，决定着中国特色社会主义发展方向。”②

党的十八大在总结以人为本的科学发展观和社会主义核心价值体系建设的基础上首次提出社会主义核心价值观的概念，强调“深入开展社会主义核心价值体系学习教育，用社会主义核心价值体系引领社会思潮、凝聚社会共识”③。为此，“我们要在全社会大力倡导富强、民主、文明、和谐，倡导自由、平等、公正、法治，倡导爱国、敬业、诚信、友善”，以“三个倡导”培育和践行

---

① 胡锦涛:《关于构建社会主义和谐社会若干重大问题的决定》,《人民日报》2006 年 10 月 8 日第 1 版。

② 胡锦涛:《关于深化文化体制改革、推动社会主义文化大发展大繁荣若干重大问题的决定》,《人民日报》2011 年 10 月 26 日第 1 版。

③ 胡锦涛:《坚定不移沿着中国特色社会主义道路前进 为全面建成小康社会而奋斗——在中国共产党第十八次全国代表大会上的报告》,《人民日报》2012 年 11 月 8 日第 1 版。

社会主义核心价值观,构筑社会和谐的共同思想道德基础。因为以“三个倡导”为主要内容的社会主义核心价值观,包含着人的全面发展的内涵:其倡导的富强、民主、文明、和谐实质上是为人的自由而全面发展提供外部保障;其倡导的自由、平等、公正、法治强调了实现人的社会关系的全面发展;其倡导的爱国、敬业、诚信、友善能够全面提升人的综合素质。

党的十八届三中全会进一步强调,“建设社会主义文化强国,增强国家文化软实力,必须坚持社会主义先进文化前进方向,坚持中国特色社会主义文化发展道路,培育和践行社会主义核心价值观,巩固马克思主义在意识形态领域的指导地位,巩固全党全国各族人民团结奋斗的共同思想基础。”①

党的十九大提出要在坚持中国特色社会主义道路自信、理论自信、制度自信的基础上增强文化自信,强调文化自信是“四个自信”的根本,更加具有基础作用和决定意义。

从党的十六大提出要大力加强社会主义文化建设;到十八大在总结以人为本的科学发展观和社会主义核心价值体系建设的经验之上明确提出“三个倡导”的社会主义核心价值观;再到党的十九大强调以社会主义核心价值观引领文化建设、增强中国特色社会主义“四个自信”中的功能定位;党的二十大提出要推进文化自信自强,铸就社会主义文化新辉煌。这些都表明中国共产党越来越认识到加强社会主义核心价值体系建设,科学构建社会主义核心价值观引领文化思想道德发展、促进人的本质的自由全面发展的极端重要性。

(三) 加强社会主义核心价值观教育,培育正确价值观

我国社会主义价值观教育的发展脉络表明,中国共产党逐渐形成了以社会主义核心价值观引领思想文化和多元价值观协调发展、促进人的全面发展的价值观教育人本化新理路,对我们坚持以人为本、以人民为中心、立德树人、以文化人,加强和改进新时代社会主义核心价值观教育有重大意义。

1. 加强和改进社会主义核心价值观教育的必要性

新时代培育和践行社会主义核心价值观十分必要,主要体现在以下几个方面:一是完善中国特色社会主义制度的需要,二是提升中华民族凝聚力、向心力的需要,三是引导全面深化改革的需要,四是引领文化发展、以文化人、立德树人的需要,五是引领现代化强国建设的需要。这是因为:

一方面,社会主义核心价值观建设能够为完善社会主义制度、全面深化

① 习近平:《关于全面深化改革若干重大问题的决定》,《人民日报》2013 年 11 月 12 日第 1 版。

改革、建设社会主义现代化强国提供价值引领和精神支持。纵观人类社会发展历史，社会核心价值观与社会制度两者相辅相成、相得益彰，社会制度是核心价值观的载体并为核心价值观提供制度保障，而核心价值观则是社会制度的灵魂。任何社会制度的形成都需要核心价值观的指导，核心价值观是社会制度的内在精神品质，其体系、机制的设置都是按照核心价值观的内在要求进行的，社会制度只是核心价值观的外在体现，能够为核心价值观的培育与践行提供制度保障，不让其成为无源之水、无本之木。社会主义核心价值观是我国社会主义制度在精神和价值层面的本质规定，能够为全面深化改革，完善中国特色社会主义根本制度、基本制度和具体体制，发挥社会主义制度优越性提供价值引领、制度规范和精神支持。

另一方面，中国正处在重大社会转型时期，社会主义制度还不够完善，一些不和谐因素影响了社会主义制度优越性的发挥，例如市场经济条件下产生的功利主义与个人主义、享乐主义、拜金主义、爱慕虚荣、道德败坏、贫富差距拉大、生态环境恶化等现象严重影响了社会和谐程度，导致人心涣散、思想混乱和价值扭曲，迫切需要充分发挥社会主义核心价值观特有的强大感召力、引领力、亲和力、凝聚力作用，通过加强和改进社会主义核心价值观教育，凝聚人心、凝聚智慧，引导社会共识、培育社会和谐发展的共同思想道德基础，引领文化发展、以文化人、立德树人，引领改革开放，完善机制、释放全社会的活力，引导人民群众在政治、思想和行动上团结一致，集中精神、一心一意谋发展。

2. 培育和践行社会主义核心价值观的主要任务

培育和践行社会主义核心价值观的主要任务是大力推进“三个倡导”，为促进人的全面发展提供思想价值引领。

富强、民主、文明、和谐是社会主义核心价值观在国家层面的基本要求。建设富强、民主、文明、和谐、美丽的社会主义现代化强国，是改革开放新时期以来中国共产党的基本主张和党的十九大、二十大确定的战略目标。在现今的中国，能够凝聚全体中华儿女共同奋斗的宏伟目标则是实现国家昌盛、人民幸福和民族复兴。

自由、平等、公正、法治作为党和国家奉行的核心价值观深刻反映了社会主义的基本属性。马克思主义所追寻的人的自由全面发展的目标与我们所倡导的真正的自由、平等、公正、法治具有同一性，与资本社会中由资本逻辑主导的虚假的自由平等是完全不同的。中国共产党坚持把以人为本、以人民为中心的执政理念与全面依法治国的善治相结合，就是对自由、平等、公正等法治价值的深度践行，目的是为了更好为人民服务、促进人的本质的自由全面发展。

爱国、敬业、诚信、友善是中国公民必须遵循的基本道德准则和价值追求，必须融入公民道德建设的各个环节中，贯穿个人品德、家庭美德、职业道德、社会公德等各个方面。

“三个倡导”兼顾国家、社会、个人的价值追寻与需求，有效实现了执政理念、价值导向和行为准则的有机统一，实现了个人价值遵循、国家价值目标和社会价值追求的有机统一。

3. 培育和践行社会主义核心价值观的实践要求

培育和践行社会主义核心价值观作为国家意识形态建设的战略工程，不能停留在“三个倡导”的思想号召和政策口号上，而是要付诸实践，使之外化于行、内化于心，融入人们的日常生活和生产实践中，成为引导人们思想和行动的价值准则，这就需要从以下几个方面进行具体实践。

一是积极引导崇德向善的道德价值追求

中国文化向来重视伦理道德教育和德性修养，素有礼仪之邦的美称，在信息化、全球化时代的市场经济条件下，中国发生了深刻变化和重大社会转型。文化思想价值观念的复杂性、多元化需要我们继承优秀传统，以社会主义核心价值观对复杂多元的文化思想价值观念正确引导，在全社会广泛开展各类道德修身活动，树立崇德向善的价值导向，既要加强对道德领域突出问题的治理和教育，让人民群众通过参与各类活动陶冶情操、磨炼品质，又要借助社区议事会、村民评议会等形式开展广泛的道德评判活动，对于身边典型的道德行为案例进行群众评议、深度剖析，构建激浊扬清、抑恶扬善的道德舆论场。同时加强向先进典型和道德模范的学习，用榜样引导群众，培育见贤思齐、尊道尚德的浓厚氛围。引导全社会形成人人积极向上、向善的习惯和力量。

二是科学构建和谐社会，创造良好社会环境。

以人为本、构建和谐社会、建设社会主义现代化强国是一项系统工程，需要在加强对社会主义核心价值观的大众化和宣传普及中更好发挥其引导作用，不断引导人们积极践行社会主义核心价值观。首先，政策是导向。要深入贯彻落实十九大的战略部署，不断加强政策的价值导向作用，发挥好党的路线、方针、政策在引导人们培育和践行社会主义核心价值观中的积极作用。其次，法律法规是保障。要不断地将社会主义核心价值观的内容转化为法律法规，借助法律手段稳定、维护和规范符合社会主义核心价值观的言语和行为，依法依规制约和打击违背社会主义核心价值观的现象。再次，礼节礼仪承载着鲜明的价值取向。要不断完善礼节礼仪规范，借助重大节庆日、重大事件、重大活动的契机开展广泛的富有教育意义的礼仪礼节教育活动，在全社会形成尚礼、明礼、守礼的礼仪文化。最后，要以制度为重要载体弘扬主流价值观。要将社会主义核心价值观的基本要求科学融入构建法治国家和全面依法治国的实践当中，充分发挥制度对社会主义核心价值观建设的规范、保护和激励作用。

三是发挥重点人群的积极作用。

充分发挥党员领导干部、公众人物在培育和践行社会主义核心价值观当中的示范引领作用，让其他作为社会主义核心价值观主体的各个阶层、各个群体加强认识。党员干部不仅仅需要担负组织、推动社会主义核心价值观建设的业务，同时还需要做好表率、发挥示范带头作用。各级党组织要将"三个倡导"的内容贯穿到党员干部发展和培养的全过程，从党员的发展、推优到干部的考察任用等等，让社会主义核心价值观成为广大党员干部的行为准则和价值遵循。要进一步巩固党的群众路线教育、"三严三实"教育、"两学一做"教育、"不忘初心、牢记使命"教育和学习"四史"成果，全面从严治党，加强和改进党的领导，以端正党风带动民风和社会风气的根本好转，创造良好社会氛围。

青少年是弘扬社会主义核心价值观的生力军。要进一步推动社会主义核心价值观"三进"工作，把社会主义核心价值观教育教学融入国民教育各个体系及环节，发挥好思政课在教育、教学中的主渠道、主阵地、主战场作用，使社会主义核心价值观入脑入心、生根发芽。

各个领域公众人物作为"关键意见领袖"，他们拥有广泛的话语权和感召力，他们的言行更加能够对人们的思想价值产生影响。所以，要求每个公众人物需要不断加强自身修养、自觉践行社会主义核心价值观，努力成为培育和践行社会主义核心价值观的倡导者、宣传者和榜样。

四是建立健全有效的工作机制。

社会主义核心价值观的培育和践行由于涉及的领域宽、内容广、部门全，完全依赖思想宣传部门的力量显得捉襟见肘，因而需要全党、全社会多方联动，全员配合的工作格局。党委宣传部门需要切实发挥组织指导、协调推进的作用，做好社会主义核心价值观培育与践行的研究谋划工作，科学构建文化宣传理路、阵地、渠道，完善工作细节、方案和绩效考评机制，推动思想宣传工作纵深发展。

宣传工作要牢固树立"大宣传""一盘棋"思想，形成宣传工作的"集体力"。各思想文化宣传部门需要以党委宣传部门的统一指挥为根本，有机协调各个方面的工作，提升各类资源的使用效能，实现工作效益最大化。其他各职能部门特别是直接面对群众的窗口部门需要进一步明确任务分工，完善具体工作措施，提升社会主义核心价值观教育的针对性和实效性。

机关、学校、农村、企业、社区等广大基层单位需要因地制宜，结合自身实际情况，精准开展各项社会主义核心价值观的培育工作，将工作内容覆盖到各单位、各部门、各群体，形成全社会培育和践行社会主义核心价值观的良好生态。

第二章　中国传统价值观教育的人性论理路探析

培育和践行社会主义核心价值观要厘清价值观教育人本化发展的人学理论依据和实践路径，必须深入挖掘中国传统文化中“重人性、重教化”的思想道德和价值观教育资源，并根据时代发展需要推陈出新、开发利用。这是以人为本、发展和繁荣社会主义文化、构建和谐社会思想道德基础、加强和改进宣传思想政治工作、培育和践行社会主义核心价值观不得不研究的重大理论和实践课题，也是马克思主义人学思想中国化的本土要求，为我们坚持以社会主义核心价值观引领价值观教育发展的人本理路提供了新思路和丰富的传统道德资源与文化支持。因此，以人为本加强社会主义核心价值观教育要深入挖掘中国传统人性论思想重价值观教育、重人性、重教化的本土文化资源，增强人们自觉培育和践行社会主义核心价值观的中国文化自觉和自信。正如习近平总书记指出的，“中国传统文化博大精深，学习和掌握其中的各种思想精华，对树立正确的世界观、人生观、价值观很有益处”①。例如“先天下之忧而忧，后天下之乐而乐”的政治抱负，“位卑未敢忘忧国”“苟利国家生死以，岂因祸福避趋之”的报国情怀，“人生自古谁无死，留取丹心照汗青”“鞠躬尽瘁，死而后已”的献身精神，“富贵不能淫，贫贱不能移，威武不能屈”的浩然正气，都很好展现了中华民族的优秀传统文化和民族精神，我们都应该继承和发扬。

一、中国传统价值观教育的人性论思想基础

中国不仅是四大文明古国之一，而且素有礼仪之邦的美誉，其核心就是

① 习近平：《在中央党校建校80周年庆祝大会暨2013年春季学期开学典礼上的讲话》，《人民日报》2013年3月3日第2版。

重视从人性出发加强教化和价值观教育，强调“修身、齐家、治国、平天下”。中国传统文化价值观是从人性论思想去探讨人的本质和人的思想道德修养与价值观教育问题的。因此，厘清中国传统人性论思想，有助于认清中国传统价值观教育发展的人性论思想脉络、主要内容和基本特征。

（一）中国传统人性论思想的主要内容

从逻辑上说，人性论可以划分为四类：“性善论”“性恶论”“性即善即恶论”和“性非善非恶论”。现就从这四个视角，探讨一下中国古代传统价值观教育的人性论思想概况。

1. “性善论”

“性善论”是儒家传统价值观教育的主要理论依据，历史上坚持这一理论的人很多，亚圣孟子是人性本善思想的主要代表者。他说：“恻隐之心，人皆有之；羞恶之心，人皆有之；恭敬之心，人皆有之；是非之心，人皆有之。恻隐之心，仁也；羞恶之心，义也；恭敬之心，礼也；是非之心，智也。仁义礼智，非由外铄我也，我固有之也，弗思耳矣。”①孟子认为，人与动物的最根本区别是人有内在的“恻隐之心”“羞恶之心”“恭敬之心”“是非之心”，因此，他把“仁义礼智”视为人性，承认人先天就具有“善端”。但孟子并不否定后天的自我修养在道德观念形成过程中的作用：“人之有是四端也，犹其有四体也，凡有四端于我者，知皆扩而充之矣，若火之始燃，泉之始达。苟能充之，足以保四海；苟不能充之，不足以事父母。”②就是说，人虽然先天具有“仁义礼智”之“善”的伦理道德属性，但这些还只是“善性”的萌芽，如“火之始燃”“泉之始达”。如要使“善性”的萌芽发展为“善人”，即能够遵守仁义礼智这些伦理道德规范，还必须“扩而充之”，努力去培养，着意去扩充已有的“善端”。价值观教育只有如此，才能充分挖掘人先天的善良本性，拓展人性本善的价值追求。总之，孟子的“性善论”坚持从人的社会属性方面探讨人性问题，并且较系统地说明了人之性善的内涵，在中国思想史上占有重要地位，对后世价值观教育人性化发展产生深远影响。

2. “性恶论”

与“性善论”相反的是“性恶论”，尽管这两种思想都主要是从人的自然本能来探讨人的类本质问题，但二者在价值观教育方面是截然相反的，在中国传统价值观教育方面相反相成、相得益彰，构成中国传统人性论价值观教育

---

① 《孟子·告子上》。
② 《孟子·公孙丑上》。

的矛盾辩证法。“性恶论”的杰出代表是荀子，他认为：“今人之性，生而有好利焉，顺是，故残贼生而忠信亡焉；生而有耳目之欲，有好声色焉，顺是，故淫乱生而礼义文理亡焉。然则从人之性，顺人之情，必出于争夺，合于犯分乱理而归于暴。”①可见，荀子关于人性的内涵与孟子迥然不同：荀子的人性强调的是人“生而有”的本能欲望，而孟子则是从人与动物根本区别的“四端”即“仁义礼智”来谈人性，可见，两者在人性的内涵和特征上完全不同。孟子强调人具有自我道德反省能力因而能够培养道德之心来约束自身行为。荀子根据“人性甚不美”②的经验事实，力主外在的礼法制度制约人的行为。他说：“礼起于何也？曰：人生而有欲，欲而不得，则不能无求，求而无度量分界，则不能不争，争则乱，乱则穷。先王恶其乱也，故制礼义以分之。以养人之欲，给人之求，使欲必不穷乎物，物必不屈于欲，两者相持而长，是礼之所起也。”③既然人皆有追求欲望满足的冲动，那么如果没有礼法的制约，就会社会动乱，物穷于欲。而离开了社会，人就无法在自然界生存：“力不若牛，走不如马，而牛马为用。何也？曰：人能群，彼不能群也。”④这就强调社会是人获取欲望满足的必然方式，因此尽管人性恶，但也不能排除人与人的相互依赖关系。这就从另一个侧面把社会性作为人的第二本质：“水火有气而无生，草木有生而无知，禽兽有知而无义。人有气、有生、有知亦且有义，故最为天下贵也。”⑤与“生而有”的本能欲望相比，它需要人后天的“化性起伪”的努力：“性者，本始材朴也；伪者，文理隆盛也。无性，则伪之无所加；无伪，则性不能自美。性伪合，然后圣人之名一，天下之功于是就也。”⑥“性”就是指人的自然本能，“伪”则指人后天的礼仪文理对自然本能的改造利用。在荀子看来，“性”与“伪”是相统一的，无“性”则“伪”失去改造对象，无“伪”则“性”的欲望不可能得到满足。总之，荀子虽然是从人的先天自然属性思考“性恶论”的，但并不忽视后天教育和环境在人性形成过程中的重大影响，主张人的自然属性与社会属性相结合，其中一些见解还是较为深刻的，与“性善论”一起对中国传统社会的文化价值观教育起了重大建构作用。

3. “性即善即恶论”

“性即善即恶论”是对“性善论”与“性恶论”两种认识进行综合而提出的。

① 《荀子·性恶》。
② 《荀子·性恶》。
③ 《荀子·礼论》。
④ 《荀子·王制》。
⑤ 《荀子·王制》。
⑥ 《荀子·礼论》。

由于“性善论”能够说明“善”存在的原因却并不能解释现实的“恶”的根源，“性恶论”则与之相反，基于此，中国古代思想家则有意识地将两者综合从而弥补对方的缺陷。如董仲舒就把人性分为三种，即“斗筲之性”“中民之性”“圣人之性”；并说：“圣人之性不可以名性；斗筲之性又不可以名性；名性者，中民之性。”①“圣人之性”因为是先验为善的，太高不可及了，所以不能代表人性。“斗筲之性”是经过教育也不能转化为善的，太低了，所以又不能代表人性，真正可以代表人性的是即善即恶的“中民之性”。因为前两者太少了，而“中民之性”反映了大多数人的特征。杨雄也说：“人之性也善恶混。修其善则为善人，修其恶则为恶人。”②认为人性有善有恶，善恶相杂；培养他善的方面则会成为善人，反之则为恶人。到宋明理学时期，“性即善即恶论”被系统化为一个新的理论层次。如张载将性归纳为具有“天地之性”的纯善和“气质之性”善恶相混两种类别。他一方面认为人与天地万物一样都具有共同的“天地之性”：“性者，万物之一源，非有我之得私也。”③另一方面又提出，除了天地万物普遍的共性之外，事物还有着属于自己的本性和特性，这种特性源自于后天所禀之气，因而称为“气质之性”：“人之刚柔、缓急、有才与不才，气之偏也。”④张载认为“天地之性”与“气质之性”两者并不是独立存在的实体，而是现象与本体、一般与个别的关系，“天性在人，正犹水性之在冰，凝释虽异，为物一也。”⑤而万物之性则是作为本体的抽象的“天地之性”与作为现象的具体的“气质之性”的统一。朱熹则从理气的角度阐述了“天地之性”与“气质之性”之间的关系。他认为“气质之性”与“天地之性”如同气从理生、理气相依的关系一样，前者生于后者，两者相结合而成为万物之性。他说：“论天地之性，则专指理言；论气质之性，则以理与气杂而言之。未有此气，已有此性。气有不存，而性却常在。”⑥又说：“性非气质，则无所寄；气非天性，则无所成。”这也就是说“天地之性”由理而生，至纯至善；而“气质之性”则是由气禀而生，所以天然具有清浊和精粗的区别，但其中依旧含有“天地之性”。而对于具体事物而言必然同时具备“天地之性”与“气质之性”。朱熹还利用气禀来阐明个人之间善恶的差异：“禀其清明之气，而无物欲之累，则为圣；禀其清明而未纯全，则未免有物欲之累，而能克以去之，则为贤；禀其昏浊之气，又

① 《春秋繁露·实性》。
② 《法言·修身》。
③ 《正蒙·诚明篇》。
④ 《正蒙·诚明篇》。
⑤ 《正蒙·诚明篇》。
⑥ 《朱子语类·卷四·性理一》。

为物欲之所蔽而不能去，则为愚、为不肖。是皆气禀物欲之所为，而性之善未尝不同也。”①在这里，朱熹将“气质之性”分为清明与混浊两种，并分别代表着天理与物欲或者说善与恶。这说明人性先天就是善恶相混的。

4. “性无善无恶论”

“性无善无恶论”是关于人性最为客观科学的判断。人性从其自然状态来说本身就无所谓绝对的善恶之分。善与恶的价值判断是在一定的社会关系条件下形成的，因此离开特定的历史环境抽象认识人性价值问题则落入唯心主义的桎梏之中。在中国思想史上最早提出“性无善无恶”论的是战国中期哲学家告子。他说：“生之谓性，食色性也。② 性，犹湍水也，决诸东方则东流，决诸西方则西流。人性之无分于善不善也，犹水之无分于东西也。”③由此可见，告子认为人的生物本能就是人性，也就是说“饮食男女”所具有的天然的生理需求就是人的本性。告子认为人的本性先天就不存在价值定向，后天所形成的善恶之分完全在于社会的引导：“性可以为善可以为不善，是故文、武兴则民好善；幽、厉兴则民好暴。”④这说明告子已经认识到社会导向和教育才是善恶产生的最终根源。“性无善无恶论”经过中国古代思想家的不断创新逐渐演变为“至善论”。这种人性思想不再简单地从善与恶的角度去考察人的本质问题，而是从全新的视角也就是社会引导和教育方位去探索人性的本质，为围绕善恶之辩的价值观教育提供了新视角。如王阳明认为“至善”即为人性，是判断善恶的终极标准，因此是超越善恶的；与之吻合为善，与之相悖则为恶。“善恶皆天理。谓之恶者本非恶，但于本性上过与不及之间耳。”⑤说明只有在自由变化的世界，善恶才有存在的必要；在完全必然化的世界，既无比较之可能，也无好与坏之分，无所谓什么价值问题。从人的本质来讲，人性并不是一成不变的必然存在物，而是一种独特的可能性的存在，人性在本质上是不断生成、变化发展的。人天生就具有超越现实限制的激情和冲动，这是人区别和超越动物的一个显著标志。因此，人永远不会满足于现状，永远不会浑浑噩噩地生活，总是会不断追求有意义的生活，创造更有价值的人生。这说明善恶问题的产生，深植于人超越现实、追求可能生活的本性，是专属于作为自由存在的人的问题。因此，“至善论”可以总结为：一切价值都是意志自由的体现，无意志自由也就无所谓善恶问题，也就是把自由当作

① 《朱子公文集·玉山讲义》。

② 《孟子·告子上》。

③ 《孟子·告子上》。

④ 《孟子·告子上》。

⑤ 王阳明：《传习录》，上海古籍出版社1995年版，第269页。

人的本质。当然，这里所阐述的自由与西方的自由观念有着本质的区别，它仅仅局限于道德领域。

（二）中国传统人性论思想的基本特征

人性论是人性变化在观念上的反映，是人类对自身认识的表述。通过对中国传统人性论的简析，我们可以看出中国古代传统文化中人性论价值观念的一些基本特点。

1. 强调人兽之分，凸显人伦本性

中国人性论强调道德性是人性的核心内容；分析人性的善恶，是为了把道德做人兽之分论证加强人的道德教育的必要性，强调通过合理的价值观教育和道德践行来确立人之为人的根本。如《说文》云："性，人之阳光，性善者也，从心、生声"。所谓"人之阳光"即指人性最光明和具有代表性的地方；"性善者也"就是对此的具体解释。孟子也说："人之所以异于禽兽者几希？庶民去之，君子存之；舜明于庶物，察于人伦，由仁义行，非行仁义也。"①意思是，"人之所以异于禽兽者"在于人有人伦并能"察于人伦"。仁义不是为行而行的，它不过是人对人伦的自觉；自觉到人伦之道为人之本性，行为自然就合乎仁义。这就直接确定了人伦是人与动物的根本区别；但人伦作为人的本性并不容易被人察觉，这就需要圣人的后天教化："人之有道也，饱食暖衣，逸居而无教，则近于禽兽。圣人有忧之，使契为司徒，教以人伦：父子有亲，君臣有义，夫妇有别，长幼有序，朋友有信。"②就是说，一般人虽整日生活在人伦关系中，但不一定真正明白它的价值，从而会丢掉它而"近于禽兽"。君子与庶人之别就在于此，因而需要先贤圣人进行教化。表明中国传统人性思想具备先验与现实两重特性，对人伦的执着追求则是其过程展现。孟子说："规矩，方圆之至也；圣人，人伦之至也。"③圣人当然包括多方面的功德与智慧，但依据中国文化价值观的判定还是对他做人状态的衡量，他必须是"人伦之至"，如舜那样，尽管其父瞽叟与异母弟象多次谋杀他，舜始终尽孝尽友。这样的人才是人伦典范，是真正高于禽兽的人，所以称为圣人。在中国文化价值观中，这种对人伦的自觉就是人对自我本性的自觉，是人对实现自我价值的自觉，这也是尧舜成为历代价值观教育典范的原因。

---

① 《孟子·离娄下》。
② 《孟子·滕文公上》。
③ 《孟子·离娄上》。

2. 德性平等,人人可圣

中国传统人性论思想主张人的德性平等、反对道德上有尊卑等级差别,强调通过自身努力,“人皆可以为尧舜”。这在孔子“忠恕”思想中有深刻体现。例如:“己所不欲,勿施于人”①,“己欲立而立人,己欲达而达人”②。可见孔子的“忠恕”之道内含着人格平等的精神。孟子在人性论上进一步发展了道德平等思想,他说:“君子所性,虽大行不加焉,虽穷居不损焉,分定故也。君子所性,仁、义、礼、智根于心,其生色也睟然,见于面,盎于背,施于四体,四体不言而喻。”③孟子的思想则认为仁义礼智这些人的品质都是与生俱来的,并不会因为个人得志抑或失意而改变这些天赋的职分。据此,孟子提出“人皆可以为尧舜”④的命题,他认为每个人都具有尧舜一样的天赋德性,只要你按照这种天赋德性去进行实践,自然就能够成为尧舜。荀子虽然主张“性本恶”的理念,但是他亦认为德性具有平等的可能性。他说:“我欲贱而贵,愚而智,贫而富,可乎?曰:其唯学乎!”⑤这也就是说人可以通过学习不断提升自我德性修养的目标。随着中国在秦汉时期进入到封建专制时代,儒家平等意识也受到了严重的影响,董仲舒所倡导的“性三品论”就是典型代表。实质上,“性三品论”直接在先天上就将人区分为不同的等级,这种思想与传统的儒家德性平等的理念是完全背离的,但是由于董仲舒强调中等德性的人占多数,并且可以通过王道教化提升自己的修养,让自己变成具有完美道德的人,这也就直接使得其本质上的不平等性被淡化了。与此同时,董仲舒将人性分为三个层次的主要原因还是在于强调圣王对于普通民众的教化责任。他说:“王者上谨于承天意,以顺命也;下务明教化民,以成性也。”⑥因此,德性平等意识依旧内隐在其思想当中。到了宋代,儒家学者濂溪提出的“圣可学”⑦的说法可以说是孟子的“人皆可以为尧舜”思想在宋代的体现。

3. 重理智,轻情欲

中国文化虽肯定了人性中包含理智、道德、情欲等多种因素,但始终把理智因素放在最高位置,而对情欲始终持鄙视的态度。孔子曾经将仁、智、勇三者并列为修身的根本德日.“智者不惑,仁者不忧,勇者不惧。”⑧“好仁不好

① 《论语·卫灵公》。
② 《论语·雍也》。
③ 《孟子·尽心上》。
④ 《孟子·告子下》。
⑤ 《荀子·儒效》。
⑥ 《后汉书·董仲舒传》。
⑦ 朱熹、吕祖谦:《朱子近思录》,上海古籍出版社2000年版,第64页。
⑧ 《论语·子罕》。

学，其弊也愚。”[①]强调智识是仁爱之德发挥因势利导、抉择是非善恶功效的基础，同时指出仁只有与智结合在一起，才能得以实现。在是非面前只有智才能“是是非非”，才能做出正确的价值判断，使仁不被蒙蔽，这就是“智者不惑”的原因。而智的获得离不开学习，荀子则指出“礼者，法之大分，群类之纲纪也，故学至乎礼而止矣。夫之谓道德之极。”[②]时至汉代，董仲舒则更强调智相对仁的作用：“仁而不智，则爱而不别也；智而不仁，则知而不为也。故仁者所以爱人类也，智者所以除其害也。”[③]也就是说仁是从积极正面的方向去爱护他人，而智则是从反向去消除伤害他人的事物，因此，可以说仁即智、智即仁。汉末大儒王符又说：“天地之所贵者人也，圣人之所尚者义也，德义之所成者智也，明智之所求者学问也。”[④]这种“德由智成论”充分表达了智是德的基础的认识。宋明理学家虽一致强调“穷理尽性”，但同样也专心于“格物致知”和“致良知”方面的努力，在某种意义上两者可称为一体之两面。清儒唐甄则说：“以智和德，其德乃神。是故三德之修，皆从智入。”[⑤]儒家一般认为人性同具仁、义、礼、智四德，而唐甄认为，只有从智德入，其他三德才得以成、得以神。因此，“立智”是完善人性的根本方法。与此相对，情欲则被不断地打压。佛教把人的欲望视为罪恶，认为是人生烦恼的源泉。道教关于人欲的态度，虽然没有佛教这么严厉，但总体上还是趋向对欲望的限制。宋明理学作为儒学的最成熟形态更是直接把天理与人欲对立起来，主张“存天理，灭人欲”。这种压制人欲的人生态度对个体意识的觉醒无疑具有负面作用。

二、中国传统人性论价值观教育的基本路径

中国传统人性论价值观教育十分重视人的道德教化和思想价值引领工作，不仅形成了价值观教育的丰富的人性论思想内容，而且从人性出发，探索出一系列有效的人性论价值观教育实践路径，包括人性论价值观教育的基本目标、内容、方法、机制等等，凸显了重修身、重德性和教化的中国传统文化特色。这里主要从中国传统价值观教育如何培育个体和群体的道德自觉的人学路径做一探索。

---

① 《论语·阳货》。
② 《荀子·劝学》。
③ 《春秋繁露·必仁且智》。
④ 《潜夫论·赞学》。
⑤ 《潜书·性才》。

(一) 修身为本:中国传统人性论价值观教育的根本

中国传统人性论价值观教育以个人道德上的修身养性为根本,强调道德践行、修身为本、内圣外王。古代的先贤个人是否具有良好的道德修养和品行直接影响人际关系处理的质量。只有成为道德君子才能向上孝敬父母,向下慈爱儿女,构建和谐的家庭关系;才能向上忠于国家,向下诚信交友,构建和谐的社会关系。因此,他们无不认为,应以修身为本,这就是《大学》所谓的"身修而后家齐,家齐而后国治,国治而后天下平。自天子以至于庶人,壹是皆以修身为本。"尽管古代先哲,有的认为优良的道德品质并非生来就有的,如荀子;有的认为,人的本性就是善的,如孟子。但他们都认为,人只有不断地学习和磨炼才能有良好的道德品质,才能成为仁人君子。如朱熹说:"道之有本,如木之有根,水之有源也;无本则无自而生焉。故君子为仁有道,在修其身。"①任何一个高尚的人都由修身做起,舍此别无他途;不修身就像是无根之木,无源之水,永远成不了君子。

1. 修身之目标、内容

中国传统价值观教育的主要目标是从人性出发,培育符合统治阶级需要的正人君子,君子者"修身、齐家、治国、平天下"也。可见,修身既是价值观教育的基本目标,更是主要内容,二者的有机统一,凸显了中国传统价值观教育在路径选择上对道德主体个人的主体性、属人性和自觉性的尊重。

第一,"去人性之私"。

公私之辩一直是价值观教育的一对基本范畴,中国传统文化从人性出发。强调去人性之私,存天下为公之理,这是修身养性和道德践行要实现的基本目标和起码要求。陆九渊说:"不曾过得私意一关,终难入德。"②"私"通常与"公"相对,指人专以满足个体需要为最高宗旨的一种价值理念,故韩非子说:"自营为私。"③它的最大特点就是在人我之间树立起一道难以跨越的鸿沟,善恶好坏完全取决于个人感受,从而把道德评价非理性化。这是儒家一直批判的观点。如孔子说:"爱之欲其生,恶之欲其死。既欲其生,又欲其死,是惑也。"④喜欢就想让他生存下去,不喜欢就想他尽快死去。这种既想让人生又想让人死的做法,无疑前后矛盾,是人感到困惑。因此,孔子认为唯有使人的好恶之情从"私"转化成仁的好恶,才能真正给人以符合客观事实的

① 朱熹:《论语精义》(卷一)。
② 《象山语录》。
③ 《韩非子·五蠹》。
④ 《论语·颜渊》。

理性判断:“唯仁者能好人,能恶人。”[①]在宋明理学家那里,“私”又被看作“从躯壳起念”。一次,弟子问王阳明:“天地间何善难培,恶难去?”[②]他答道:“此等看善恶,皆从躯壳起念,便会错。”[③]又说:“天地生意,花草一般,何曾有善恶之分?子欲观花,则以花为善,以草为恶;如欲用草时,复以草为善矣。此等善恶,皆由汝心好恶所生,故知是错。”[④]弟子再问:“然则无善无恶乎?”[⑤]王阳明说:“无善无恶者理之静,有善有恶者气之动。不动于气,即无善无恶,是谓至善。”[⑥]又说:“不作好恶,非是全无好恶,却是无知觉的人。谓之不作者,只是好恶一循于理,不去又着一分意思。如此,即是不曾好恶一般。”[⑦]王阳明从天地万物的自然属性出发,指出万物没有价值上的善恶,个体需要让事物有了价值上的善与恶。此所谓“从躯壳起念”,为“私”。“无善无恶理之静”便是自一体之仁之价值平等处说,为“公”。王阳明认为,就人的现实存在说,虽必会有对万物有所取用,也必会发生善恶的价值判断,但“从躯壳起念”而有的取用万物,必须遵循天理,不能纯粹按照个人意志随意安排,只有这样,才能获得“至善”。这说明中国文化始终把“公心”作为评价一切正面价值的最高原则,“天下为公”自然就成了中国人价值追求的最高目标。

第二,“诚信最可贵”。

中国传统人性论价值观强调要去私为公、去伪存真,就必须诚信,甚至认为“无知可以为人,无信不可以为人”,这是人之为人的根本。《大学》云:“所谓诚其意者,毋自欺也。”但究竟何谓自欺呢?朱熹说:“譬如一块物,外面是银,里面是铁,便是自欺。须是表里如一,便是不自欺。”又说:“外面虽为善事,其中却实不然,乃自欺也。”[⑧]可见,“诚”就是真实无欺。首先是不欺骗自己,是自我内心的真实无妄;其次是不欺骗他人,保持言行一致。修身作为“为己之学”最基本的要求就是要知道自己真正的想法和缺点,如果自欺欺人,那么修身便无从谈起。因此,“诚”在中国文化价值观中具有非常特殊的地位。孟子说:“诚者天之道,思诚者人之道”;《中庸》也说:“诚者,天之道也;诚之者,人之道也”。“诚”被看作客观存在的天道;人在客观存在的天道面前不是无能为力的,而是可以“诚之”“思诚”的。学习诚、达到诚的过程就是人

① 《论语·里仁》。
② 王阳明:《传习录》,上海古籍出版社 1995 年版,第 197 页。
③ 王阳明:《传习录》,上海古籍出版社 1995 年版,第 61 页。
④ 王阳明:《传习录》,上海古籍出版社 1995 年版,第 61 页。
⑤ 王阳明:《传习录》,上海古籍出版社 1995 年版,第 61 页。
⑥ 王阳明:《传习录》,上海古籍出版社 1995 年版,第 61 页。
⑦ 王阳明:《传习录》,上海古籍出版社 1995 年版,第 61 页。
⑧ 《朱子语类》(卷第十六)。

道。这样，通过“诚”，客观存在的“天道”与“人道”就统一起来了。荀子也把“诚”看作是进行道德修养的方法和境界：“夫诚者，君子之所守也，而政事之本也。”①后至北宋，周敦颐则把“诚”作为最高最普遍的道德原则和成人成圣的修养境界：“诚者，圣人之本”②“诚，五常之本，百行之源也。”③因此，“诚”是人安身立命的根据，是道德修养和践履所要达到的目标。

第三，“养浩然之气”。

“养浩然之气”是中国文化价值观中最独特的修养理论，是指通过气的涵养生发的一种主观精神状态；是价值观教育和道德践行所追求的崇高精神境界。孟子曾非常详细地描述道：“其为气也，至大至刚，以直养而无害，则塞于天地之间；其为气也，配义与道，无是，馁也。是集义所生者，非义袭而取之也。”④可见，“浩然之气”是一种最博大最刚强、神圣不可侵犯的高风亮节和天地正气，是与道义同一的、积极的生命精神所不可或缺的道德品格。并且，孟子认为，这样一种人生气节不是随随便便就有的，而是通过“养”而得到的。二程曾言：“仲尼只说一个‘志’，孟子便说许多‘养气’出来。只此二字，其功甚多。”⑤孔子曾提出：“三军可夺帅也，匹夫不可夺志也。”⑥孟子进一步发挥了孔子的思想，把“志”与“气”联结起来，提出：“夫志，气之帅也；气，体之充也。夫志，至焉；气，次焉。故曰：‘持其志，无暴其气。’”⑦就是说，志向是气节的主帅，气节是充盈体内的精神力量；志向坚定，气节也就坚定了。孟子把那种志气不壹的人称为“自暴自弃”者，认为“言非礼义，谓之自暴也”“身不能居仁由义，谓之自弃也。”⑧人之所以要养气，就是为了防止丧志失气、自暴自弃，通过气的培养使自己的行为自觉地与仁义相符合。同时，“浩然之气”虽是一种精神境界，但培养它却需要外在事功的磨炼：“天将降大任于斯人也，必先苦其心志，劳其筋骨，饿其体肤，空乏其身，行拂乱其所为，所以动心忍性，增益其所不能。”⑨这就是说，要培养刚健中正、能当大任的人，首先要经受艰苦的物质生活的磨炼，造就出不为物喜，不为物悲，笃行仁义的人格精神。具备了这样一种人生气节的人，孟子称为“大丈夫”：“居天下之广居，立

① 《荀子·不苟》。
② 《通书·诚上》。
③ 《通书·诚下》。
④ 《孟子·公孙丑上》。
⑤ 《四书集注·孟子序说》。
⑥ 《论语·子罕》。
⑦ 《孟子·公孙丑上》。
⑧ 《孟子·离娄上》。
⑨ 《孟子·告子下》。

天下之正位，行天下之大道。得志，与民由之；不得志，独行其道。富贵不能淫，贫贱不能移，威武不能屈，此之谓大丈夫。”①“天下之广居”即仁，“天下之正位”即礼，“天下之大道”即义。“大丈夫”或兼济天下，或独善其身，都能配义与道，“不淫”“不屈”“不移”，这就是中国文化“浩然之气”的本质内容。

第四，“极高明而道中庸”。

“极高明而道中庸”是中国传统人性论价值观教育的最高价值追求。“中庸”一词最早出现在《论语》中。思孟学派在《中庸》等著作中发展了这一思想使之成为儒家文化最高的道德遵循和处事原则，但是这种最高的美德只有极少人能够坚持做到，如孔子说：“‘中庸’之为德也，其至矣乎！民鲜久矣。”②这是因为“中庸”要求达到不偏不倚、恰到好处的人生境界。程颐进一步认为“中庸”是天地万物发展的总规律：“天地之变化，虽廓然无穷，然而阴阳之度，日月寒暑昼夜之变，莫不有常，此道之所以为中庸。”③，这也就是说，事物在平常活动中正是按照这种不偏不倚的方向发展的。朱熹的解释也是如此：“中者，不依，无过无不及之名；庸，平常也。”④由于“中庸”是纠正“过”和“不及”两方面错误而获得正确的认知，极高明而道中庸是极高却也极难达到的道德修养境界。孔子门徒众多，三千弟子七十二贤人，能行“中庸”者寥寥无几。孔子认为“过”与“不及”都是对中庸原则的背离，坚持“中庸”之道必然要既勇敢又谨慎、既威严又怀柔，具有辩证的行为方式。

此外，“中庸”还包含“时中”的内涵。朱熹在解释《中庸》“君子而时中”时说：“君子之所以为中庸者，以其有君子之德，而又随时以处中也。……盖中无定体，随时而在，是乃平常之理也。”⑤就是说，求“中”不能执着于某一点，必须与时俱进，懂得权变。对此，孟子认为，“男女授受不亲，礼也”，这是一个原则问题，但“嫂溺，援之以手者，权也”。如果不讲“时”，一味地拘泥于“礼”，以至于“嫂溺不援”，那便迂腐得失去了人性，“是豺狼也”。

第五，“不知命，无以为君子也”。

安身立命是中国传统人性论价值观教育的超然境界和终极目标。德性修养形成的结果总会与非德性化的社会之间存在着矛盾，例如德性高的人未必有福气，而德性极差的人也未必生活得不好。这也就使得人们对不可支配的“命”与德性修养之间的关系产生了极大的误解，如果不能够消除人们对于

① 《孟子·滕文公下》。

② 《论语·雍也》。

③ 《二程遗书》(卷一五)。

④ 《四书集注·中庸章句》。

⑤ 《四书集注·中庸章句》。

德性修养的质疑，德性修养的理念也就无法延续了。所以，孔子也就不得不发出“不知命，无以为君子也”的感叹，甚至认为德性修养成熟的标志之一就是“知天命”。儒家哲学先贤对于“命”的内涵的表述是较为复杂的。朱熹曾给予这样的解释：“命谓天之付与，所谓天令之谓命也。然命有两般。有以气言者，厚薄清浊之禀不同也，如所谓‘道之将行将废，命也’，‘得之不得曰有命’是也。有以理言者，天道流行付而在人则为仁义礼智之性，如所谓‘五十而知天命’，‘天命之谓性’是也。二者皆天所付与，故皆曰命。”①朱熹对于“命”的内涵阐述为源自于“气”而形成的人们无法控制的命运和源自于“理”的人能够掌控的道德义命两种，如复归、贫穷、仁义礼智等都是属于这两个类别的。

从孔子开始的中国古代先贤已经发现人类社会的很多事情已经超出了人的控制范围，“道之将行也与，命也；道之将废也与，命也。公伯寮其如命何？”②也就是说大道能够在现实社会中实现并不是单纯的参考人的能力来定的，其中还包含了不可预知的命运的力量。“行，或使之；止，或尼之。行止非人所能也。吾之不遇鲁侯，天也。”③孟子在这里从“行”“止”也就是人的仕途成败的角度说明人的时运并不是人能够控制的，如他自己不能够得到鲁侯的赏识就是天命的原因。那么，应该如何去对待这种“莫之致而至者”④的命运呢？《淮南子》有言云：“君子为善，不能使福必来，不为非，而不能使祸无至。福之至也，非其所求，故不伐其功；祸之来也，非其所生，故不悔其行。内修极而横祸至者，皆天也，非人也。故中心常恬漠。”⑤也就是说既然个体的行为无法左右福祸，那么也就没有必要过分地去关注天道了，我们只需要在它面前保持理智和淡然的心态就可以。

在中国文化价值观中，天道自然所赋予的人的道德本性也是“命”的一种，如董仲舒说：“人受命于天，固超然异于群生，入有父子兄弟之亲，出有君臣上下之谊。……故孔子曰‘不知命，亡以为君子’，此之谓也。”⑥因此，德性修养的内容就必然包含着“知道德义命”。朱熹曾引程颐的话说：“知命者，知有命而信之也。人不知命，则见害必避，见利必趋，何以为君子？”⑦也就是说如果人能够知道德的天命根源就必然变得唯利是图，不可能具有君子的德性

① 《朱子语类》(卷六十一)。

② 《论语·宪问》。

③ 《孟子·梁惠王下》。

④ 《孟子·万章上》。

⑤ 《淮南子·诠言训》。

⑥ 《后汉书·董仲舒传》。

⑦ 朱熹：《四书集注·论语章句·尧曰注》。

了。汉代的《韩诗外传》中也提及："子曰'不知命无以为君子'，言天之所生，皆有仁义礼智顺善之心。不知天之所以命生，则无仁义礼智顺善之心。"①这里也就直接说明只有把人的道德本性建立在天命信仰之上，才能够确立真正的道德品质。为此，中国文化中就有许多启发人从自然中去寻找和感悟道德义命的存在。正如孟子所说："天不言，以行与事示之而已矣。"这也就是说：尽管上天不会言语，但是其运行规律却直接展现给人们相应的"事象"，这些都可以成为人们感悟道德义命的重要载体。比如说自强不息和宽容的精神本身就是上天运行不辍、日月无私照的外在体现，所以人应该也要无私仁爱。这种天命信仰使得人类有限的具体的道德行为获得价值本体的支撑，让人体会到意义感，从而推动自身不断提升自己的道德境界。

整体而言，中国文化价值观中的"知命"主要强调的是知"道德义命"，也就是要求人们不管在任何情况下都需要按照道德要求行事。这是因为道德义命是人可控的，并且对于不可知的命运进行界定必然要了解可知的道德义命，这就与孔子所说的欲知死必知生的认识不谋而合了。如孟子说："口之于味也，目之于色也，耳之于声也，鼻之于臭也，四肢之于安佚也，性也；有命焉，君子不谓性也。仁之于父子也，义之于君臣也，礼之于宾主也，知之于贤者也，圣人之于天道也，命也；有性焉，君子不谓命也。"②也就是说，生物本能是否能够实现取决于不可知的命运，因此生物本性的东西不是君子需要关注的重点。而类似于仁义等道德义命的实现则需要人的后天努力，所以君子需要将其看做分内之事以处之，而不要受到不可知命运的支配。此外，孟子从"大体"和"小体"两个方面对上述两种命运的关系进行了界定："体有贵贱，有大小。无以小害大，无以贱害贵。养其小者为小人，养其大者为大人。"③"大体"指的是道德义命；而"小体"则是外在的物质享受。在孟子看来，人的道德本性的修养远远比外在的不可知的命运更加重要，因为道德本性的实现完全取决于人的修养。所以，孟子要求人"存其心，养其性"，并做到"殀寿不二，修身以俟之"④的"立命"境界。从上述内容不难发现，中国传统文化中的"知命"思想本质上就是让人以道德义命去克服不可知的命运对人所造成的道德信仰的困扰，让人能够不断提升自己的德性，并将其作为人生的终极目标。

2. 修身之方法

中国文化认为，人类全部道德生活的实质就是克己修身，因为人性中已

---

① 韩婴：《韩诗外传》。
② 《孟子·尽心下》。
③ 《孟子·告子上》。
④ 《孟子·尽心上》。

经具备道德的一切要素。孟子和《中庸》都说过“诚者，天之道；诚之者，人之道”的话，所以修养论作为中国古代对道德本性理解的认识和方法是古代人性论思想的重要组成部分。孔子说：“君子求诸己，小人求诸人”[①]，“为仁由己，而由人乎哉?”[②]孟子则认为，仁义礼智等道德规范都先验地存在于人的内心之中，人只要去不断挖掘“善端”就能够成为圣人君子。因而，个人道德品质的好坏其实就是取决于人自身的努力程度。

第一，学思并重。

学即是格物致知过程的体现。中国文化从古至今都非常注重道德知识的学习。孔子说：“好仁不好学，其蔽也愚；好智不好学，其蔽也荡；好勇不好学，其蔽也乱；好刚不好学，其蔽也狂。”[③]孔子强调学是君子立德之根本，“君子学以致其道。”[④]荀子认为学是人人可为尧舜的内在依据，他说：“凡禹之所以为禹者，以其为仁义法正也。然则仁义法正有可知可能之理，然而涂之人也，皆有可以知仁义法正之质，皆有可以能仁义法正之具，然则其可以为禹明矣。”[⑤]中国文化对于学的要求也是多而严的，主要可以分为三大类：一是博学多识，“多闻，择其善而从之，多见而识述”[⑥]；二是谦逊好问，态度端正，“知之为知之，不知为不知”[⑦]，“好察迩言”[⑧]；三是持之以恒，“有弗学，学之弗能弗措”[⑨]，只有“积学而不息”，才能“积善成德，而神明自得，圣心备焉”[⑩]。而思则是对于学的理性提升和内在要求，将所学之识融会贯通最终学以致用。如孔子说：“学而不思则罔，思而不学则殆。”[⑪]孟子也说：“心之官则思，思则得之，不思则不得也。”[⑫]荀子更加强调“虚壹而静”[⑬]，就是说让人们在对事物本质进行认识的时候不要受到已有知识和主观臆想的影响。

第二，“克己”“反省”“慎独”并驱。

对个体与社会需要平衡关系的洞察是中国道德文化的本质要求，强调要

---

① 《论语・卫灵公》。
② 《论语・颜渊》。
③ 《论语・阳货》。
④ 《论语・子张》。
⑤ 《荀子・性恶》。
⑥ 《论语・述而》。
⑦ 《论语・为政》。
⑧ 《中庸》。
⑨ 《中庸》。
⑩ 《荀子・劝学》。
⑪ 《论语・为政》。
⑫ 《孟子・告子上》。
⑬ 《荀子・解蔽》。

对个体欲望进行适当的限制。孔子提出:“克己复礼为仁。”①孟子强调“养心莫善于寡欲”②。荀子认为“反省”是对“克己”行为内在依据的自我审视,是用反思的形式对节欲合理性的拷问。孟子曾说:“生亦我所欲,所欲有甚于生者,故不为苟得也;死亦我所恶,所恶有甚于死者,故患有所不辟也。”③义的本质就在于人具有超越生死的好恶,而动物是不具备的,其在人性上的体现就正如孟子所说的“良知”“良能”。所以,人性特有的本质只要坚定的“反省”就能够感知:“人人有贵于己者,弗思耳矣”。④ 也就是说每个人都有着自己的可贵之处,只是部分人不善于反思而已,人如果能够做到见贤思齐,见不贤而内省必然能够察觉到人之善良本性。“慎独”则是对“克己、内省”两种修行内容高度自觉的外化体现:“所谓诚其意者,毋自欺也。如恶恶臭,如好好色,此之谓自谦,故君子必慎其独也!”⑤这也就是说即使人们在独处之时也会时刻保持本身的善念,就如同厌恶恶臭、喜欢美色那样自觉地遵守道德规范。如朱熹说:“幽暗之中,细微之事,迹虽未形而几则已动,人虽不知而己独知之,则天下之事无有著见明显而运于此者。是以君子既常惧戒,而如此尤加谨焉。所以遏人欲于将萌,而不使其滋长于隐微之中,以至离道之远也。”⑥由此可见,“慎独”要求主体具备高度自律的道德意识,让道德成为个体发展的推动力。

(二) 德性与教化:中国传统人性论价值观教育的核心

个人意识自觉与社会责任的统一是道德的本质体现,所以,价值观教育必然是个体道德修养与社会规范和道德教化的理解与内化,决定着任何一个社会都要重视道德教育和思想价值引领。在古代中国,社会价值观教育的主要方式就是道德教化,道德教化一直被视为民族生存的命脉。如《尚书·舜典》所记载:虞时就已经有命契为司徒“敬敷五教”,加强对人民的伦理道德教育。可见,没有古代的道德教化事业,也就不可能形成中国文化价值观教育的道德传统。据此,德性与教化的统一是中国传统人性论价值观教育的核心。

① 《论语·颜渊》。
② 《孟子·尽心上》。
③ 《孟子·告子上》。
④ 《孟子·告子上》。
⑤ 《大学》。
⑥ 《四书章句·中庸注》。

1. 中国古代人性论价值观教育重视道德教化的原因

中国传统价值观教育重视道德教化的原因是多方面的，这里主要从以下三方面进行探析：

第一，社会结构原因。

中国的宗法社会起始于西周，在该社会类型之中，父系血缘和嫡庶关系是分割政治经济权利的唯一尺度。帝王和诸侯之位均由嫡长子继承，继而形成所谓的“君统”。而诸侯的庶子庶孙则被封为卿、大夫、士等，因而建立了“宗统”。“君统”和“宗统”两者相辅相成但又相互独立，如同一张无形之网构建出宗法制的社会形态。在宗法制社会结构之中，国即是家，家法即是国法，也就是我们常说的“家天下”，这也就直接导致维护家庭或族群利益归根结底就是维护国家利益的价值取向。《大学》云：“所谓治国必先齐其家者，其家不可教，而能教人者无之”①。这句话直接表明只有治理好家的人才能够治理好国，如果无法治理家也就不用谈治理好国了。家族的安定团结就必然需要依靠道德教化的力量，所以中国古代将道德教化当成安邦定国重要方式。

第二，法律原因。

中国历朝历代在制定律法维护统治阶级利益的时候，惩罚犯罪总是采用“连坐”的方式，而不仅仅局限于个人，例如祸及三族或诛其九族等；反之如果家族之中有人出人头地了，也会“荣宗耀祖”、造福家族，即“一人得道，鸡犬升天”。因而，家中长辈就希望通过家教免祸或借助子孙成就达到家族共兴的目的。基于此，个体与家庭之间形成了荣辱与共的利益关系，道德教育在中国传统社会的作用也就越显突出。

第三，文化原因。

人文精神历来是中华文化关注的要点，人的物质生产实践活动和人的思想活动都与人的意义的实现直接相关联。中国古代圣贤对于人性本质问题做过反复探究。告子曾认为人性是人自然而生的本质，而孟子则反驳道：“然则犬之性犹牛之性，牛之性犹人之性与?”②这句话也就说明尽管人与动物同属于自然界，但是人的社会性是人区别于动物的根本属性。孟子指出：“人之有道也，饱食、暖衣、逸居而无教，则近于禽兽。”③也就是说人有人的本性，如果忽视对人的动物本能的教化，那人与禽兽也就无差异了。所以，道德教化是中国古代进行教育的主要内容。

---

① 《论语·阳货》。

② 《孟子·告子上》。

③ 《孟子·滕文公上》。

2. 传统价值观教育中道德教化的主要内容

荀子曾说:“学恶乎始？恶乎终？曰:其数则始乎诵经,终乎读礼;其义则始乎为士,终乎为圣人。”①南宋理学家朱熹在为白鹿洞书院撰写的《教规》中,将荀子所言的“礼”具体为“父子有亲,君臣有义,夫妇有别,长幼有序,朋友有信”②。其中,父子、兄弟之道延伸出君臣、朋友之道,所以,基于父子、夫妇、兄弟三方面的人伦礼教去阐述中国古代道德教化能够反映传统人性论价值观教育的基本路径。

第一,强调为子之道。

每个人都是由父母孕育而生并且在父母精心呵护下成长,父母养育生命的客观事实必然会使人产生反哺感恩之心,自觉孝敬、赡养父母。这是人类共有的社会现象。唯独中华文化将孝从家庭规范升华至治国原则的高度。中华孝道在历史长河中不断发展和演变,已经逐步渗入人们日常生活的每一部分、每一个角落,正如《礼记》所言:“民之本教曰孝。……夫仁者,仁此者也;礼者,履此者也;义者,宜此者也;信者,信此者也;强者,强此者也。”③由此可知,孝道是道德教育的基点,百善孝为先。从家庭道德规范来阐述孝道的主要内容就是子女要赡养、敬养和乐养父母。

首先从赡养父母的角度来看,人都是为父母所生养成人,其功德确实无以为报:“无父何怙,无母何恃,出则衔恤,入则靡至,父兮生我,母兮鞠我,拊我畜我,长我育我,顾我复我,出入腹我,颌报之德,昊天罔极”④。但是,当父母年老的时候,子女则需要竭尽所能地赡养父母,无论是从道德还是法律角度皆是如此。孟子曾云:“世俗所谓不孝者五:惰其四支,不顾父母之养,一不孝也;博弈好饮酒,不顾父母之养,二不孝也;好货财,私妻子,不顾父母之养,三不孝也;从耳目之欲,以为父母戮,四不孝也;好勇斗狠,以危父母,五不孝也。”⑤这“五不孝”都直接指责子女由于自身行为不当导致不能赡养父母的错误。所以,古人都强调孝道要特别注重勤俭修身,如《孝经》云:“用天之道,分地之利,谨身节用,以养父母,此庶人之孝也。”⑥也就是说希望人能够通过勤俭持家集聚财富达到赡养父母的目的;并且只有自己勤俭节约所获劳动成果才可让父母安心食用。据《晋书》载:“陶侃母湛氏,豫章新淦人也。……侃

① 《荀子·劝学》。

② 《孟子·滕文公章句上》(第四节)。

③ 《礼记·祭义》。

④ 《诗经·小雅·蓼莪》。

⑤ 《孟子·离娄下》。

⑥ 《孝经》(第六章)。

少为寻阳县吏，尝监鱼梁，以一坩鲊遗母。湛氏封鲊及书，责侃曰：'尔为吏，以官物遗我，非惟不益吾，乃增吾忧矣。'"[①]陶侃年轻时当寻阳县吏负责监管鱼梁之时，利用职务便利给母亲带了一罐咸鱼食用。但是其母湛氏不仅将咸鱼原封退回，并且写信责备陶侃，认为他作为县吏不应该以公家之物给我享用，这样不仅对我没有任何的益处，反而会使我比较忧心。以权谋私终有案发之时，到时不仅不能够赡养父母，还会让父母承受老而丧子之痛，此乃大不孝。可见，赡养父母需以勤俭节约的正义之财而不是不义之财来孝敬父母，才是孝道。正如司马光所说："有德者，皆由俭来也。夫俭则寡欲，君子寡欲则不役于物，可以直道而行；小人寡欲则能谨身节用，远罪丰家。"[②]否则，沉浸于耳目之欲即便家财万贯也不能够用来赡养父母。

其次是敬养父母，赡养父母不仅仅需要让他们获得物质上的满足，同时也需要让父母在精神上具有充实感，充分尊重父母的人格和尊严。孔子说："今之孝者，是谓能养。至于犬马，皆能有养；不敬，何以别乎？"[③]也就是说，如果认为孝就是养活父母；但是对于父母没有敬重之心，那么赡养父母与饲养犬马又有什么区别呢？因此，孔子强调孝道就必然包含敬养父母。具体而言，敬养父母可以分为外在表现与内在心灵两个方面。从外在表现看，子女孝养父母必须要保持恭敬的仪态仪表。孔子说："色难。有事，弟子服其劳；有酒食，先生馔，曾是以为孝乎？"[④]这句话也就是说：侍奉父母最为艰难的就是长久保持和颜悦色，有事情子女去做，有餐宴让父母去吃喝，这也能作为孝吗？换言之，只有始终保持恭敬的态度才能够让父母安然接受子女的赡养行为："一箪食，一豆羹，得之则生，弗得则死，呼尔而与之，行道之人弗受；蹴尔而与之，乞人不屑也；万钟则不辨礼义而受之，万钟于我何加焉？"[⑤]一份饭、一碗汤，尽管得到就能生存，失去就会死亡，但是面对呵斥与唾骂，即使在旅途中饥饿难忍的人也不愿意接受；被践踏的食物再给别人，连乞丐都不屑一顾。丰厚的俸禄如果不是在合乎礼仪道德的情况下获得的，这种厚禄对于我而言又有何种好处呢？所以，外在礼节的端庄恭敬是敬养父母的首要。从内在心灵看，敬是指子女将赡养父母看作是虔诚的信仰而不是一种手段。清儒唐甄说："谨慎，敬也，而敬不尽于谨慎；温恭，敬也，而敬不尽于温恭；无肆无

---

① 《晋书·列女传》。
② 《温国文正司马公文集·训俭示康》。
③ 《论语·为政》。
④ 《论语·为政》。
⑤ 《孟子·告子上》。

慢，敬也，而敬不尽于无肆无慢。”[①]敬的表现形式多种多样，如“谨慎”“温恭”“无肆无慢”等，但是这只是其外在体现而不是敬本身。敬本身“只是主一也。主一，则既不之东，又不之西，如是则只是中。既不之此，又不之彼，如是则只是内。存此，则自然天理明。”[②]这里的“一”就是指人内在良知，人的外在道德行为完全服从于它，不掺杂任何个人的外在目的。如孟子所言的“养志”说就很能体现此点：“曾子养曾皙，必有酒肉；将彻，必请所与；问有余，必曰：‘有’。曾皙死，曾元养曾子，必有酒肉；将彻，不请所与；问有余，曰：‘亡矣’。将以复进也。此所谓养口体者也。若曾子，则可谓养志也。事亲若曾子者，可也。”[③]曾子在赡养他的父亲曾皙的时候，不仅每顿饭都有酒有肉，并且在吃完以后还会按照父亲的意志将剩余的酒肉分配出去，父亲在询问是否还有剩余的时候，曾子必然都会说有。但是曾子的儿子曾元则不向父亲请示剩余酒肉给谁食用，每次询问是否还有剩余的时候总是会说没有，以备下次食用。从曾子和曾元的行为比较而言，两者的外在行为基本无区别，唯一具有差别的地方就在两者对于剩菜剩饭的态度问题。曾子每次都说有，从而让父母获得支配的权利，提升父母的愉悦感；而曾元则每次都说没有并将剩下的饭菜留待下次食用。由此看出，曾子赡养父母不计较利益得失，完全出于道德命令，达到敬养的极致；而曾元则考虑经济价值，所以孟子称赞曾子为“养志”者也。

最后，从乐养父母的角度看，尽管人都是由父母养育而成长的，但是人是群居性动物，离开国家与群体，人的生命财产也就无法存在与延续了。所以，人不仅仅需要报答父母的养育之恩，同时也需要回报社会、国家。如果在家孝敬父母，但是在外却为害一方，必将给父母带来耻辱，成为最大的不孝。所以，孝需要走出家庭，走向集体、国家、民族，勇于承担民族责任。在这里，我们能够充分体会到亲情与社会道义相碰撞而形成的更为崇高的精神。据《宋史》载，刘安世“初除谏官，未拜命，入白母曰：‘朝廷不以安世不肖，使在言路，倘居此官，须明目张胆，以身任责，脱有触忤，祸谴立至。主上方以孝治天下，若以老母辞，当可免。’母曰：‘不然，吾闻谏官为天子诤臣，汝父平生欲为之而弗得，汝幸居此地，当捐身以报国恩。正得罪流放，无问远近，吾当从汝所之.’于是受命。在职累岁，正色立朝，扶持公道。其面折廷争，或帝盛怒，则执简却立，伺怒稍解，复前抗辞。旁侍者远观，蓄缩耸汗，目之曰‘殿上虎’，一

① 《潜书·敬修》。

② 《二程集·河南程氏遗书》(卷十五)。

③ 《孟子·离娄上》。

时无不敬慑。”[①]宋代刘安世起初被任命为谏官的时候并没有立即接受任命，而是向其母坦言：朝廷现在要任命我为谏官，如果上任了，就需尽职尽责报效国家，那样必然会得罪一些权贵甚至招来牢狱之灾。但是皇上素来以孝德治天下，如果我以家中母亲年老为由推辞可以免去这份危险。但是，他的母亲听完以后认为：谏官是能够直达天听的重要职位，也是刘安世报效国家的最佳时机，因此没有任何推脱的理由。如果因为得罪权贵而遭受牢狱之灾，我也会支持你。正是基于此，刘安世在朝堂之上始终坚持公道正义，甚至能够与皇帝争辩，被同僚视之为“金殿上的老虎”。刘安世的行为受到世人的敬佩与赞叹，而让他的母亲所享受的喜悦远远超过物质供奉所带来的分量。当然，刘安世遇到了相对开明的君主，所以如此做而无生命危险。但在更多的情况下，坚持正义要付出血的代价。汉代名士范滂即因直言谏诤而被处以死刑，在行刑之前，范滂对母亲说：“滂从龙舒君归黄泉，存亡各得其所，惟大人割不可忍之恩，勿增感戚。”[②]其母曰：“汝今得与李杜齐名，死亦何恨！既有令名，复求寿考，可兼得乎？”[③]这种“子伏其死而母欢其义”[④]的场景充分体现了中国传统孝道对于社会道义与气节的重视。

第二，明确为人父母的职责。

汉代学者韩婴说：“夫为人父者，必怀慈仁之爱，以畜养其子。抚循饮食，以全其身。及其有识也，必严居正言，以先导之。及其束发，授明师以成其技。十九见志，请宾冠之，足以成其德。”[⑤]基于此，可以发现中国古人将为人父母之道总结归纳为三种：首先是“以全其身”的勤俭持家；其次是“以成其技”的育子以德；再次是“以立其德”的成子之义。

① 勤俭持家，勤劳致富。

中国自古以来就是农业大国，据记载，中国早在神农氏和黄帝时代就已经开始种植五谷。所以，在中国经济中一直占据支配地位的是自给自足的小农经济，而传统农业的兴旺发达不仅仅依靠天时地利，同时还需要个人的勤劳努力。这也就直接形成中国自古将勤俭持家、勤劳致富作为传统美德的状态，并且将其视为国计民生的根本所在，如《左传》云：“民生在勤，勤则不匮。”[⑥]基于自然规律的限制，农作物生长具有明显的周期性，受到天时节气

---

① 《宋史・刘安世传》。
② 《后汉书・党锢列传》。
③ 《后汉书・党锢列传》。
④ 《后汉书・党锢列传》。
⑤ 《韩诗外传》(卷七)。
⑥ 《左传(宣公十二年)》。

影响较为明显。这就需要从事农业生产人员依据自然规律进行播种、养护、收割等行为,只有这样才能够保证良好的收成,正如晁错所言:"粟米布帛,生于地,长于时,聚于力,非可一日成也"①,在这期间,"春不得避风尘,夏不得避暑热,秋不得避阴雨,冬不得避寒冻,四时之间亡日休息"②。可见,想要获得丰收的果实就需要不懈的辛勤劳作。明清时代流传甚广的《增广贤文》就曾告诫人们:"一年之计在于春,一日之计在于晨,一家之计在于和,一生之计在于勤。"③所以,中国人一直尊崇勤劳之德,并且政府部门也非常提倡:"王丹,字仲因。每岁农时,辄载酒肴,于田间候勤者,与而劳之。"④与之相反,懒惰则受到中国人的唾弃,其最终只会导致全家遭受困苦饥饿,如《双节堂庸训》云:"人惟游惰,必致饥寒。"⑤这种情况下,父母连子女的基本生存都难以保证,更不要说教育子女了,不可不谓失父母之职。

② 育子以德。

传统中国家庭十分重视子女价值观教育,并且由此形成了"遗子以财,莫若以德"的德教之风。在中国家庭教育之中,孝德一直是家庭教育的起点,正如《孝经》中所说:"夫孝,德之本也,教之所由生也。"这是因为将孝作为道德教育和社会关系调节的出发点具有较强的可行性。子女与父母接触时间最长、感情十分深厚,因而倡导孝德能够促使人形成尊重长辈、关心爱护他人的道德理念。如果一个人对于陪伴自己时间最长的父母都不能够做到孝顺,更不用谈去关心他人、关心社会了。正是基于子女关心父母的意识,他们才会不断地谨言慎行,不给父母增添不必要的麻烦与困扰,正如《孝经》所说:"爱亲者,不敢恶于人;敬亲者,不敢慢于人。"⑥如果对他人行恶,他人也会恶行相向,对他人怠慢,他人也会施之于己身,最终导致父母遭受牵连,其乃不孝也。所以,孝子必须要将孝德推行到他人身上,正如孟子所言:"老吾老,和人之老,幼吾幼,和人之幼。"⑦与此同时,父母也需要用仁义道德来培养子女的社会公德意识,促进子女道德修养的提升而不仅仅是满足其物质之欲,如《淮南子》云:"仁者百姓之所慕也,义者众庶之所高也。为人之所慕,行人之所高,此严父之所以教子,而忠臣之所以事君也。"⑧经过上述道德教育,中国古

① 《汉书·货殖列传》。

② 《汉书·货殖列传》。

③ 《增广贤文》。

④ 《太平御览·人事部七十二》。

⑤ 《双节堂庸训·艺事无不可习》。

⑥ 《孝经》(第二章)。

⑦ 《孟子·梁惠王上》。

⑧ 《淮南子·人间训》。

人相信子女会成为被社会认可的有品德之人。

③ 成子之义。

父母总是希望子女能够显贵于人，也就是人们常说的“望子成龙、望女成凤”，因此《孝经》认为“立身行道，扬名于后世，以显父母”[①]是最大的孝。显贵于人不仅仅需要子女自身后天的努力，同时也需要父母在物质和精神方面给予诸多扶持。《晋书·陶侃传》记载了朋友远道而来看望陶侃，但是由于家境清贫，陶侃无力置办酒席，母亲为了成全儿子作为主人之义就将自己头发做成假发卖给他人换得钱财帮助儿子置办酒席。最终，陶侃也借此机会展露才能成为一代名士。这就是为人父母成子之义的功劳。

第三，规范夫妇之道。

夫妇关系乃人伦之始：“有夫妇然后有父子，有父子然后有君臣，有君臣然后有上下，有上下然后礼义有所错。”[②]这就直接说明，夫妇之道不仅包括了处理夫妻关系方面的伦理观念，同时也是父子、君臣等方面人伦关系的体现。所以，夫妇之道被当作“人伦大纲”[③]，历来受到中国古人的高度重视。从处理夫妇关系的内容看，中国古人以“分”和“合”两个方面来阐述夫妇之道。“分”就是强调要分辨出男女尊卑贵贱有别。《白虎通德论》云：“夫妇者何谓也？夫者扶也，扶以人道者也。妇者服也，服于家事，事人者也。”[④]这里也就直接体现出男女所从处理的不同事务决定男女尊卑有别，男性主要负责安邦定国的大事，而女性则是处理家庭琐事和服侍丈夫。基于此理念，中国古代夫唱妇随、男尊女卑的不平等现象十分明显。当然，这些观念是封建社会特定历史阶段的产物，随着历史的发展必然会被抛弃。“合”则是指夫妇和谐共处、互敬互爱共同推进家庭的稳定和发展。《温公家范》云：“夫妇之际，以敬为美。”[⑤]这也就直接表明夫妇之间应该相互敬重、相亲相爱。从历史演变的进程来看，该部分内容具有传承性，应该被当代夫妻所借鉴。具体言之，可分为以下几个方面：

① 伉俪情深。

重视血缘宗亲是中国传统社会的特征，但夫妇之间并非通过血缘关系来维系，相亲相爱、伉俪情深才是维持夫妇关系稳定性的主要因素。虽然中国古代一直强调礼仪对于夫妇行为的约束性，但这并不否定男女之间相亲相爱

---

① 《孝经》(第一章)。
② 《易经·序卦》。
③ 《汉书·王贡两龚鲍传》。
④ 《白虎通德论·嫁娶》。
⑤ 《温公家范·夫》。

的感情才是夫妻关系和谐的立足点的理念。中国古人甚至在某些时候直接将该情感升华至人之所以为人的本性，如刘禹锡云："人之所以取贵于蜚走者，情也。"①所以，中国古人创作了大量诗词歌赋来歌颂男女欢爱，如《易经·咸卦》通过"咸其拇""咸其腓""咸其股""咸其晦"等一系列男子触摸女子的情节描写，深刻阐述了男女之间所建立的出乎自然的情感是婚姻美满的基础。即使是在封建礼教森严的中国古代，也有突破各类障碍寻求真爱的人，例如司马相如与卓文君的故事就是伉俪情深的佳话，虽然是对当时封建礼仪的违背，但是他们积极追求爱情的勇气却成为千古佳话。由此可以看出，爱情作为男女婚姻关系的基础在某种程度上也是被古人所认可的。明代思想家李贽曾评论道："相如，卓氏之梁鸿也。使当其时，卓氏如孟光，必请于王孙，吾知王孙必不听也。嗟夫！斗筲之人，何足计大事，彼失佳偶，空负良缘，不如早自抉择，妨小耻而就大计。"②也就是说，尽管司马相如与卓文君的恋爱行为不合乎礼节，但是他们追求爱情的勇气不仅不应该被污蔑，反而应该给以充分的肯定和赞扬。

② 朋友之义。

中国传统文化从人性出发，认为夫妇是少年夫妻老来伴。家庭中的夫妇应该既是夫妻又是朋友的平等关系，面对问题相互协商、相互规过的良友之义也是夫妻生活的重要内容。苏武的《烛烛晨明月》一诗中，妻就称夫为良友：

烛烛晨明月，馥馥秋兰芳。
芬馨良夜发，随风闻我堂。
征夫怀远路，游子恋故乡。
寒冬十二月，晨起践严霜。
俯观江汉流，仰视浮云翔。
良友远别离，各在天一方。
山海隔中州，相去悠且长。
嘉会难再遇，欢乐殊未央。
愿君崇令德，随时爱景光。

在上述诗文中，妻子不仅仅抒发了对丈夫的思念之情，而后又以朋友身份劝

① 《刘禹锡集·伤往赋序》。
② 《藏书·司马相如传》。

告丈夫应该珍惜时光、勤修品德。这也就直接体现了夫妻之间存在朋友般真诚、平等关系的必要性。河南乐羊子之妻多次以夫妇之情、朋友之义劝告丈夫厚德积学，最终使丈夫羊子完成学业成为一代名士的故事更是夫妇朋友之义的佳话。

③ 白头偕老。

婚姻在中国历来就被认为是神圣的事物，“夫妇之道，参配阴阳，通达神明，信天地之弘义，人伦之大节也。”[①]这里也就是说夫妻关系本源于阴阳之道，是维系人伦之根本所在，所以，白头偕老自然而然成为中国古人对于男女婚姻维持状态的基本要求。从女子角度来说，从一而终是其贞节观念的重要内容，尽管这对女子追求婚姻幸福进行了压制，但是也从另一方面反映了女子对于白头偕老的婚姻状态之追求。就中国古代男子而言，尽管他们没有“一生一世一双人”的道德观念，但是也不意味着他们可以随便出妻。如《大戴礼记》就对不可出妻的三种状态进行了规定：“有所取，无所归，不去；与更三年丧，不去；前贫贱，后富贵，不去。”[②]也就是说在妻子无家可归、与其一起守孝三年的妻子和在丈夫未发迹之前就已经跟随的糟糠之妻，这三种情况下是不能出妻的。尤其是最后一条富贵不易妻经过历时演变已经形成中国人普遍的道德准则，例如包公《铡美案》中陈世美就是因为此种原因而遗臭万年。此外，即使女子因违反“七出”而被逐出，这也将会成为男子一生的污点。因为，“妇人以夫为天，未有不愿夫妇相爱者。屡憎于夫，岂其所性？惟言之莫予违也，驯至喋喋不休。为之夫者，御之以正，无论明理之妇，知所有处；即不甚明理者，亦渐知感悟。故吾谓男子之能孝弟者，其好必不敢不孝不睦。妇之不良，大率男子有以成之。”[③]也就是说，妻子违背道德礼仪的根源在于男子未尽丈夫之责。据《世说新语》载：王献之在病重的时候请道士帮助自己向上天祈福，按照惯例应当陈述己过。道士问：“由来有何异同得失？”王献之回答：“不觉余事，惟忆与郗家离婚。”[④]尽管王献之与郗家女离婚的真实原因无从考察，但其自责的原因与违背白头偕老的夫妻准则有着必然联系。在《别郗氏妻》一文中，他道：“触类之畅方，与妹极当年之足，以之偕老，岂谓乖别至此？”[⑤]这就表明白头偕老也是中国古代男子对婚姻关系所持的基本要求。

---

① 《女诫·夫妇》。
② 《大戴礼记·本命》。
③ 《双节堂庸训·治家》。
④ 《世说新语·德行》。
⑤ 《古今图书集成·明伦汇编家范典·夫妇部》。

第四，重视手足之情。

在中国传统社会里，兄弟关系是家庭中最重要但也是最难处理的人伦关系，家庭或家族的兴衰往往取决于兄弟关系的和谐程度，因此，中国传统文化十分重视培养兄弟正确的价值观。如《颜氏家训》云："兄弟不睦，则子侄不爱；子侄不爱，则群从疏薄；群从疏薄，则僮仆为仇敌矣。如此，则行路皆踖其面而蹈其心，谁救之哉！"[①]也就是说，兄弟之间的不和谐必然导致子侄之间的不相爱，而子辈的不想爱必然导致童仆之间相互仇视甚至敌化。如果一个家庭各成员之间都相互仇恨，外人在欺辱他们的时候又有谁来帮助呢？所以，中国古代一直都非常重视兄弟之间的关系，甚至会采用刑法来强制确保兄弟关系的和谐："于弟弗念天显，乃弗克恭厥兄；兄亦不念鞠子哀，大不友于弟。惟吊兹，不于我政人得罪，天惟与我民彝大泯乱。曰：乃其速由文王作罚，刑兹无赦。"[②]但是由于古代封建礼制的原因，兄弟之间往往会产生较为严重的利益冲突，如财产、家庭权利的继承等，历史上兄弟之间因为这类因素反目成仇的事件屡有发生，如：魏文帝曹丕即位后先后杀害自己的兄弟曹彰和曹植；南朝齐武帝侄子萧鸾篡位以后先后把其余十五个兄弟全部灭杀。该类近乎灭绝人伦的现实迫使中国古人从深层次思考如何有效处理兄弟之间的关系。

① 同居共财。

家庭中兄弟关系出现问题的根本原因在于利益纠纷。如隋文帝曾说道："世间贫家兄弟多相爱，由相假藉；达官兄弟多相憎，争名利故也。"[③]贫苦人家兄弟关系和睦在于无利可图；而富贵人家兄弟之间所产生的利益纠葛往往较为复杂。这也就直接表明处理好兄弟人伦的首要就在于消除他们争夺名利的机会。同居共财也就成为中国古人解决兄弟财产纠纷的根本方法。父母、兄弟、姐妹共同劳作、共同消费，这就从源头直接统一了家庭财政收入，避免兄弟之间因争名夺利而互相伤害的局面。所以，同居共财一直被中国古人视为重要的家庭美德之一。陶渊明告诫子侄的家书中写道："汝等虽不同生，当思四海皆兄弟之义。鲍叔管仲，分财无猜；归生伍举，班荆道旧。遂能以败为成，因丧立功。他人尚尔，况同父之人哉？颍川韩元长，汉末名士，身处卿佐，八十而终。兄弟同居，至于没齿。济兆汜稚春，晋时操行人也。七世同财，家人无怨色。《诗》曰：'高山仰止，景行行止。'虽不能尔，至心尚之。汝其

① 《颜氏家训·兄弟》。

② 《尚书·康诰》。

③ 《北史·隋宗室诸王》。

慎哉！吾复何言。”[①]也就是说兄弟同居共财才是家庭兴旺之道，而异居则会导致家道衰败。由此不难看出，兄弟之间同居共财对于维护整个家庭团结稳定具有独特的效果。所以，中国历史上总是会出现许多世代同居的大家族“昉家十三世同居，长幼七百口，不畜仆妾，上下姻睦，人无间言。每食，必群坐广堂，未成人者别为一席。有犬百余，亦置一槽共食，一犬不至，群犬亦皆不食。”[②]传统社会之中，该类大家庭不仅能够很好地抵御外在风险，同时还能够得到朝廷的嘉奖，从而不断提升整个家族的实力。例如这个昉家“僖宗时尝诏旌其门，南唐又立为义门，免其徭役”[③]。反之，兄弟异居分财产则会直接削弱家族的实力，并且增加了兄弟相残的概率。所以，兄弟异居分财产不仅会遭受道德舆论的唾弃，更甚至会受到法律的制裁：“诸祖父母、父母在而子孙别籍异财者，徒三年”[④]。

总之，同居共财是增进中国古代家庭团结和谐和家族实力的重要价值和道德准则。

② 兄弟一体。

同居共财是从经济关系的角度来保障兄弟之间的关系，而血统意识则是从另一方面来增强这种关系。《颜氏家训》云：“兄弟者，分形连气之人也，方其幼也，父母左提右挈，前襟后裾，食则同案，衣则传服，学则连业，游则共方，虽有悖乱之人，不能不相爱也。”[⑤]也就是说，兄弟为同母所生，从小到大就在一起生活，即使是不孝之人也应该知道兄弟之间要相互关爱，这也就直接体现了兄弟一体的基本理念。兄弟都是父母的骨肉、都为父母所关爱，只有兄弟感情和睦才符合父母的意愿：“惟孝者必友，不友于兄弟则灭其亲之心，非孝矣。”[⑥]由此及彼，兄弟对于各自后代也应该一视同仁：“己之子与兄之子所争几何？是同出于父者也，只为兄弟异形，故以兄弟为手足。人多以异形故，亲己之子异于兄弟之子，甚不是也。”[⑦]也就说是，尽管兄弟形体有别，但是血统却是一致的，因而从根本上是一体的；他们的子孙后代也是如此，所以需要一视同仁地对待他们。基于此，中国古代家庭要求兄弟之间需相互关爱，将手足之情放在经济利益之上，坚决反对为求一己私利而伤害兄弟感情的行为：“有百姓乙普明兄弟争田，积年不断，各相援引，及至百人。琼召普明兄弟

---

① 孟二冬：《陶渊明集译注》，吉林文史出版社 1996 年版，第 189—192 页。

② 《宋史·孝义传》。

③ 《宋史·孝义传》。

④ 《唐律·户婚》。

⑤ 《颜氏家训·兄弟》。

⑥ 《古今图书集成·明伦汇编家范典·兄弟部》。

⑦ 《古今图书集成·明伦汇编家范典·兄弟部》。

对众人谕之曰：'天下难得者兄弟，易求者田地，假令地失兄弟心如何？'因而下泪，众人莫不洒泣。普明弟兄叩头乞外更思，分异十年，遂还同住。"[①]这里就直接体现了古人把兄弟一体的血统观念放在人生首位的理念。兄弟一体是古代家庭和谐稳定的"内在稳定器"，所以历来被人们所提倡。

③ 有难同当。

有难同当不仅仅是兄弟相互帮扶的现实体现，同时也是转移兄弟矛盾、强化兄弟感情的重要手段。长期共居和利益纠葛必然会导致兄弟之间产生各类矛盾。在此情况下，中国古人一方面通过加强血统意识，借助骨肉之情化解矛盾，另外一方面也会通过宣扬"兄弟齐心，其利断金"的有难同当精神，转移和分化兄弟之间的矛盾。"夫兄弟至亲，一体而分，同气异息。诗云：'凡今之人，莫如兄弟。'又云：'兄弟阋于墙，外御其侮。'言兄弟同休戚，不可与他人议之也。"[②]也就是说兄弟之间即使矛盾再深厚也是最值得信任的人，如果遇到困难，兄弟可以共同协商应对之策。相反，如果兄弟之间不顾外在威胁，一味地自相残杀就是极不明智的。"袁谭欲更攻弟尚，问王修曰：'计安出？'曰：'兄弟者，左右手也。譬人将斗而断其右手，曰：我必胜。若如是者可乎？夫弃兄弟而不亲，天下其谁亲之？'"[③]在三国纷争时期，袁绍的两个儿子袁谭、袁尚在面临被曹操吞并的威胁下居然兄弟阋墙。这就好比个体的左右手相互掐架，即使一方获得胜利了也是惨胜。所以，中国古代特别重视兄弟之间有难同当的精神。"江陵王玄绍，弟孝英、子敏，兄弟三人，特相友爱，所得甘旨新异，非共聚食，必不先尝，孜孜色貌，相见如不足者。及西台陷没，玄绍以形体魁梧，为兵所围，二弟争共抱持，各求代死，终不得解，遂并命尔。"[④]王玄绍三兄弟相亲相爱，美食、新奇事物都共同享用；在战争时兄长被敌兵围困时，弟弟们舍身往死、极力营救，尽管最终都被杀害了，但是这种兄弟之间的有难同当的精神却成为千古传颂的美德。

3. 传统价值观教育中道德教化的主要方法

任何优秀的道德思想和理念想要达到教育人的目的就需要寻找合适的方法，否则受教育者也会抵制这种思想。中国古人历来在进行道德教化之时都非常注重方法的采用，其中许多方法依旧值得我们借鉴。

第一，注重启发诱导。

道德教化最重要的就是培养人的自觉意识，这就要求在方法上只能采取

---

① 《北齐书·苏琼传》。
② 《温公家范·弟》。
③ 《太平御览·宗亲部·兄弟中》。
④ 《颜氏家训·兄弟》。

启发诱导而不能强制性灌输。孔子提出："不愤不启，不悱不发，举一隅不以三隅反，则不复也。"①朱熹注解道："愤者，心求通而未得之意。悱者，口欲言而未能之貌。启，谓开其意。发，谓达其辞。"②也就是说，教师传授知识给学生的时候不要一开始就把相关观点告知学生，而是在他们思考而不得之后在思想上才对他们加以疏导，这样可以促进学生思考让他们举一反三、融会贯通。孟子曾经说道："君子引而不发，跃如也。"③教师应该像有经验的射手，张满弓而不轻易发射，用跃跃欲试的姿态让学生独立去体会个中道理。进一步总结孔孟的启发式教育方法可以得出："君子之教喻也，道而弗牵，强而弗抑，开而弗达。道而弗牵则和，强而弗抑则易，开而弗达则思。和、易以思，可谓善喻矣。"④也就是说，君子在教育学生的时候，需要加以诱导而不强制学生，需要加以鼓励而不是压制学生的进取精神，加以开导而不可直接表明。引导而不强牵学生就不会导致学生有抵触情绪，鼓励而不压制学生的进取精神会让学生对于知识更加容易接受，开导而不把话说透能够启发学生。能够让学生无抵触情绪而乐于思考和善于接受，就完全可以称之为善于教育了。

第二，重视因材施教。

虽然人的道德本性是平等的，但是在现实层面之中人的道德状况又具有差异，有着不同的道德需求，不能忽视差异而采取一竿子扫平的方式。中国古代教育家历来都提倡因材施教。孔子就非常善于观察学生的差异，主张"视其所以，观其所由，察其所安。"⑤要求老师对学生的作为、生活经历、兴趣爱好全面掌握，从而根据学生的差异开展实际的道德教育。据《论语·先进》篇载："子路问：'闻斯行诸?'子曰：'有父兄在，如之何其闻斯行之?'冉有问：'闻斯行诸?'子曰：'闻斯行之'。公西华曰：'由也问闻斯行诸，子曰有父兄在，求也问闻斯行诸。子曰闻斯行之。赤也惑，敢问。'子曰：'求也退，故进之；由也兼人，故退之。'"⑥子路和冉有都是孔子的得意门生，但是子路勇猛而冒进，冉有则性格懦弱，所以当他们同时询问"闻斯行之"时，孔子对于冉有则是积极鼓励，而对于子路则是抑制其冲动，让他遇事多去询问家中兄弟长辈。针对同个问题，孔子根据不同人的道德情况分别给予恰当的回复，这就直接证明孔子对因材施教方法的遵循。

① 《论语·述而》。
② 《太平御览·宗亲部·兄弟中》。
③ 《孟子·尽心上》。
④ 《礼记·学记》。
⑤ 《论语·为政》。
⑥ 《论语·先进》。

第三，强调“身教”重于“言传”。

“身教”重于“言传”是中国古人总结出的重要德育方法之一。教师教育学生时，不能仅在言语上对学生进行说教，而需要自己身体力行、以身作则，这样才能够让学生心悦诚服地接受教育。如孔子说：“其身正，不令而行；其身不正，虽令不从。”①这也就直接表明以身作则、正己正人的“身教”比传统的“言教”更加重要。所以，中国古代对于教师的要求十分严格，不仅需要渊博的知识，同时还需要有超人一等的道德水准：“智如泉源，行可以为表仪者，人师也”②；“师哉！师哉！童子之命也。务学不如务求师。师者，人之模仿也”③。即使在中国古代家庭教育之中，也要求“身教”重于“言教”。《韩非子》曾记载了这样一个故事：“曾子之妻之市，其子随之而泣，其母曰：‘女还，顾反为女杀彘。’适市来，曾子欲捕彘杀之。妻止之曰：‘特与婴儿戏耳！’曾子曰：‘婴儿非与戏也。婴儿非有知也，待父母而学者也，听父母之教令。子欺之，是教子欺也。父欺子而不信其母，非以成教也。’遂烹彘也。”④曾子的妻子不想带儿子上街，就欺骗儿子说只要儿子在家等她，回来就杀猪给儿子吃。从常人的角度而言，这原本只是一个善意的谎言而不需要真正地实施，但是曾子却认为如果父母不讲诚信的话，也就不会形成儿子诚信的品格。最终直接杀猪给儿子弄猪肉吃，给他上了一堂生动的诚信课。这表明“身教”是道德教化和价值观教育的基础性工程。

第四，寓教于乐。

道德尽管是用来约束人的，但是并不意味着道德教育的方式是非常不仁道的。寓教于乐是中国古代最具有人性化色彩的德育方式。它主要是借助各类文化艺术形式来进行道德教育，具有明显的娱乐性和游戏化的特征，使人在自然状态之中接受道德教化，较易让人接受，特别是对于热情好动的青少年来说更是如此。所以，中国古代就有很多德育内容被编撰成儿童诗歌，以便让人弹颂传唱。中国传统孝道就有很多劝孝诗文，它们大都通俗易懂，又朗朗上口。比如：

你孝我亦孝，不绝孝门户。
只见母怜儿，不见儿怜母。
长大娶得妻，却嫌父母丑。

---

① 《论语·子路》。
② 《韩诗外传·卷五》。
③ 《法言·学行》。
④ 《韩非子·外储说左上》。

爷娘不睬聒，专心听妇语。
生时不供养，死后祭泥土。
如此倒见贼，打煞无人护。①

该类教育形式确实对中国传统孝道的宣传与推广有着非常显著的推动作用。此外，中国古人也非常重视采用音乐舞蹈等艺术形式进行道德教育的推广。王阳明说："大抵童子之情，乐嬉游而惮拘检，如草木之始萌芽，舒畅之则条达，摧挠之则衰痿。今教童子，必使其趋向鼓舞，中心喜悦，则其进自不能已。譬之时雨春风，沾彼卉木，莫不萌动发越，自然日长月化；若冰霜剥落，则生意萧索，日就枯槁矣。故凡诱之歌诗者，非但发其志意而已，亦以泄其跳哭呼啸于歌咏，宣其幽抑结滞于音节也……凡此皆所以顺导其志意，调理其性情，潜消其鄙吝，默化其粗顽，日使之渐于礼义而不苦其难，入于中和而不知其故。"②这也就是结合儿童好动爱唱的特点将音乐舞蹈作为家庭教育的方法，使其"渐于礼义而不苦其难"。

三、传承与创新：中国传统人性论价值观教育的当下启示

习近平总书记强调要深入挖掘和利用中华优秀传统文化涵养社会主义核心价值观。他在主持中央政治局第十二次集体学习时指出："在5000多年文明发展进程中，中华民族创造了博大精深的灿烂文化，要使中华民族最基本的文化基因与当代文化相适应，与现代社会相协调，以人们喜闻乐见、具有广泛参与性的方式推广开来，把跨越时空、超越国度、富有永恒魅力、具有时代价值的文化精神弘扬起来，把继承传统优秀文化又弘扬时代精神、立足本国又面向世界的当代中国文化创造成果传播出去。要系统梳理传统文化资源，让收藏在禁宫里的文物、陈列在广阔大地上的遗产、书写在古籍里的文字都活起来。"③习近平总书记的讲话精神为新时代价值观教育内容的构建和创新路径指明了方向。

以儒家伦理思想为代表的中华优秀传统道德思想文化源远流长、内涵丰

① 王梵志：《你孝我也孝》，转引自谢宝耿《中国孝道精华》，上海社会科学院出版社2000年版，第387页。

② 王阳明：《传习录》，上海古籍出版社1995年版，第258页。

③ 习近平：《建设社会主义文化强国 着力提高国家文化软实力》，《人民日报》2014年1月1日第1版。

富，其以“三纲五常”为核心价值观、提倡人伦价值的价值观教育思想，强调修身、齐家、治国、平天下，自觉把个人的道德修养与国家兴亡结合起来的价值追求等，为我们今天与时俱进加强社会主义核心价值观教育、加强公民道德建设、构建中国特色社会主义共同的思想道德基础提供了丰富的本土文化资源。如果赋予新时代内涵、结合时代发展进行合理扬弃，有助于根据人性的发展与时俱进加强和改进社会主义核心价值观教育。社会主义核心价值观教育要直接反映思想道德教育对中华传统文化中优秀思想价值观的继承与发展，体现时代精神与中华文明优秀传统道德思想的契合。这就要求我们加强和改进社会主义核心价值观教育，要善于深入挖掘历史和现实、国内和国外、物质文明和精神文明中蕴藏着的丰富的价值观教育资源和素材，特别是重视从教育对象周围去开发利用各类教育资源，不断丰富教育内容，提升教育效果。

(一) 缺乏对传统价值观教育本土资源的开发创新

价值观教育认知偏差、市场经济和应试教育的影响不仅使得价值观教育功利化，同时也导致价值观教育方法较为简单；价值观教育的断层直接导致传统价值观教育的缺失；信息多元化导致价值观教育集聚性缺失；等等。这些最终直接导致传统价值观教育与因材施教、寓教于乐等教育方式缺乏契合度，使得价值观教育缺乏实效性、系统性和针对性。这就要求我们要“认真汲取中华优秀传统文化的思想精华和道德精髓，大力弘扬以爱国主义为核心的民族精神和以改革创新为核心的时代精神，深入挖掘和阐发中华优秀传统文化讲仁爱、重民本、守诚信、崇正义、尚和合、求大同的时代价值，使中华优秀传统文化成为涵养社会主义核心价值观的重要源泉”①。因此，我们要深入研究中华传统人性论文化思想价值观在当下中国价值观教育中缺失的原因，深入挖掘社会主义核心价值观教育人本化发展的中华传统文化特别是人性论价值观教育本土资源。

1. 缺失的原因

中华文化优秀传统价值观教育在当下缺失的原因是多方面的，从我熟悉的学校价值观教育的视角看，主要表现在以下几方面：

第一，价值观教育的功利性直接导致价值观教育见物不见人、教育方式简单化。

我国价值观教育一直存在功利性倾向。我国高等教育起始于清末民初，

---

① 《使社会主义核心价值观的影响像空气一样无所不在》，中国共产党新闻网，http://news.xinhuanet.com/politics/2014－02/25/c_119499523.html。

当时社会的主要任务就是救国图强，所以其要么忽视价值观教育，要么直接将价值观教育作为救国图强的重要手段之一，这也就直接导致价值观教育功利化。中华人民共和国成立之前的解放区和成立以后基本上都是采用政治教育来替代价值观价值，“文革”时期达到顶峰。改革开放以后，价值观教育日益受到重视，但是市场经济条件下重智育轻德育的现象依旧长期存在。由于价值观教育的功利性定位，导致价值观教育直接将社会统一要求遵循的道德规范采用填鸭式、灌输式的方式直接强加给学生。应试教育直接导致教育重智育轻德育。高考的激烈竞争和高校毕业生的就业压力，使得高校在学生录取和培养的过程中也更偏重专业技能和理论知识，价值观教育所承担的思想品德教育往往直接被轻视。价值观教育智育化主要体现在价值观教育实施过程中单一地将价值观教育当作一门知识来进行传授，偏重知识性讲解和应付考试，忽视把价值观教育内容内化为学生的心理感受和理想信念，不利于学生在日常生活中践行完美的道德理念和崇高的价值追求。市场经济见物不见人的急功近利，直接助长了价值观教育的功利化，导致高校教育为了满足市场的一时之需不断调整道德培养结构，长期忽视对人才的健康人格的培养，使精致的利己主义者越来越多。思想政治理论课的思想政治教育由于承担了一定的意识形态教育功能，导致弱化了对学生正确价值观和健全人格的培养。此外，市场经济的思维模式使得部分高校思想政治教育工作者将学生当作“流水线”上批量生产的商品，采用大堂授课而忽视差异化教育，所以难以真正从学生的具体人性出发继承和弘扬传统价值观教育中的因材施教之法。

第二，价值观教育断层导致优秀价值观教育传统的散失。

鸦片战争的爆发直接导致人们无法在生存难以为继的情况下进行价值观教育，在帝国主义不断入侵和国内动荡不安的情况下，价值观教育甚至已经完全被忽视了。中华人民共和国成立以后，中共中央非常重视价值观教育，但是受到苏联影响，当时的价值观教育完全被社会主义教育和政治教育所替代，忽视了中国本土文化关于人格修养的教育。“文革”更是直接对中国传统优秀价值观教育加以否定和批判，使得中国优秀价值观教育传统出现了难以弥补的断层。直到世纪之交，党和政府才高度重视重建中华民族精神家园，优秀传统价值观教育才引起人们的广泛重视。因此，我们需要重新梳理曾经丢失的传统优秀价值观教育并赋予其时代内涵，为加强改进社会主义核心价值观教育提供本土文化资源和精神支持。①

① 宋钧文:《中国传统德育方法对高校德育的启示》,《高校辅导员》2011 年第 2 期。

第三，信息多元化导致价值观教育分散化。

当今时代，信息技术的快速发展使得不同利益主体基于自身利益考量而提出的不同价值观得到迅速推广和传播，同时西方各类思潮和宗教思想也有不同程度传播。由于受众相对较为缺乏辨别能力，其中的部分观点和主张就会直接削弱价值观教育的效果。特别是在全球化、信息化、网络化条件下，发达资本主义国家利用其先发优势、文化强势和我国改革开放与市场经济条件，以各种形式不断向我国传播资产阶级自由化思想，从抽象人性论出发，大力弘扬个人主义、功利主义和实用主义等资产阶级价值观，并把它上升为“普世价值”渗透到中国等发展中国家，误导其国民特别是青少年接受西方文化和价值观，从而引起“普世价值” 之争，冲击这些国家传统价值观教育。

2. 缺失的表现

我国价值观教育缺乏对传统优秀文化和思想道德资源的合理开发和利用，即使是以教育为主业的学校教育也是如此。主要体现在以下几个方面：

第一，教育的功利化、简单化导致因材施教难以实施。

价值观教育的功利性导致的教育方法简单化，忽略了学生主体性差异和需求多样性，忽视了根据不同学生的品格差异制定不同培养方案，教育目标的功利性直接导致因材施教的传统价值观教育方法难以实现。

第二，重灌输、轻自觉，难以做到教学相长。

目前价值观教育基于应试考量，基本以教师讲授为主，学生几乎是被动记忆，注重知识灌输而忽视了个体自觉能动性，师生之间缺乏平等交流。部分教师端起“师道尊严”的架子，自诩道德楷模和知识化身，很少主动与学生进行交流互动。部分教师水平不高、教学能力有限，即使在教学中发现问题也是得过且过，不积极主动解决，更谈不上促进教学相长。

第三，重说教、轻实践，重言传、轻身教，知行不一。

高校价值观教育主要是通过学生工作、团学活动、主题班会等形式进行，思想政治理论课多数是以理论为主，学生也仅限于听、背、考，很少通过实践进行价值观教育效果检验。① 即使部分高校开展了价值观教育实践活动，也往往只是走走形式，过过场子，成为一些老师、学校的面子工程和形象工程，很少能够根据学生所学的价值观教育的知识设计出贴合实际、触动学生心灵的实践活动。例如，部分高校开展的学雷锋活动仅限于义务劳动，为英雄烈士扫墓也仅限于献花、宣誓，以活动数量替代活动质量，并且直接将参加的次数与学生思想品德综合测评分数挂钩，美其名曰“量化

① 宋钧文：《中国传统德育方法对高校德育的启示》，《高校辅导员》2011 年第 2 期。

分”，而这种量化分也只是浮于表面，并没有真正反映学生内心的真实感悟和内心信念。上述做法完全没有体现知行合一的理念。

第四，价值观教育方式单一呆板，难以做到寓教于乐。

我国大部分学校的价值观教育内容空洞枯燥，教学方式方法单一呆板。课堂教学难以调动学生积极性，难以引导学生独立思考、激发学生心理期待，因而不能够让学生产生学习的乐趣和深入思考，无法达到情感共鸣，不能够做到寓教于乐，也就无法保障价值观教育的效果。

第五，价值观教育对优秀传统文化开发和重视不够。

高校价值观教育尚且不重视对优秀传统文化和价值观教育资源的开发与利用，甚至偏离传统价值观教育合理的人本化发展方向；国民教育更是重“物本”轻“人本”，市场经济条件见物不见人的错误价值取向盛行，西方的个人主义、功利主义和实用主义价值观在中国大有市场；个人利益至上、利益最大化，趋利避害、权钱色交易成为一些人的价值追求，甚至使他们失去道德底线、违法犯罪也在所不息。价值观多元化和扭曲扰乱了正常社会秩序，败坏了党风、政风、民风和社会风气，这一切都迫切要求我们坚持马克思主义关于人的本质的自由全面发展的价值观，积极合理开发和利用好中国传统文化和价值观教育重人性、重教化的思想，加强国民的思想道德教育和价值观教育。

（二）融合传统人性论价值观教育资源的基本途径

以中华文明为核心的中国传统文化是中华民族生生不息、发展壮大的丰厚滋养，当然，我们必须清楚地看到，在中国传统文化中也有糟粕，也有被时代淘汰的东西，所以，在价值观教育过程中，我们需要对传统价值观教育资源有鉴别地加以对待，合理扬弃、古为今用，返本开新、推陈出新。

第一，将传统价值观教育资源与时代精神相融合。

社会主义核心价值观教育在挖掘和弘扬优秀价值观教育资源的时候，应该秉承“取其精华，去其糟粕”的理念，不能够生搬硬套。所谓的糟粕，不仅仅是腐朽落后的观点，同时对那些与时代精神不匹配和难以融合的观点也需要摒弃。优秀的传统思想文化教育资源应该与时代精神相融合，其“精华”部分只有在被赋予时代内涵以后才能够更好为社会主义文化建设服务，才能够为推动和实现人的全面发展服务，才能够真正成为社会主义现代化建设的精神动力。

第二，将传统价值观教育资源与校园文化相融合。

快餐文化时代的到来使得知识普及速度、程度和灵活性完全适应了快节奏的时代。当前，越来越多的年轻人被内容丰富、语言简练、形式多样的快餐文化所吸引。快餐文化的形成与发展是时代趋势，价值观教育应该顺其而上，积极吸收快餐文化传播的优势和养分，改变教育教学模式，将价值观教育融入到校园文化之中，以学生社团、社会实践和校园活动等为载体，以符合和满足大众需要的形式与时俱进"阐释"优秀传统文化，借助人们喜闻乐见的方式方法将其快速推广和传播。

第三，将传统价值观教育资源与学生特点相融合。

高校价值观教育工作的着力点应该是新时代大学生的特点，多渠道帮助学生获得较为完整的价值观，而不仅仅是局限于教条式的知识点的传授。以大学生关心的问题为切入点，将课堂教学作为主渠道，通过各学科教学过程渗透优秀传统文化，并辅以大学生常用的 QQ 群、微信朋友圈、知乎等社交平台，将传统价值观教育融合到教育工作的各层次、各领域、各方面，达到"润物细无声"的效果，将教育资源内化为学生精神品德。高校还要充分发挥人才培养、科学研究、社会服务和文化传承的功能，要利用自身优势深入挖掘传统优秀文化和革命文化、积极创造和传播先进文化，加强对全社会的马克思主义理论武装和思想价值引领，发挥好价值观教育在以文化人、立德树人中的引领作用。

第四，将传统价值观教育资源与教育教学相融合。

价值观教育是高校教学工作的核心内容，能够有效推动、保障教育教学工作的发展。价值观教育工作需要以教师、教学为依托，多点进行。受到教育体制机制影响，部分教师陷入教学技能、科研水平提升的怪圈，完全忽视了自身传统文化修养的提升。因此，构建具有深厚传统文化修养的教师团队和辅导员团队尤为关键，将传统文化融入价值观教育过程之中，在课堂引经据典、课堂之外谦逊有礼，两方面并举，能够有效促进学生的思考、效仿，在无形中形成言传身教，立德树人的教育目标。中国优秀价值观教育资源是中华文化积淀的成果，能够有效陶冶学生情操，优化学生品德。价值观教育只有根植于优秀传统文化的土壤，才能够迸发更加高昂的生命力和活力，大学生基于对中国传统文化的理性批判和思考形成正确的处事态度和科学的世界观、人生观、价值观，才能够有效实现价值观教育工作培养社会主义接班人和建设者的远大目标。

(三) 中国传统人性论教育方法对改进价值观教育的启示

中国传统价值观教育以人性论为思想基础，经过几千年的理论与实践探索，形成了一些良好的、行之有效的价值观教育方法，为我们今天加强和改进价值观教育提供了丰富的传统文化资源。习近平总书记在全国学校思想政治理论课教师座谈会中指出:“中华民族几千年来形成了博大精深的优秀传统文化,我们党带领人民在革命、建设、改革过程中锻造的革命文化和社会主义先进文化,为思想政治理论课建设提供了深厚力量”。[①] 这就要求新时代价值观教育要善于吸收中华优秀传统文化、革命文化和先进文化的营养来上好思想政治理论课,给学生心灵埋下真、善、美的种子;通过上下五千年、纵横几万里,在对历史和现实进行深入比较中引导学生辨析事理、明确志向,以文化人,帮学生扣好人生第一粒扣子,不断创新、丰富和发展中国特色社会主义文化,加强和改进社会主义核心价值观教育。思政课教师更要牢记总书记重托,合理吸取中国传统价值观教育的精华,加强和改进价值观教育教学。

1. 因材施教对价值观教育人本化发展的启示

因材施教的价值观教育方法最初为孔子所阐释并实践,而后被宋代程颐和朱熹进一步尊崇和发展,极大推动了中国传统价值观教育的发展。当代价值观教育应该积极借鉴该方法,提升价值观教育的针对性和实效性,培养具有崇高理想、良好思想道德修养的社会主义接班人。

(1) 明确目标、寻求不拘一格的价值观教育方法

中国传统价值观教育注重从人性出发,采取灵活多样的教育方式方法培养适合社会需要的正人君子。孔子作为儒家创始人和教育家更是如此,他十分重视因材施教,善于根据学生的差异性采用灵活多样的教育方法,例如通过赞扬颜回树立典型的榜样引导教育法;对于子夏这样聪明的学生则采用循循诱导的方式启发学生在思考以后得出自己的结论,子夏在请教孔子如何理解《诗经》中“巧笑倩兮,美目盼兮,素以为绚兮”这句话的含义时,孔子只回答了“绘事后素”四个字,子夏就得出学习礼乐只有在人领会善的本质以后才有更好的效果;针对谄媚阿谀之人,孔子批评其“巧言令色鲜矣仁”;对于子路不能够理解“正名”的重要意义之时孔子则给予严厉的批评,并指出正确的做法,说道“野哉,由也。君子于其所不知,盖阙如也”[②]。当代价值观教育需要牢牢把握中共中央国务院《关于进一步加强和改进大学生思想政治教育的意见》的思想政治教育目标,深入贯彻落实习近平总书记在全国学校思想政治理论课教师座谈会上的讲话精神,才能够确保在加强学生价值观教育上采用差异化教学方式和进行目标分层的正确性,防止本末倒置。其次,以总体目

① 习近平:《思政课是落实立德树人根本任务的关键课程》,《求是》2020年第17期。

② 《论语·子路篇》(第十三·第三章)。

标为基础，根据教育对象的差异和实际情况采用多种教育方法，有效提出阶段性和层次性目标。当然，细化目标需要结合高校实践经验不断总结归纳，不能够凭空臆造。

(2) 价值观教育应关注个体，区分层次

关注个体、区分层次的优秀价值观教育理念在孔子的价值观教育思想中有较好的体现。孔子善于通过听其言、观其行、观其所由、视其所以、察其所安等方法，依据学生的个性、年龄、智力、兴趣等差异，借助礼、乐、射、御、书、数等六艺和文、行、忠、信等四教，培养学生不同的专业特长，将价值观教育贯穿于各专业课程学习的始终。孔子因材施教的理念及其实践为后世教育树立了榜样，对当前我国价值观教育依旧具有重大的借鉴意义。价值观教育亦需要学习传统因材施教的方法深入了解和观察学生，通过查询学生档案、召开座谈会、阅读其网络留言或个别谈心等方法充分了解学生的思想状态、性格特征、兴趣爱好、专业素养和综合素质等方面，把思想政治理论课和学团工作结合起来，有针对性组织举办讲座、演讲、主题学习、沙龙、政治班会、社会联谊等活动，根据学生心理需求的不同为学生设计不同的人格培养方案和价值观教育目标，促使他们在不同方面成长成才，完成价值观教育目标。传统人性论因材施教的价值观教育方法还启迪我们需要更加关注特殊学生群体，如身体残疾、心理障碍、家庭贫困或就业困难的学生，时刻了解其情绪情感动态，积极帮助他们解决生活和学习上面的困难，让价值观教育做到有的放矢，做学生人格养成和道德发展的引路人和推动者。当然，思想政治理论课教师作为价值观教育的主力军，更要善于因材施教，提高教育教学的针对性和实效性，发挥好思想政治理论课的主渠道、主阵地作用。这就要求教师做到：在课前，尽量全面了解学生的不同状态；在课中，与学生建立良性互动关系，根据教学内容的差异采用不同的教学模式和教学方法，增强思想政治理论课堂教学的生动性和趣味性，提升价值观教育的实效性。

2. 改变单一刻板的教育方式，启发诱导个体思想体悟

(1) 如何启？

“启”就是对人进行开导突破思维盲点，领悟事物的本质。“启”的方法的有效运用需要在教师熟悉教学内容的基础之上，针对学生知识基础、认知能力和兴趣爱好等方面的差异，设定不同的启发点，在教学中当学生智穷虑竭时引导学生突破思维盲点、领悟事物本质、充分激发学生学习兴趣，加深学生对于知识的记忆和理解。启发式教学是孔子常用的教学方法。《论语·学而》中有这样的记载，子贡曰：“贫而无谄，富而无骄，何如?”子曰：“可也；未若贫而乐，富而好礼者也。”子贡曰：“《诗》云：‘如切如磋，如琢如磨’，其斯之谓与?”子曰:“赐也,始可与言《诗》已矣,告诸往而知来者。”[①]该文中,孔子的学生子贡对于贫富有着自己独到的见解,而孔子通过提出“贫而乐道,富而好礼”的观点促使子贡得出“如切如磋,如琢如磨”的思考,由此可见孔子正是通过对子贡的启发,让他体会了做人需要不断完善自己的真理。

(2) 如何发?

“发”就是让人获得感悟进而寻求恰当的方式阐述自己的心得体会。学生在学习中,需要将自己经过思考的心得体会借助大脑的整理之后清楚表达出来。所以,教师需要在学生进行深入思考而欲言不得之时加以阐发,将学生思考的普通的道德感受升华为道德理论和价值追求,才能够真正让教师所言与学生所思相契合,充分调动学生的积极性。

3. 理论与实践相统一,提高价值观教育效果

古代学者认为“德”是个人闻道之心得,是个体内在品质,强调个体道德修养需要做到自得于心,将其内化为个人心中之“根”。同时,古代学者也非常重视“德”的实践,强调个体在日常行为中通过实践不断使自己有所得,从而达到知行合一的高度融合,这也就极大提升了价值观教育的效果。价值观教育不仅要注重对学生外在行为的塑造,还需要将“德”内化在学生心中,注重道德实践的恒常性,这样才能够确保价值观教育的效果。“理论与实践相统一”在古代的直接体现就是知行合一。古代学者论学的观点都是在自身行为与学术理论高度统一的基础之上进行的,并不是信口开河。知行合一的价值观教育方法直接表明当前的价值观教育工作需要将道德认知和道德实践相统一;将学理教育与行为训练相结合。在知行合一的基础之上,要充分认识“行”在品德修养提升中的关键作用,大力推崇“行”。“知之真切笃实处,即是行;行之明觉精察处,即是知”[②]。借鉴中国古代的传统知行合一理念有利于纠正我国价值观教育的偏差,强化“知”与“行”的统一。

4. 寓教于乐、寓教于美,实现主题教育活动效益最大化

(1) 创新主题教育活动模式

人类普遍具有一种求新求异的心理。因而,我们在进行价值观主题活动教育之时,需要精心策划、周密部署、开拓视野、大胆改革。积极创新主题教育的活动形式,给人耳目一新的感觉,利用形式上的新颖性首先抓住受众,即使采用较为常见的活动模式,也要常中求变,进行“微创新”。在实际活动中,可以结合学校和学生专业资源,充分发挥学生的主观能动性,例如编导专业

① 《论语·学而第一》。

② 《传习录》。

可以借助自身的专业优势编排晚会、舞蹈等,通过内涵与外延相结合的主题活动,让人受到教育、有所收获。

(2) 加强教育对象与教育主体的互动

增强主题教育活动的吸引力和受众的积极性,需要通过各类方式增加主题教育受众与主题教育主体之间的互动性,例如现场互动、抽奖评价、现场调查等方式。主题教育的实施主体并不能够自娱自乐,需要充分调动受众的积极性,让他们踊跃参与到主题教育的各个环节,实现主客体双方的有效互动,才能够真正达到主题教育的目的。因而,在众多方法中,增强主客体互动尤为重要。

(3) 任务性与娱乐化相统一

开展价值观主题教育活动要有明确目标和任务,但又不能搞得死气沉沉,让人难以融入其中。这就要求主题教育需要既严肃又生动,让人能够在轻松愉悦的状态下完成既定目标任务,只有使任务性与娱乐化相统一才能够让主题教育良性发展。例如每年的学雷锋活动周,我们就要针对不同群体开展有针对性的学习教育活动,既要通过活动传承雷锋精神,又要善于激发受众的心理期待,寓教于乐、寓教于美。

5. 弘扬传统文化,提高社会主义核心价值观教育的针对性

加强和改进社会主义核心价值观要着眼于人性的社会历史性和发展性特点,继承发扬中华优秀传统文化。习近平总书记指出:"中华文化源远流长,积淀着中华民族最深层的精神追求,代表着中华民族独特的精神标识,为中华民族生生不息、发展壮大提供了丰厚滋养。"①中华传统优秀文化内涵丰富的思想道德和价值观教育资源。"不忘历史才能开辟未来,善于继承才能更好创新"②。我们要坚持古为今用、推陈出新,批判地继承,努力实现以文化人、用中华传统优秀文化滋养人的价值观教育。

中华民族能够在世界文化的激流中屹立不倒的根本就在于中华优秀的传统文化。学习、掌握中华优秀传统文化的思想精髓对树立正确的"三观"大有益处。中国古人所强调的"先天下之忧而忧,后天下之乐而乐"的政治抱负,"苟利国家生死以,岂因祸福避趋之"的家国情怀,"富贵不能淫,贫贱不能移,威武不能屈"的浩然正气,"鞠躬尽瘁,死而后已"的奉献精神等,都是中华优秀传统文化内涵和民族精神的彰显,应该得到广泛继承和弘扬。我们应该

① 习近平:《在主持中共中央政治局第十三次集体学习上的讲话》,新华网,http://www.xinhuanet.com/2019—02/24/c_1210066649.htm。

② 习近平:《在纪念孔子诞辰 2565 周年国际学术研讨会上的讲话》,新华网,http://www.xinhuanet.com//politics/2014—09/24/c_1112612018.htm。

在习近平总书记关于价值观教育系列讲话精神的指引下，与时俱进加强和改进社会主义核心价值观教育，"把培育和弘扬社会主义核心价值观作为凝魂聚气、强基固本的基础工程，继承和发扬中华优秀传统文化和传统美德，广泛开展社会主义核心价值观宣传教育，积极引导人们讲道德、尊道德、守道德，追求高尚的道德理想，不断夯实中国特色社会主义的思想道德基础"①。

总之，中华传统文化博大精深，历经几千年传承、沉淀至今的优秀传统人性论价值观教育资源十分丰厚。我们要在推进中国特色社会主义现代化建设、实现中华民族伟大复兴的征途中，批判性地继承和发展中国优秀传统价值观教育理念，不断改善和提升价值观教育工作。这是一项艰巨而又具有深远意义的重大时代课题。

① 习近平：《在中央党校建校80周年庆祝大会暨2013年春季学期开学典礼上的讲话》，《人民日报》2013年3月1日第1版。

第三章　西方价值观教育的人本主义哲学理路解析

道德是人类社会特有的现象，道德发展水平是文明程度的一个重要标志；价值观教育作为道德教育的核心专注于人的思想价值引领和道德培养工作，价值观教育人本化发展必须深入挖掘人类文明的一切积极成果，并用它来丰富、发展和提高我们的价值观教育水平；特别是必须以马克思主义人学思想为指导，按照以人为本、以人民为中心、促进人的自由全面发展的要求，辩证吸收中西方人学思想的合理因素，把握人的本质与人的价值观教育的良性互动品质，引领人们培育正确价值观，超越个人主义、功利主义，科学构建社会主义核心价值观教育理路，促进人的本质的健康成长与自由全面发展。为此，我们要深入研究价值观教育人本化发展的中西方人学思想和马克思主义人学思想，为价值观教育人本化发展提供思想借鉴和理论指导。

人本主义作为西方人学思想的核心，对西方文明和社会发展产生了重大影响。由于西方人本主义发展的不同历史阶段的内涵与特征不一样，这就要求我们考察人本主义的思想及其发展历史，揭示现代人本主义的基本特征，分析人本主义为什么会成为资本主义社会个人主义、功利主义的哲学基础和理论依据。只有这样，才能够真正理解和把握不同历史时期人本主义的核心内容、基本特征和对价值观教育的影响。

一、西方人本主义思想的发展历程与主要特征

“人本主义”源于英文词汇 humanism，其内涵极其丰富，一词多义，可谓是仁者见仁、智者见智，甚至“使得词典和百科全书的编撰者伤透脑筋”①。

---

① 〔英〕阿伦·布洛克：《西方人文主义传统》，董乐山译，生活·读书·新知三联书店 1997 年版，第 2 页。

英国《不列颠简明百科全书》是这样写的："Humanism 是指一种思想态度，它认为人和人的价值具有重要意义。凡重视人与上帝的关系、人的自由意志和人对自然界的优越性的态度，都是人本主义。"①美国的《哲学百科全书》认为人本主义是指以人为万物的尺度，承认人的价值和尊严，围绕人性及其相关利益作为研究课题的哲学。德国大百科全书《拉鲁斯词典》则认为真正的人本主义就是将人及同人有关的事物看作核心、尺度和最高目的的哲学范畴。可见，虽然关于人本主义的定义不同，但是其基本内涵却相似，即人本主义是以人为中心和准则的哲学，强调以人为万物的尺度，注重人的价值、自由和尊严，主要围绕人的价值、尊严、自由和解放而展开研究的哲学思潮。

（一）西方人本主义思想的历史考察

以人为本无疑是西方哲学研究的一个重要课题，更是西方人本主义最为响亮的口号。古希腊哲学家十分关注人本身的价值和存在的意义：普罗泰戈拉最早提出"人是万物的尺度"、苏格拉底强调"认识你自己"，可以说是西方人本主义的思想萌芽和价值追求。"文艺复兴"时期通过弘扬古希腊的人本主义传统和理性主义精神有力突破了宗教神学对于人性的压制；法国的"启蒙运动"进一步弘扬了以人为中心的主体性精神，为人的自由和解放提供了坚实的思想启蒙和理论基础。19 世纪初，近代人本主义创始人费尔巴哈在继承人文主义和人道主义思想的基础之上首次明确提出且系统阐述了"人本主义"的思想。人本主义思想的产生和发展为西方人本主义价值观的形成提供了坚实的理论基础，为资产阶级反对封建主义专制和宗教神学对人性的压抑和摧残提供了思想武器和精神食粮，在一定意义上促进了人的本质在形式上的自由和解放——既使人获得形式上的自由和政治解放；同时也满足了资产阶级唯利是图的本性，催生西方资产阶级社会以人本主义为核心的个人主义利己主义价值观，必然导致资本主义社会人的全面异化。

1. 古希腊时期人本主义思想的萌芽

古希腊人本主义是西方人本主义的思想根源，强调人为万物的尺度，认为人的理性的力量是获得对世界本质认识和把握世界的根本。"人是万物的尺度，是存在者存在的尺度，也是不存在者不存在的尺度。"②这是以普罗泰戈拉为代表的古希腊人本主义思想萌芽的最早宣言，有三层含义：一是从哲学本体论高度把人作为本体尺度，认为人是万物存在的根本，进而把哲学从

① 《不列颠简明百科全书》（第 6 卷），中国大百科全书出版社 1986 年版，第 761 页。

② 〔古希腊〕普罗泰戈拉：《西方哲学原著选读》（上卷），商务印书馆 1981 年版，第 54 页。

天国拉回了人间,把人作为事物是否存在的根据凸显了人的存在的重大意义。二是从认识论上把人作为一切认识的尺度,强调对存在着的一切事物及其特性的认识都是以人作为尺度。三是从价值论角度强调人是一切价值的尺度,存在着的事物的价值是依据人的需要而确定的。就价值论的角度而言,其体现了以人为中心的价值标准的确立,标志着人是一切事物的价值尺度的地位的确立。道德、法律等社会事物只是"人为"的产物、是人"约定"的成果。苏格拉底进一步阐述"思维着的人是万物的尺度",把哲学从天国拉到人间,标志着人开始了对自身的反思和自我认识,并以此代替传统的神谕来决定自己的命运,确证人的自我本质的存在。这充分体现了苏格拉底着重强调个人内在理智的价值理念。尽管苏格拉底的人本理念的基础是唯心主义,但是他对人的理性的思考直接对柏拉图和亚里士多德等古希腊人本主义哲学家产生积极影响,并成为西方人本主义的理论奠基者。"全部希腊文明的出发点和对象是人,它以人的需要出发,它注意的是人的利益和进步,为了求得人的利益和进步,它同时既探索世界也探索人……在希腊文明的观念中,人和世界都是一方对另一方的反映,即都是摆在彼此对面的相互照映的镜子。"①

总之,从普罗泰戈拉高喊"人是万物的尺度"经过苏格拉底、柏拉图最后到亚里士多德论证"人的本性是理性,人是社会的产物",几代古希腊哲学家对于人的艰辛探索逐渐形成了丰富的人本主义思想。这些努力不仅为近现代人本主义哲学开启了大门,而且从价值观上为从以神为中心的世界到以人为中心的世界提供了思想启迪,特别是苏格拉底"思维着的人是万物的尺度""认识你自己""知识就是美德"等智者名言,进一步确证了个人道德修养对人生和社会发展的重大价值,引领着当时古希腊价值观教育的人本化发展方向。柏拉图甚至构建了以哲学王为核心的"理想国",强调人的理性在价值观形成和发展中的引领作用。

2. 近现代人本主义思想的产生与发展

哲学是对人与自然、社会和自身的最一般规律进行探索的科学,是人类最古老的三大学科之一。人类自我探索的历程长远而深邃,人本主义在西方哲学史中经历的大体发展脉络是:从古希腊人本主义思想萌芽对人的自我肯定到中世纪基督教哲学对人的彻底否定;再从文艺复兴和启蒙运动对人的重新肯定到近代西方学者对人的自我进行的纯粹的理性思考的否定之否定的

① 〔瑞士〕安·邦纳:《希腊文明与当代哲学思潮研究》,中共中央党校出版社 1992 年版,第 263 页。

自我发展过程。这一过程也是人类价值观教育从朦胧、虚幻的自我意识到觉醒的自我意识，最后异化为纯粹理性的自我意识的发展历程。现代西方人本主义哲学思潮兴起是对传统人本主义哲学精神的现代延伸，更加关注人的价值与尊严，人的自由和解放。①

首先，文艺复兴是人类自我价值意识的觉醒。

14世纪兴起的文艺复兴运动，是为了反对封建专制统治和宗教神学对人的自由解放和思想的禁锢，极大促进了人类思想解放，是人类自我价值意识的觉醒，为近现代人本主义的产生发展提供了重要思想，是人类自我价值冲破宗教神学再次受到重视的标志，在批判性地继承和发展古希腊人本主义的基础上，进一步促进了自我意识的觉醒。该时期人本主义的发展伴随着资本主义生产方式的出现，因此它在注重思想启蒙的基础之上着重反映了对封建桎梏、宗教神学的批判。在价值观上表现出的鲜明特征主要有：一是主张构建以人为中心的世界观，摆脱神对人的控制，宣扬人的尊严和意志自由，提出自由、平等、天赋人权等响亮的口号，彰显以人为本的价值取向。该类思想集中体现在文学、诗歌、喜剧等各类艺术形式之中。例如，诗人但丁曾说："人的高贵，就其许多成果而言，超过了天使的高贵。"②二是反对宗教神学的来世观念和禁欲主义，提倡享受人世间的现实生活快乐。他们强调人是凡人，应该有享受幸福、追求幸福的权利，用回归尘世间的生活替代对天国的向往。例如莎士比亚通过《罗密欧与朱丽叶》爱情悲剧的描写，深刻揭露封建礼教丑陋的现实的同时也体现了人们对美好爱情的追求与向往。三是反对封建等级制度，倡导个性解放与自由平等。文艺复兴时期的人本主义主要是借助文学、绘画、艺术等形式凸显人体美、人性善和人的正常需要，通过以人为中心的价值理念来彰显人性和人文精神，强调人不仅生而平等，并且意志天然自由。正如意大利作家薄伽丘的《十日谈》所说：人的贵贱高低应该由人的品德决定而不是等级，他认为人类生来平等，品德是区分后天人的标准，具有大德大才的人才是"贵"，反之则为"贱"。

其次，资产阶级启蒙运动促进了人的形式上的进一步自由和解放。

17世纪时，随着资产阶级革命的胜利和资产阶级力量的不断壮大，西方人本主义在充分继承文艺复兴时期人文主义思想的基础上通过赞美人的伟大、弘扬人的价值，使得人本主义理论更加完善。该时期的人本主义思想成

① 程彦芬：《西方人本主义思潮与当代价值观教育新模式的建构》，学位论文，西安电子科技大学，2007年。

② *Dante Alighieri Convivio IV*. Chapter 19, pp. 1304 - 1307.

为资产阶级反对封建主义的锐利武器和革命意识形态，其主要理论特征可以概括为：一是以构建资本主义“理想王国”为理论目标，基于自然主义、社会契约论等理论基础对封建社会的“君权神授”论进行批判。二是以“天赋人权”为理论武装反对封建专制统治，形成了以“自由、平等、博爱、人权”为核心的人道主义思想价值体系。三是以无神论反对宗教神学。18 世纪法国的人本主义哲学家把唯物主义自然观和认识论与近代自然科学相结合，直接摧毁了宗教神学的上帝论和灵魂不死说，揭露了宗教神学起源于人类的愚昧无知和恐惧。四是以利己主义和个人主义价值观为资本主义的生产生活方式辩护。他们从人的自然本性出发，论证趋利避害、满足人的内在欲望是合乎人的生物本性的。如霍布斯认为，人对人就像狼一样，会采取一切方式去追求自身的幸福，保全自身，具有侵略和争斗的本能。综上而言，17—18 世纪的人本主义是在自然主义和抽象人性论的基础上形成的，其主要表现为：以人为中心，注重人自身的修养、发展和提升，提出有关人的最终本性问题要在人自身范围内去积极探索解决的人道主义理路。

最后，费尔巴哈的人本主义使近代人本主义思想最终确立。

费尔巴哈作为德国古典哲学人本主义的集大成者和典型代表，他在扬弃西方人文主义传统和人道主义思想的基础上创立了费尔巴哈新人本主义，是西方近代人本主义发展到高峰的标志。他说：“人本学的任务，就是将哲学从‘僵死的精神’境界重新引导到有血有肉的、活生生的精神世界，使它从美满的神圣的虚幻的精神乐园下降到多灾多难的现实人间。”①可见，费尔巴哈人本主义哲学与其他哲学的明显区别在于将人当作哲学的核心，强调：“新哲学将人连同作为人的基础的自然当作哲学唯一的、普遍的、最高的对象。”②他用自然主义的方法来理解人，指出人作为自然界的一部分是自然界的产物而不是某种绝对精神力量的产物，论证了人的理性力量和世界的可知性，并试图建立科学的知识王国来解释人与自然、社会和自身的关系。虽然费尔巴哈在生物学意义上看到了人对于自然界、他人和社会的依赖性，但是忽视人的社会性本质，仅仅说明生物性和生理性的自然属性是人的重要本质，并以此论证宗教的本质是人的本质的异化：神的本质是人，人按照自己的样貌、本质、特征创作了神。可见，费尔巴哈人本主义具有两大鲜明特征：一是用人本学替代神本学，强调以人为本替代以神为本；二是反对黑格尔的绝对理性思

① 〔德〕费尔巴哈：《费尔巴哈哲学著作选集》(上卷)，荣震华、李金山译，生活·读书·新知三联书店 1959 年版，第 120 页。

② 〔德〕费尔巴哈：《费尔巴哈哲学著作选集》(上卷)，荣震华、李金山译，商务印书馆 1984 年版，第 184 页。

想,认为人是感性的、有欲望及需求的人。正是由于费尔巴哈提出了把人作为哲学研究的“唯一的、普遍的、最高的对象”的“人本学”,于是,人们称费尔巴哈的哲学是“人本主义”并把他看作现代人本主义的创始人。

(二) 现代西方人本主义思潮的主要特征

人本主义与科学主义是现代西方哲学思潮的两大倾向。虽然科学理性精神的普及和实践直接推动了现代西方文明的飞速发展,但是物质财富的急剧增长和生活水平的不断提升并没有使人类获得真正的幸福和自由,反而对于人性更加迷茫、困惑和失落。理性精神将人的关注点由内部引导至外部物质世界,从而过分注重对物质条件的占有和满足而忽视精神家园的建设。人成了物质和技术的奴仆,人的物化与技术异化破坏了人的精神家园。两次世界大战不仅使人类的物质财富遭受重大损失,在精神上也给人类造成前所未有的创伤,人类对于理性精神的信仰开始动摇。现实生活让人不得不重新思考人自身存在的价值与尊严,探索人类自由与幸福的发展之路。现代西方人本主义正是在此背景下产生的。现代西方人本主义思潮起始于 19 世纪中叶,其学派众多,内容丰富,主要包括:尼采、叔本华为代表的唯意志论,雅斯贝斯、海德格尔为代表的存在主义,狄尔泰、柏格森为代表的生命哲学,弗洛伊德的精神分析学和法兰克福学派的社会批判理论等。“实用主义由于其理论的特殊性和对我国影响的着重点等因素,往往把它也归入人本主义思潮的范畴。”①尽管这些学派哲学视角有差异,但所处的时代背景与社会环境相似,并且都把“人”作为主要研究对象、在内容上主要强调哲学的任务就是研究人的生存、发展和解放等“人的本质问题”。所以,在价值观教育方面具有一些共同思想特征。

1. 扬弃传统主体主义

丰富的主体性思想是人本主义哲学的显著特征,从笛卡尔的“我思故我在”②到康德的“人为自然立法”③,再到费希特的“自我”的三个逻辑设定,近代主体性思想得到不断发展。十九世纪末西方资本主义就开始进入一个全新的变革时期:垄断资本主义开始替代自由资本主义,自然科学技术的高度发展和人的主体性的快速发展,使生产力水平得到了巨大的提升。经济基础的变革必然引起社会结构发生根本性变化。但是,在此变革之中却出现了两

---

① 李瑜青:《人本思潮与中国文化》,东方出版社 1998 年版,第 25 页。

② 〔法〕笛卡儿:《哲学原理》,关文运译,商务印书馆 1958 年版,第 3 页。

③ 〔德〕康德:《纯粹理性批判》,蓝公武译,生活·读书·新知三联书店 1957 年版,第 136 页。

种截然不同的发展趋势：一方面，人类征服自然和改造自然的能力不断增强，人类的主体性地位和作用空前发展；另一方面，周期性经济危机、战争、恐怖主义、科学技术的异化、生态环境恶化的影响日益增加，正如弗洛姆所说的，"人征服了自然，却成了自己所创造的机器的奴隶。"[①]显而易见，主体性的原则长期被人们简单地误解为"做大自然的主人"，征服大自然仿佛成为人类主体性体现的代名词，但是它所引发的问题让哲学家们不得不对人类中心主义进行反思。现代哲学家认为伦理道德应该由人扩展到自然界的一切事物，不应该是人类专属物品。自然界的草木牲畜皆与人一样具有合法生存的权利。人类肆无忌惮地捕杀动物、滥砍滥伐，无节制地掠夺大自然的资源，无论是从法律还是道德方面来说，都是错误的，应该受到社会的谴责。从海德格尔的"人不是在者的主人，而是在者的看护者"[②]，到德里达反"逻各斯中心主义"和福柯的"人之消亡"，"反人类中心论"都是上述思想题中应有之义。

2. 关注个体内心体验

现代人本主义强调主体独特的内心自我感受是主体之所以为主体的根本，是人的存在的真理性的唯一体现。人本主义的各个派别都非常排斥抽象地谈论人，批判传统哲学混淆主体与全体而忽视个体的独特性。他们批判研究空洞抽象的一般的人是毫无益处的，只有从真实的个体的角度出发，才能够更好揭示人生的价值与意义，提升人的尊严。尼采基于个体至上原则在《查拉图斯特拉如是说》中提出并阐述他的"超人"思想，强调"超人是世界的意义。愿你们也说：超人将成为世界的意义。"[③]尼采的理论反映了个体心理的宣泄是个体内心体验的表现，是完全个性化的。存在主义先驱基尔凯戈尔首次提出"孤独的个体"的命题。生命哲学家柏格森则强调个体存在的回归和个体生命的价值。可见，现代人本主义哲学都强调个体的内心的真实体验，认为人生的价值追求不应该是外在的物质满足，而更应该重点关注自身这个具有有限生命的个体的主观精神的解放与自由及实现生命的价值与意义。

3. 强调非理性、批判传统理性主义

过分强调理性使西方传统人本主义哲学出现了理性的危机，从而导致人的危机，例如资本主义社会中人的关系的冷漠、经济危机下资本家的冷漠等。

---

① 〔美〕埃·弗洛姆：《为自己的人》，孙依依译，生活·读书·新知三联书店 1988 年版，第 25 页。

② 〔德〕海德格尔：《人，诗意地栖居：超译海德格尔》，郜元宝译，北京时代华文书局 2017 年版，第 221 页。

③ 〔德〕尼采：《查拉图斯特拉如是说》，商务印书馆 1936 年版，第 5—6 页。

基于此,现代人本主义哲学的思考开始向非理性主义转变,更加强调人的内心体悟、情感、欲望和意志力等非理性主义因素的作用,批判以黑格尔为代表的传统理性哲学过分夸大理性的作用导致人成为理性的工具,人与理性相异化,人在此过程中失去了自由、个性和创造力,人之为人的现实本性被歪曲,人的危机也就出现了。现代人本主义哲学共同的主题是希望让人从抽象思辨的"理性王国"回归到现实的人间世界,使人从统一性、整体性和普遍性中解放出来,找回迷失的个性、自由、自我,强调人的特殊性、多样性、差异性和个体性。存在主义先驱基尔凯戈尔认为以黑格尔为代表的传统西方哲学理论不但无法解决个体的生存问题,而且把哲学引入对世界的虚幻解释,对人的发展和哲学的发展毫无意义。他认为真正的哲学应该对于人生具有直接的意义或价值才称之为哲学。他将"原子式"的个人及其"非理性"特征作为自己哲学的研究对象,深入探究了人的生存状态及其内在感受,将人的非理性情绪体验作为自身哲学研究的内容。叔本华作为唯意志论的代表人物以唯意志论反对传统人本主义和现代理性主义,他强调个人意志至上、反对崇尚理性,认为理性的专断不但不能给人带来幸福反而会带来灾难,只有个体的生存意志才是人的本质和世界的基础,意志高于理性,理性必须服从于意志。后来者诸如尼采的"权力意志"、弗洛伊德精神分析理论中的"本我"、柏格森生命哲学中的"生命冲动"都是对叔本华"生存意志"的继承和延伸,叔本华的唯意志论对于现代西方人本主义哲学思潮的发展产生了重大影响。

二、西方人本主义思潮评析

对西方人本主义的历史考察,揭示其主要哲学特征,是为了分析人本主义思潮对价值观教育的影响,这就要总结归纳人本主义的价值取向以实现反思和超越。

(一) 西方人本主义思潮的价值取向

现代西方人本主义包含着许多睿智的思想,令人回味、深思,其将人作为研究的核心和出发点,主张以人为世界的中心和万物的尺度,在价值取向上主要体现在以下几个方面:

1. 追求个人自由、弘扬人的价值

如果说西方传统人本主义是反对"以神为中心",那么,现代西方人本主义则是反对"以物为中心"来强调"以人为中心"的主体哲学,它着重批评资本主义物化和异化对人的价值观的扭曲，强调人才是价值的创造者，人要在勇于追求自由和幸福的过程中不断实现自我价值。例如：叔本华认为人的最高价值就是自由。在他看来，研究人的存在价值和方式就必然需要关注自由。而尼采则注重人对于自我的超越，强调人的自尊、自爱、自强，高度赞赏人的生命力和创造力。西方人本主义以自由论为基准，存在主义哲学家萨特和雅斯贝斯等人就同时将价值与自由联系在一起了。萨特说："我们命定是自由的……我们被抛进自由。"①由于人生而自由，"人在一切境况中都是自由的"②。萨特论证了存在主义的第一原理"存在先于本质"，认为人最开始只是作为纯粹主观性的存在，而作为主观性的人则会选择和造就人的本质和特征，这种行为的发生就是人的绝对自由的体现。实用主义强调自由是人的根本属性，人的存在就是人的自由之体现，而只有在行动中才能够真正获得自由。

2. 夸大非理性，否认理性

现代人本主义的特征之一是反对理性主义和科学主义，夸大非理性的作用而走向非理性主义，在这个意义上，科学主义和人本主义就代表了现代西方哲学中理性主义和非理性主义两种不同的哲学发展方向。现代西方人本主义看到理性和科技的"双刃剑"作用，因而形成否论理性、夸大非理性作用的哲学研究传统，首先是叔本华的"唯意志"论、基尔凯戈尔的"我在故我思"理念高举反理性主义大旗，冲破黑格尔哲学理性主义的牢笼，改变了西方人本主义发展趋势；随后尼采的"超人哲学"和狄尔泰的"生命哲学"进一步打破西方理性主义传统，而弗洛伊德哲学则从人的心理和本能出发，以人的非理性的本能彻底改变了人对自身的认知。最后，海德格尔、雅斯贝斯等人的"存在主义"则是理性毁灭了的"危机哲学"。可见，现代人本主义的不同哲学流派都具有反理性主义的特征，甚至都反对以黑格尔为代表的传统思辨哲学，认为其缺乏对人的研究。黑格尔所代表的传统哲学崇尚理性但是却忽视思维主体，对于主体自身生存问题的解决没有实质性作用。人们自己设计的理性、科学概念及作为其外壳的语言等符号都是人为虚构的，它只是人们获取利益的工具，只能表现外在物质方面。所以，理性与科学技术虽然有实用价值却不能体现出人内心的奥秘，无法解决道德、价值等精神层面的问题。用理性与科学概念无法真实地展现具有主观能动性的人，在人的本质全面异化的现代资本主义社会，越是发扬理性、发展科学对于人的个性的压制也就越

① 〔德〕萨特：《虚无与存在》，陈宣良等译，生活·读书·新知三联书店 1987 年版，第 622 页。

② 〔法〕萨特：《辩证理性批判》，徐懋庸译，商务印书馆 1963 年版，第 331 页。

明显。现代人本主义者都反对传统理性主义哲学，崇尚个体内心的体验、人的本质和人生的价值；批判社会意识对于人性的束缚，期望改变人与社会、人与人和人与自然之间的传统关系；主张以个人内心体验、直觉、启迪等非理性甚至神秘主义的方式排斥理性主义对"人性"的压制，寻求人的本真。

3. 主张个人主义与个人本位

个人利益至上、追求个体物质利益最大化历来是西方人本主义价值观的终极价值取向和个体行动的动力，宣扬个人本位。在思想观念和行为上面，西方人本主义价值观以个体为基本坐标，每个人都是自己的主人，每一个个体都是区别于其他个体的独特存在。在个人与社会关系上，他们认为个体为追寻个人利益而进行的社会交往过程是社会制度产生的基础与前提。个人本位的价值取向是资本主义社会追求剩余价值最大化在价值观上的体现，决定着西方人的行为方式和价值评价。应该说，个人主义在最初反对封建主义、冲破基督教神学的禁锢、推动资本主义发展的过程中具有明显的历史进步性，符合历史发展的潮流。但在现代社会，个人主义的狂潮使个人越来越难以控制和驾驭，这是西方特别是美国疫情难以控制的重要原因，在疫情蔓延时，每个人都只考虑自身利益而忽视公共安全，结果必然导致个人主义的整个宇宙受灾。费希特的"自我"更是超出小我的大我，而尼采则认为个人是自己的创造者，应该以"超人"为目标去实现自身的权利意志，他在公开场合只谈论个人。萨特则更直接表示他人是对自我自由的限制，"他人就是地狱！"①正是基于个人本位价值取向，西方非常注重游戏规则保障个人的自由平等权利的设定。这也是西方人特别注重标新立异、个体创新和独辟蹊径的重要原因。此外，快乐和享受也是西方人本主义的价值取向，强调"快乐即是目的"，人拥有追求享受人生快乐的权利，要及时行乐满足精神和物质上的双重需要。

4. 强烈的功利主义

功利主义是西方人本主义的历史传统。古希腊时期的伊壁鸠鲁在阐述"快乐主义伦理学"的相关理念时就直接指出人追求物质利益的正当性，人的行为就是为了追求物质与精神双重快乐。法国哲学家爱尔维修更是强调"利益是我们唯一推动力"，"如果说自然世界服从运动规律，那么精神世界不折不扣地服从利益规律。"②英国哲学家密尔和边沁系统建立了合理的利己主义思想价值体系，他们从自然人性出发，论证追求感官快乐是人的本性，

---

① 柳鸣九：《萨特研究》，中国社会科学出版社1981年版，第303页。

② 北京大学哲学系编：《十八世纪法国哲学》，商务印书馆1979年版，第458页。

而功利是快乐的基础,支配着人的一切行为,道德原则的价值就是以能否给人带来利益和幸福的现实效果为价值标准。现代西方人本主义思潮中的实用主义对功利主义又做了新的理论概括和论证,有用即真理成为西方人本主义的信仰。实用主义用意义、效果来衡量知识、科学和真理的价值,从而发挥功利主义的原则。实用主义者认为科学、真理都是人类的经验之谈,都是人适应环境的存在方式。他们反对把真理看作是与人的利益无关的抽象空洞理论,认可追求科学研究必然有收获的处事态度。实用主义论证了实用的就是符合道德原则的,善即是“成功”“功用”“满足”。杜威说:“善,离开经验的满足,只是一个空名词。”“幸福只在于成功,而成功就是做事顺利,步步前进的意思。”①詹姆士说:“善的本质就是真正满足要求。”可见,实用主义是以个人利益至上和享受快乐为目标,并把它作为“真和善”的统一,这种统一是资产阶级社会的主流价值观,反映了资产阶级的本质,这与马克思主义在实践基础上追求真、善、美的统一是格格不入的。因为二者在价值观上是根本对立的,前者是个人主义、功利主义价值观,追求的只是个人的自由和解放,必然以牺牲绝大部分人的自由和解放为前提和基础;相反,后者是集体主义社会主义核心价值观,追求的是全人类的自由和解放。正如恩格斯在回答《新纪元》记者提问时所指出的那样,共产主义与资本主义社会的最大差别是共产主义作为“代替那存在着剥削和压迫的资产阶级社会的,是这样一个共同体,在这个共同体里每个人的自由全面发展是其他一切人自由发展的前提”②。

(二) 西方人本主义思潮的反思与超越

西方人本主义哲学思潮自传入中国以来,对中国人特别是青少年的“三观”产生了重大影响。加强和改进社会主义核心价值观教育就要以马克思主义理论为指导,从理论上认识西方人本主义的本质并进行深刻的反思和批判,才能实现超越。

1. 对人本主义思潮主体性的反思

弘扬人的主体性是人本主义的一个特征,但人本主义片面夸大人的主体性的作用。主体是指在一定实践条件下从事认识和实践活动的人。主体性是指人的主观能动性、自主自觉性和自为自在性,主要包含两个层面的含义:一是人作为认识和实践活动主体区别于客体而存在的特性。二是指人作为

---

① 〔美〕杜威:《哲学的改造》,商务印书馆1985年版,第97页。

② 〔德〕马克思、恩格斯:《马克思主义经典著作选读》,人民出版社1999年版,第55页。

实践的主体而存在，人类赖以生存和发展的基础就是实践，主体在通过实践改造客体的同时，客体对于主体也具有制约性的反作用。马克思主义与现代西方人本主义哲学思潮对于主体的概念理解有较大差异使得两种哲学大相径庭。首先，二者对主体是现实的人还是人的意识的回答截然不同。现代西方人本主义哲学从笛卡尔的"我思故我在"中归纳出"我思"这个主体，把"自我意识"的人的思维而不是活生生的人作为主体。例如，胡塞尔的"纯粹的自我意识"、海德格尔的"作为本体的人的存在"、萨特的"自为的存在"，都不约而同将人的主观意识作为主体。另外，还有很多哲学家把人的非理性意识作为主体的存在，例如叔本华的生存意志、柏格森的生命力、尼采的权利意志、弗洛伊德的"本我"。现代人本主义哲学家虽然看到了主体的意识能动性的一面，但他们把主体的意识能动性夸大为认识和实践的主体，必然混淆主体的思想与实践的关系，进而夸大主体的意识能动性而陷入唯心主义的桎梏。马克思主义强调"人始终是主体"①，主体是在一定生产力条件下从事认识和实践活动的存在于一定社会关系中的现实的、具体的人，而不是抽象的人或者人的内心体验。现实的人及其实践是马克思主义的理论基石，人的主体性主要是人的实践性和实践中的能动性，而不是抽象的、观念的、本能的存在。所以，马克思主义对于"主体"概念的界定与人本主义和唯心主义的主体论根本不同。

其次，针对主体范围的界定(是个人还是社会)，两种哲学体系也是完全不同的。个体主义的主体论深深烙刻在西方文明的灵魂之上。现代主义的代表人物罗齐克在《无政府、国家与乌托邦》一书中就集中阐述了现代西方哲学的个体主体论思想，过分夸大个体主体性。萨特也十分赞同个体主体论，强调我们的出发点当然是个体主体性以及对这种主体性深刻的哲学论证。马克思主义是辩证看待个体主体的，一方面肯定了个体主体论的作用，认为它是人的解放发展的历史性的产物；另一方面，马克思主义强调的主体更多的是"社会主体"。因为人是社会性动物，只有在真实的社会集体中才能够获得自由解放，在社会主义、共产主义社会里，生产资料公有制更是让"社会丰体"的意义更加突出。由此可见，主体具有明显的社会性和历史性的特征。

再次，针对主体是人还是自然的回答不一样。近代以来，人们所形成的共识为"主体是人，客体是自然"，但是生态危机的产生和发展使得人们不得不重新定位人与自然的关系。存在主义的代表人物海德格尔就反对人类中心论的主体思想，认为自然中所有存在物都是主体，人并不是唯一的主体，他

① 《马克思恩格斯全集》(第42卷)，人民出版社1982年版，第130页。

对生态危机的深刻反思深化了人类对于人与自然关系的认识。马克思主义哲学既明确坚持人对自然的主体地位又坚决反对人类中心论，强调要把坚持客观规律性与发挥主体能动性有机结合起来，反对人类中心论并不是否定人的主体性，人应该在实践过程中充分发挥主观能动性，但是又要根据客体的性质和规律正确认识和改造客体，使之更好为人类服务。特别是在人与自然的关系上，马克思主义是关于人与自然、社会和自身的最一般规律的科学，强调人的实践要有利于生态环境的发展，促进人与自然、社会和自身的和谐发展。当前严重的生态危机甚至威胁人的存在和发展，这并不是人的主体性地位造成的，而是由于人并不能够完全认识客观规律，没有充分将遵循客观规律与发挥主观能动性相结合。从根本上讲，人类进入资本主义社会后，资产阶级唯利是图的本质及其盛行的功利主义、个人主义价值观是导致人对自然界的认识和改造存在盲目性的主要原因，解决该问题需要不断完善人的主体性，促进人与社会和自然和谐发展。

2. 对现代人本主义思潮非理性的反思

西方现代人本主义将人的本质归结为人的意志、情感、本能、欲望等非理性的东西。理性与非理性是人的基本属性中不可缺少的矛盾着的两个方面，影响着人的存在和发展，二者都体现了人的本质这一点是毋庸置疑的，如果非要将非理性的意志和冲突当作人的本质来否定人的理性，那就是从人的自然属性上否定人与动物的区别。数百万年来，人的自然本能几乎没有发展，但是理智则不然，它在人性结构中所占的比例越来越重。毋庸置疑，现代人本主义弘扬非理性主义在某些方面确实指正了传统理性主义和人本主义的缺陷，但不能只看到理性主义忽视非理性因素就夸大理性的有限性和历史局限性并作为否定理性的理由。马克思主义强调人的本质是在实践中形成的一切社会关系的总和，启发我们要用唯物辩证法特别是其精髓矛盾分析方法，全面、辩证、具体地分析理性、理性主义和非理性、非理性主义及其作用，而不是像西方现代人本主义那样用非理性主义这种极端来否定理性主义另一种极端。众所周知，一个社会如果鼓励人的本能的释放必然会导致难以预料的后果。因为非理性主义和利己主义的传播对于社会不良现象有着明显的推动作用并导致整个社会混乱，所以说过度宣扬非理性而忽视理性明显是有问题的。理性思考和价值理念的缺乏必然会在一定程度上导致现实中道德原则的缺失。事实上，人的自我约束和自律自觉程度在一定意义上代表了人类文明发展水平。由此可知，我们必须要用理性的态度来克制本能的冲动，对其疏导并升华为文明理念，使之更好地为人的存在、发展和幸福服务。

对这个问题，我早在2002年就做了深入探讨，①这里不赘述。

3. 对人本主义个人本位价值观的反思

将个体对利益的追求当作最高价值取向一直是近代西方人本主义价值观的传统。如英国思想家边沁就直接指出个人利益才是实在物，群体或者社会利益都是虚构的抽象利益。19世纪中叶以后以实用精神为核心的美国实用主义哲学兴起，其以重效用、重改造和重行动为基本导向。美国实用主义大师詹姆士直接提出“有用即真理”的经典命题，真理被直接赋予功利性质。马克思主义批判了实用主义混淆真理和价值的错误，揭示真理与价值即真与善是在实践基础上的有机统一，真理是对事物的本质和规律的正确认识，因而能够指导人科学认识和改造世界，因此真理是有用的，真和善是统一的。有用并不一定是真理，因为有用会随着主体需要的变化而变化，有明显的主观性。真理是客观的，只有在实践基础上主观与客观相一致才能真正实现真与善的统一。资本主义社会的实用主义、个人主义价值观容易导致金钱崇拜，但君子爱财取之有道，否则就只能导致“人为钱死、鸟为食亡”，给自己和他人、社会带来灾难。西方存在主义的代表人物萨特所提出的自由价值论直接体现了西方人本主义价值观。他认为人的存在先于人的本质，所以，人的各类价值由人本身所创造并做出选择。以萨特为代表的西方个人本位的价值观直接将个体的价值需求、利益需求和主体性本质推向了极端，必然导致个人与社会在价值关系之中的对立和主客体之间的对立。马克思主义价值观基于唯物主义科学揭示了价值关系和价值在人的实践活动中的本质含义，其与西方个体本位价值观的本质区别就在于对劳动价值与人的本质问题的正确理解，主要包含两个方面：一方面把劳动作为体现人的本质和人的价值的基础，强调人对自然、社会和自身的认识和改造能力，是人的创造性、能动性和主体性的确证；另一方面，认为人作为特定社会关系中的人，其劳动价值也必然会受到社会条件的制约。总体而言，马克思主义关于人的本质认识促成了全新价值关系的形成，必然会与西方价值观存在明显的差异。

三、西方人本主义思潮对价值观教育的影响和启示

西方人本主义思潮成为当代资本主义社会的主导价值观是西方社会历史长期发展的产物，具有一定的积极意义。因此，对待西方人本主义我们需

---

① 相关论文《矛盾视角中的理性主义与非理性主义》发表在《教学与研究》2002年第9期。

要采取“扬弃”的态度。西方人本主义中对于人的主体精神、价值和个性的鼓励，对于促进西方社会物质、精神和生态文明的发展具有重要意义。但是西方人本主义过分强调个人自由，导致极端个人主义、利己主义恶性发展，使西方社会病态百出。所以，对于西方人本主义思潮我们应该审慎对待，积极吸收借鉴其中有用的东西，否定消极方面。我们要坚持以马克思主义关于人的本质的自由全面发展价值理论为指导，消除西方人本主义思潮对我国社会转型期价值观教育的消极影响，扬长避短，科学构建适合中国特色社会主义的核心价值体系和价值观教育理路。

（一）西方人本主义思潮对我国价值观教育的影响

随着我国改革开放程度的加深，与不同文化的交流程度也在不断加深，受西方发达资本主义国家先发优势和文化霸权的影响，加之市场经济条件下的功利主义倾向，导致一些人在思想情感和经验事实上更容易接受西方人本主义、功利主义和实用主义等价值观念的影响，这是当前我国价值观教育需要破解的难题。

1. 我国价值观教育面临的复杂的时代背景

当代中国正处于社会转型期，我们的价值观教育面临复杂的时代背景。社会转型时期就是过渡时期，该阶段的社会特征就是新旧交融，新旧时代的特征与成分交互存在。当代中国社会转型是指“中国社会从传统社会向现代社会、从农业社会向工业社会、从封闭社会向开放性社会的社会变迁和发展”①。中国特色社会主义进入新时代，转型发展的目标是建立富强、民主、文明、和谐、美丽的社会主义现代化强国。改革开放之前，由于生产力落后，国家采取高度集中的计划经济体制，物质和精神生活都相对比较简单，个体对于集体和国家的依赖程度较大，社会价值观具有高度的统一性。改革开放以来，市场经济的发展使得社会转型和发展全面加快，当代中国正在发生深刻变化，人们的思想在此过程中也得到解放。社会主义市场经济的发展直接决定了社会阶层的变化，社会价值观开始由单一向多元化转变。当前，中国社会既有与传统计划经济体制相适应的旧的价值观念惯性，也有与社会主义市场经济相融合的新的价值观念；中国传统的以儒家人性论思想文化为核心的价值观念与西方资本主义个人主义价值观念并存；人民群众普遍认同的价值观念与不同利益群体、社会阶层所追求的特殊价值标准并存。“多元并存、新旧交替、相互影响”是改革开放以来中国社会转型时期价值体系解构与建

① 陆学艺：《转型中的中国社会》，黑龙江人民出版社 1994 年版，第 23 页。

构的基本特征。随着社会转型发展加快，中国特色社会主义进入新时代必然导致人的价值观念发生变化。较之以前，人们自立、自主、自强的主体意识凸显，敬业爱岗、务实创新精神兴起，追求民主、法治、公平、正义、开放、和谐的理念正在不断增强。在价值取向上各类新主张喷涌而出：注重物质而轻视精神，注重实践而轻视理论，注重实效而轻视形式，注重物质而轻视精神，等等。总体而言，改革开放以后中国社会价值观变化的主流积极向上，特别是当代中国以马克思主义为指导思想的核心价值体系和社会主义核心价值观日益成为整个社会的主流价值思想。“物质利益受到人们的普遍承认和关注，个人利益得到广泛的尊重，把国家和人民利益放在首位，而又充分尊重公民个人合法利益的社会主义义利观正在逐步形成，求富裕、谋发展、图进步成为社会的普遍价值标准。”①以“三个倡导”为主要内容的社会主义核心价值观逐渐深入人心。另一方面，改革开放和社会主义市场经济也给人们的价值观带来了一些负面影响，例如功利主义、拜金主义、历史虚无主义等等，这就直接导致一些人的爱国主义、集体主义、民族观念、纪律意识和社会责任感缺失。同时，由于还存在制度不健全、法治不到位、贫富差距扩大、腐败和违法犯罪甚至黑恶势力蔓延等现象，这也在一定程度上导致部分群体价值观扭曲。新旧价值观念多元并存和碰撞的影响具有两面性：一方面，多元价值观的交流碰撞有助于增强社会主义思想文化的活力，冲破传统旧观念的束缚，积极吸收和利用人类优秀文化思想观念，加强社会主义核心价值观建设；另一方面，它又会严重冲击集体主义和社会主义传统主流价值观，导致一些人价值观念、价值选择的迷茫和混乱，不利于社会主义共同理想的确立。挑战与机遇并存要求我们以“三个倡导”培育和践行社会主义核心价值观，引导多元文化和思想价值观科学发展。

2. 当前中国社会价值观的主要特点分析

我国正处在全面深化改革的关键时期，现代文化与传统文化激烈碰撞，东方文明与西方文化相互交融，并且人们自身的情况发展具有明显的差异，这些原因直接使得多元化、矛盾性和不稳定性成为中国人价值观的主要特征。

（1）多元化

改革开放以来，社会主义市场经济体制不断完善和发展改变了人们的就业方式、生活方式，直接促成了思维方式和价值观念由单一化向多元化发展、由封闭僵化转向开放活跃。人的思想价值和行为呈现出多元化、复杂性的

① 王勤：《价值观教育学新论》，浙江大学出版社2004年版，第202页。

特征。

(2) 矛盾性

市场经济中利益分配的差异性和群体价值观念的多元性使得人们在价值观念上一度产生迷茫、困惑的现象。例如,有些人期望锐意进取的同时又时常因为懒惰而碌碌无为;有些人既赞同开拓创新又时常抱有侥幸投机之心;有些人既认同改革、自力更生、公平竞争等理念,又对传统、集体产生依赖之心;有些人在思想上赞同集体主义,但是行为上却以个人利益为价值导向;有些人憎恶别人的不道德与贪婪,但是却放纵自己;有些人对世风日下、消极腐败现象深恶痛绝,但是自己却逃避现实,怯于同腐败现象做斗争。人们有时会处于一种"希望与迷茫并存、进取与彷徨相伴、成功与失败同在、认同与失落交错"的心理状态之中。

(3) 不稳定性

社会转型期人们价值观上的复杂多样性和矛盾性必然导致一些人的价值观不稳定。青少年的价值观更是易受影响。因为青少年具有标新立异的思维特征和不断求索的精神取向,加之青少年的思想情感和心理容易波动,这就使得他们的"三观"很容易受外在环境因素影响而具有明显的可变性、随意性和可塑性。这使他们的认识可能今天和明天都有较大差异,今天追求的东西到明天可能就成了他们否定的东西;已经形成的价值观念可能因为现实挫折就直接被否定。由于个体内心的矛盾和不稳定性使得青少年在价值评价和选择上面容易产生困惑和迷茫之感,以至于在思维和行为方式上出现偏差。青少年价值观的不稳定性、矛盾性和可塑性直接决定了加强青少年学生社会主义核心价值观教育的重要性和紧迫性。所以,习近平总书记特别强调要把青少年学生作为加强社会主义核心价值观教育的重点人群,各级党委政府、社会、学校和家庭都要高度重视青少年学生的价值观教育,培育合格的社会主义建设者和接班人。

3. 西方人本主义思潮对我国价值观教育的影响

全球化、信息化、网络化时代,文化价值观念越来越成为一个国家综合实力的体现,欧美发达资本主义国家不仅利用经济和军事优势加强对发展中国家的控制,而且越来越重视通过文化价值观念的传播、渗透来推行文化霸权,构建文化帝国,企图把发展中国家特别是中国变成其文化殖民地。和平演变是他们在文化价值观上惯用的渗透手法,而人本主义思潮和"普世价值"理论是其使用的主要理论武器。这就要求我们在价值观教育方面要科学分析西方人本主义思潮对中国人价值观的影响,在价值观教育上做出合理的对策。

应该说,人本主义作为西方主流价值观的理论基础,对当下中国人的价值观教育既有积极的方面，也有消极的方面，它的影响也具有二重性。

一是积极影响。

第一，促进了人们追求个性。西方人本主义关注人的主体性，肯定人的个性，尊重个体的独立性、自主性、创造性，这种价值理念对于人追求自由与幸福能够产生积极的鼓励作用。现代西方人本主义尊崇的个体价值、个性解放与自由的理念与当代青少年学生追求个性化、多元化、新颖性的行为和生活方式十分契合。所以，现代西方人本主义思潮的传播与发扬对于人摆脱盲从、屈从权威、模仿复制他人思想行为，树立独立思考的人生态度具有促进作用，有利于帮助个体根据自身需求来进行自我设计、自我创造、自我奋斗，消除对于他人的依赖。青年人自觉追求独立自主，充分发挥个体的主观能动性，努力实现自我价值，就必然会使得校园、社会充满生机与活力。此外，个性精神的弘扬可以有效推动我国价值观教育的民主化、法制化发展，让人们更加具有自律自觉意识，切实保障个体追求自由自主的权利。社会主义市场经济体制机制的建立与完善、“五位一体”总体布局和“四个全面”战略布局、十九大、二十大描绘的现代化强国建设宏伟蓝图和“十四五”规划更加为人的个性化发展提供坚实的基础，有助于人的个性精神的弘扬，引导人们自主、独立地进行自我管理、自我决策、自我发展，实现自我价值最大化。从而使自我需要、自我价值的实现成为人们价值取向的重要指导因素，增强主体提升个人素质、弘扬个体价值的激情与信心。

第二，促进人们对非智力因素的关注。现代西方人本主义通过主体的本能、欲望、意志和情感等因素充分展示了个体人性的丰富性、多元化和该类因素对于个体存在不可替代的价值与意义。它在引导人们充分认识到智力发展的无限性的同时也让人们开始重视非智力因素，使人对于自身的认识上升到全新的高度，直接表明主体内在本能性需求的合理满足对于提升人的主观能动性、创造性具有重要意义。对于非智力因素的重视不仅仅体现在理论学习之中，更需要体现在日常行为上，如树立终身学习的意识，学会做人做事，注重良好意志、情感和品质的培养，学会自我调节，促进身心健康发展，等等。

第三，促使人们对科学理性进行反省。现代西方人本主义对科学技术和理性的负面影响进行了深刻反思和批判，让人们充分认识到科学技术的局限性。他们充分认识到科学技术对于人类认识、改造世界的重要性的同时，也意识到科学技术并非万能，特别是对于个体主观世界的改造方面，它并不能解决或满足人类对精神价值的追求与向往。现代人本主义对理性的批判揭示了科学对于人类的危险性，主要体现在两个方面：一方面是人与自然的关系日益恶化。人类妄图依靠科学技术征服自然，导致气候异常、水土流失、能源危机、温室效应、水和空气污染等生态危机直接威胁人类的生存与发展。大自然对于人类的报复是可怕的，这就使得人们开始自觉地保护大自然，恢复生态环境。另一方面是物质需要满足的“富”与精神需要的“贫”差距较大。人类借助现代科学创造了前所未有的物质财富，在物质需要得到极大满足的同时却严重忽略了主体精神层面的发展需要。人本主义思潮对于科学理性的反思有助于引导人们摆脱对于理性精神的绝对崇拜，关注科技发展的代价。

二是消极影响。

西方人本主义思潮的传播对中国人的思想造成了剧烈的冲击，使得部分群体在人生价值追求、社会道德感、责任感、生活方式、思维方式等方面产生了偏差。

第一，导致个人主义价值观盛行。现代西方人本主义推崇个体价值与自由促进了人们对于个性精神的追求，使一些人在追求个性自由的时候只看到社会对于个体自由发展的约束，并且希望借此摆脱这种束缚从而实现个体全面的自由与自主，却忽视了人的本质特性就是社会性。马克思主义认为，“人的本质不是单个人所固有的抽象物，在其现实性上，它是一切社会关系的总和。”①个体总是存在于一定的共同体之中，社会环境和物质条件是个体自由存在和发展的基础。“个人怎样表现自己的生活，他们自己就是怎样。因此，他们是什么样的，这同他们的生产是一致的，既和他们生产什么一致，又和他们怎样生产一致。因而，个人是什么样，这取决于他们进行生产的物质条件。”②所以，现代西方哲学在追求个体价值的过程中必然带有片面性和抽象性，由于阶级局限性他们不愿意从根源上即资本主义基本矛盾和资本主义制度层面进行分析，而热衷于从抽象的人本主义出发对资本主义社会人的本质的全面异化做表面分析，不但不能真正实现人的自由自主，反而会消解人的奋斗精神和革命意志，使以自我为中心的个人主义价值观念盛行，引导人只关心自我的存在而对其他事情漠不关心，导致人际关系紧张、冷漠，人与人之间缺乏温情与关爱，进而削弱了资本主义国家中无产阶级和广大人民群众的阶级意识和革命激情，有助于维护资产阶级的统治。

第二，导致悲观主义流行。现代悲观主义的代表人物人本主义大师叔本华所宣扬的唯意志论认为：世界的本质是生存意志即生存欲望，欲望的重要特征就是无法满足，而这种不满足就会导致痛苦，最终人为了解决这种痛苦

① 《马克思恩格斯选集》(第1卷)，人民出版社1995年版，第60页。

② 《马克思恩格斯选集》(第1卷)，人民出版社1982年版，第67—68页。

就只能信奉宗教。叔本华的这种悲观主义人生观对于我国社会的影响还是很明显的。一些人无法依据马克思主义人生观来对待社会、对待生活反而只能通过其他方式来摆脱生活中的苦难,这就给那些意志比较薄弱的人带来更大的彷徨与迷茫,最终走向宗教甚至邪教来寻求心灵的安慰。

第三,导致实用主义的流行。实用主义对当代中国社会的影响最为普遍。它所宣扬的"有用即真理"只注重最终结果而不管采用什么手段。这种不良价值倾向严重影响了教育的人本化发展,导致教育的市场化、商业化、精英化越来越突出,这突出体现在择校热和高价学区房的供不应求上,一些家长在中小学阶段只注重孩子的学习成绩,认为成绩好考上好大学就好,因此对孩子的学习要求很严而忽视对孩子正确世界观、人生观、价值观的教育。孩子上了大学则是放任自流,其长期形成的以自我为中心的个人主义和功利主义价值观不但难以纠正反而不断强化。学校的围墙在信息化浪潮的冲击下也容易被攻破。社会中盛行的实惠、实用等思想带有浓厚的功利主义色彩,深刻影响了部分学生,在这部分学生群体中产生了共鸣。此外,个人意识的不断强化使得一些学生缺乏集体精神和团体意识,他们是精致的利己主义者,其行为准则是个人利益最大化,只追求索取而忽视奉献。

(二) 西方人本主义思潮对我国价值观教育的启示

当代中国社会价值观具有多元化、矛盾性、不稳定性的特征,给社会主义核心价值观教育带来很多难题。例如,针对社会上出现的少数思想真空、文化虚无、信仰危机、道德缺失、价值物化异化等问题,要从根本上扭转该局面在短期内是难以实现的,需要思政教育工作者的不懈坚持与努力。但是,中国特色社会主义的蓬勃发展和青少年所具有的可塑性也让我们看到了希望。我们一定要从促进人的本质的自由全面发展的高度把握价值观教育的准则和方向,取其精华,弃其糟粕,真正开展好社会主义核心价值观教育工作。

1. 要注重塑造人的健全人格

健全人格主要是指人的身心健康、道德培育、价值追求和审美等各要素的平衡、统一、协调的人格。具体体现为:(1) 创新意识较强;(2) 人生追求高尚;(3) 人文修养丰富有内涵;(4) 社会公德意识良好;(5) 文学修养和心理保健意识强烈;等等。健全人格既是一种具有鲜明个性又是具有很强的社会适应性的理想人格类型。健全人格的培养有利于提升人们的创新、探索精神,引导合理的价值追求,积极挖掘自身潜力,加强自身道德修养;有利于主体进行正确的自我评价,防止出现自负、自满或自卑的情绪;有利于让人保持良好的自我调节能力和把控能力,让人能够在外界环境不断变化的状态下保持愉快的心理状态，以自信乐观的生活态度克服内心情绪的波动，促进团体精神和协作精神的提升；有利于个体不断地进行自我完善、自我改造，更好为社会发展做出自己的贡献。

2. 要坚持以人为本，激发人的主体能动性

西方人本主义关注人生和人的价值，注重激发人的主体性，启发我们加强价值观教育要把教育对象当作主体而不是客体来对待。因此价值观的教育者与教育对象之间是一种双向“主体”与双向“客体”之间的平等交互关系，而不是单一的主体向客体的灌输式教育。这就要求加强和改进价值观教育要在以下四点上下功夫：一是价值观教育要以尊重人为起点。人本主义心理学家马斯洛的需要层次理论将人的尊重的需要作为五个层次中的较高层次，认为获得尊重的需要是人对自我评价、社会评价、自我尊重和社会尊重的期望。价值观教育只有在尊重个体的基础之上，充分刺激个体的主体意识和自我意识，培养个体的主体能力、塑造主体理想人格，才能够实现人的本质的自由全面发展。二是价值观教育要着眼于相信人，引导受教育者自觉践行“慎独”原则。价值观教育需要在尊重人的基础之上，激发受教育者的主观能动性，引导他们进行自我管理、自我教育、自我服务，引导个体建立自我道德的内省机制，充分挖掘人的潜能，让受教育者由他律转变为自律。三是价值观教育要善于发展人。“以人为本”的价值观教育的出发点和落脚点就是立德树人、促进人的本质的自由全面发展。长期以来，我国的价值观教育都过于注重教育的社会性功能，重视理想信念和思想政治教育而忽视人成长中的主体性需要的满足，对人自身发展较为轻视，容易导致我国价值观教育变成空洞抽象的说教，形成了“两张皮”现象。所以，要彻底贯彻以人为本的价值观教育理念，就要在分析、考察每一位受教育者的差异的基础之上，依据受教育者不同发展阶段的心理特征和实际需要，因材施教，增加价值观教育的精准性。四是价值观教育要乐于服务人。服务的优良化是价值观教育提高质量的基础与前提，教育工作者必须要树立以人为本的教育理念，增强为人服务的意识，想人之所想，急人之所急，解人之所难。我们只有真正把全心全意为人民服务作为自己的工作准则，尽量做好服务，才能起到以情感人、以理服人、以事业激励人、以服务打动人的教育效果。

3. 要加强集体主义主导价值观教育

一个社会的主导价值观是其理想信念和精神风尚的灵魂，是一个国家政治、经济和文化制度的精神支柱，关系到国家的兴衰成败、兴旺发达。集体主义是社会主义价值观的基本原则，它坚持个体利益与集体利益的辩证统一。集体主义一方面强调国家利益、集体利益高于个人利益，个人利益在与国家、集体利益发生冲突的时候需要服从；另一方面，国家与集体利益的实现也必然需要以尊重和维护个体正当利益为基础，最大程度发挥个人才能，促进个人人生价值的实现。当今中国只有不断强化社会主义集体主义价值观教育，才能够正确引导人们的行为规范、价值取向和人生理想契合社会主义市场经济的需求；才能够帮助人们自觉抵制以个人主义为核心的资产阶级文化和价值观；才能够让人们在个人、集体、国家利益产生冲突时自觉奉献，充分发扬“舍小家为大家”的精神，更好地促进自我价值的实现，才能够真正培育和践行好社会主义核心价值观。加强集体主义教育对于影响中国社会稳定和发展的各种错误思想理念和价值观具有强大抑制效用。在中国社会转型发展的裂变期，个人主义、功利主义等价值观严重冲击了传统的“重义轻利”“集体至上”的价值体系，社会价值取向出现混乱、不平衡等情况，加上西方人本主义思潮中部分消极因素的侵蚀，很多西方价值观逐渐被一些人所接受并信奉，成为他们的生活准则。从现实状况来看，社会主义市场经济发展到现在，不同价值观的冲突已经成为普遍现象，而问题的关键在于我们应该倡导、树立何种价值观为社会的主导价值观。我们认为，随着我国社会主义市场经济的不断发展，价值观教育必须旗帜鲜明地以集体主义为主导，加强集体主义价值观教育。只有这样才能够让人们认清大方向，避免在市场经济的泥沼里沦陷。我们在加强集体主义价值观教育时，应坚持自我价值和社会价值的统一，坚持集体利益与个人利益的统一，坚持奉献、创造和正当索取、享受的统一。社会转型时期，我们必须深刻认识西方人本主义思潮的弊端，立场坚定地进行社会主义集体主义价值观教育，引导人们正确认识和处理个人价值与社会价值的辩证关系。从根本上来说，个体价值的体现就在于为社会创造价值和奉献之中，没有奉献与创造，索取与享受也就无从谈起。个体的价值不仅仅在于他从社会、集体中得到满足的程度，最为重要的在于他对这个集体、国家、民族和社会的贡献程度和尽责程度。正如马克思所说的那样，历史承认那些为共同目标奋斗而变得高尚的人是最伟大的人物，赞美那些能为大部分人带来幸福的人就是最幸福的人，是有价值的人。

4. 要反对“普世价值观”，培育和践行社会主义核心价值观

通过对西方人道主义、人本主义和个人主义等人学思想的哲学解析，我们加强和改进价值观教育，首先要在科学分析西方人文主义传统为什么会发展成以个人主义为核心的资产阶级价值观和意识形态的基础上，剖析其形成的经济、政治、社会、思想文化根源、发展形态与发展趋势，科学评价西方人学思想在构建资本主义精神及其个人主义核心价值观中的历史地位、作用与局限性，积极探索超越个人本位的个人主义价值观、构建社会本位的社会主义核心价值观的理论依据及其对我国价值观教育的启示。其次，要以社会主义核心价值观扬弃“普世价值”等多元价值观，发挥好社会主义核心价值观教育的战斗力，反对各种错误思潮与和平演变，巩固意识形态安全。信息化、全球化条件下，文化特别是核心价值观建设不仅直接关系到执政党的执政合法性，而且是一个国家综合实力特别是软实力的直接体现，越来越引起各个国家的高度重视。美国等西方发达国家在对苏联东欧进行“和平演变”后，继续推行“冷战思维”，打着抽象的“民主、自由、人权”等幌子，运用抽象人性论，利用自身的先发优势和信息化、全球化条件，对包括中国在内的社会主义国家和发展中国家积极推行“普世价值”之争和“人权白皮书”等文化渗透，力图扰乱人心，搞乱这些国家的文化思想和价值观；按照“华盛顿共识”，通过实施“颜色革命”“阿拉伯之春”等大力推行“文化霸权”，打造“文化殖民地”，让这些国家的人民接受西方文化，以达到不战而胜和文化思想控制的目的。对此我们应该高度警觉，随着信息网络化、经济全球化、世界多极化的日益加深，思想文化领域出现不同价值观念交流和碰撞的现象不可避免。学校越来越成为各种思想文化价值观念产生的发源地、传播的主阵地、碰撞和斗争的主战场，青少年学生和党员干部是他们争夺的重点。如何把握文化话语权、发挥马克思主义在思想文化领域中的指导作用，加强对青少年学生的马克思主义理论武装和思想价值引领，习近平总书记强调：思想政治理论课是落实立德树人根本任务的关键课程，思想政治理论课教师责任重大。再次，要科学构建社会主义核心价值观引领文化发展的马克思主义人学路径，向广大党员干部和人民群众讲清楚西方“普世价值观”是从抽象的人性论出发，其理论基础是错误的，西方敌对势力在中国推行的“普世价值”之争实质上是意识形态之争，我们要旗帜鲜明反对“普世价值观”，加强和改进社会主义核心价值观教育，引领和谐文化发展，引导人们把“爱国情、强国志、报国行”自觉融入建设社会主义现代化强国伟大事业的奋斗之中，不断挖掘马克思主义意识形态合法性和中国共产党执政合法性的新资源，增强中国特色社会主义道路自信、理论自信、制度自信和文化自信，促进人的本质的自由全面发展。

第四章　价值观教育的马克思主义人学理路研究

马克思主义人学是直接源于实践和现实生活，倡导发挥人的创造性和能动性、促进人的本质的自由全面发展的关于人的哲学。在马克思主义人学视野中，人不是超阶级的抽象的人，而是在现实社会关系中的具体的人。任何教育理论或价值观教育理论的建构都是以对人的理解为前提的。由于社会、历史等原因，在相当长的时间里，马克思主义关于人的诸多见解被误读，由此而来的价值观教育理论和实践也出现了弊端。例如，只强调人的社会性，不谈甚至反对谈社会的人性；只从社会来理解人，而不从人来理解社会，导致以人的社会性来淹没人的个性；只注重价值观教育的政治功能、经济功能，唯独忽略了价值观教育培养人、发展人这一本体功能，把人从目的变成了手段等等。因而，从马克思关于人的本质和人的自由全面发展思想即马克思人的本质观的分析，有助于我们从马克思主义人学思想源头理解马克思主义关于人的本质的科学论述，这是我们坚持价值观教育人本化发展的前提和基础，对加强和改进社会主义核心价值观教育具有重大的理论指导价值。

一、马克思人的本质观与价值观的辩证法

价值观教育的主体、客体都是人，从根本上说价值观教育是关于人的工作，而人的根本问题是人的本质，人的本质观是对人的根本问题的回答和人的本质的系统研究，马克思主义人的本质观是迄今为止关于人的本质问题的最科学的思想观点，加强和改进思想政治工作，提高社会主义核心价值观教育的满意度必须坚持以马克思主义科学的人的本质观为指导，以人为本，促进价值观教育人本化发展，为正确世界观、人生观和价值观的磨砺提供理论指导。

(一) 马克思人的本质观及其基本特征

马克思主义人的本质观一直是笔者关注的一个理论兴趣点，早在1998年笔者在中国人民大学读研究生时，就做了马克思人的本质观与“两课”教育教学的硕士论文，在此基础上，笔者又用了差不多十年时间，通过对“人的本质”概念在马克思不同时期不同著作中的不同理论定位的梳理和分析，厘清了马克思人的本质观的科学内涵与基本特征，并在《求实》2010年第8期发表了《人的本质概念在马克思思想中的不同理论定位》，从马克思主义人学理论源头即马克思人的本质观的产生、发展、成熟过程系统研究了“人的本质”概念在马克思不同时期不同著作中的不同理论定位与马克思人学思想发展的关系，不仅从马克思主义理论源头上厘清了马克思人学思想的科学内涵及其在马克思主义唯物史观、价值观和意识形态理论中的地位和作用；而且从理论上厘清了马克思人学思想与西方人本主义、个人主义和人道主义之间的区别，有助于正确理解“以人为本”的理论渊源、科学内涵与价值指向，为研究价值观教育的马克思主义人学理路奠定了理论基础。为了避免重复，本书这里不赘述。

马克思在探索人的本质时，经历了一个由唯心主义到唯物主义再到马克思主义的伟大转变。起初，他受黑格尔等唯心主义哲学的影响，从人性论的抽象理念出发，把自我意识、理性自由作为人的本质；后来他又受费尔巴哈人本主义哲学影响，把人本身、人的存在作为人的本质，阐述了人本主义的劳动异化观和人本主义人学理论；最后，在扬弃黑格尔和费尔巴哈哲学的基础上，形成了科学的实践观，开始从具体的、现实的人的实践出发，把人有意识地自由地改造世界的活动，即生产劳动作为人的本质；并揭示出人的本质是在社会实践中不断生成、变化和发展的，逐渐形成了实践唯物主义的人的本质观。正是对人的本质问题认识的不断深化和发展，马克思的世界观、人生观和价值观都发生了深刻变化，加上科学的实践观和方法论的形成和发展，才使得马克思的人学思想不断走向成熟。① 成熟的马克思开始用实践的观点代替异化的观点来分析和研究人的本质及其生成和发展的历史，形成了马克思实践的人学观，并把具体的现实的人及其关系作为唯物史观的前提和基础，阐发了历史唯物主义的一系列基本原则和原理。② 因此，要加强马克思主义科

---

① 杨艳春：《马克思人的本质观及其对“两课”教育的启示》，《安徽工业大学学报》(社会科学版)2001年第3期。

② 张敏：《马克思主义人学理论与实践》，学位论文，安徽大学，2005年。

学理论对思想价值的引领首先就要厘清马克思人的本质观的科学内涵和基本特征，这是从人的本质出发，提升价值观教育科学性、针对性、实效性、系统性和满意度的理论前提，是正确世界观、人生观、价值观教育的科学依据。

1. 马克思人的本质观的主要内容

马克思对人的本质问题的探索，扬弃了抽象的人性论和人本主义思想，在研究方法和内容上都实现了革命性变革，第一次科学、系统地揭示了人的本质的科学内涵，为马克思主义人学思想奠定了理论基础。马克思人的本质观是以人的本质问题为核心，由人的本质观、自由观、发展观和人的需要、人的价值等基本观点构成的科学体系，包含着丰富的内容。

马克思人的本质观是马克思关于人的本质的自由、解放与全面发展的思想观点，是马克思主义人学思想的源头，因此，本书主要从马克思对人的本质、人的自由、人的解放与全面发展等方面的论述来阐述马克思人的本质观的科学内涵。

(1) 马克思关于人的本质的基本观点

马克思并不是把人的本质看成是一个既定的、先在的存在物，而是在实践基础上，从人与实践的辩证关系、人与社会的辩证关系中考察人和人的本质的。正如上文所分析的那样，马克思在不同时期、不同著作中对人的本质有不同的解释：现实的人的本质“不是人的胡子、血液、抽象的肉体的本性，而是人的社会特质”①。“人的根本是人本身”②。“人不是抽象地蛰居于世界之外的存在物。人就是人的世界……”③“人的类特性是自由自觉的活动”。“劳动……是作为生命外化的生命表现”④，而“对象性的现实在社会中对人来说到处成为人的本质的现实”⑤。“人的本质并不是单个人所固有的抽象物。在其现实性上，它是一切社会关系的总和”⑥，等等。其中最为著名的论断有二：一是“人的类特性是自由自觉的活动”；二是“人的本质并不是单个人所固有的抽象物，在其现实性上，它是一切社会关系的总和”。

首先，科学揭示人的本质和人的属性的辩证关系。马克思认为人的本质和属性是既有联系又相区别的。人的本质是人之为人的内在根据，也是人的属性的内在依据。人的属性主要指人区别于其他物表现出来的根本特性，是

① 《马克思恩格斯全集》(第1卷)，人民出版社1956年，第270页。
② 《马克思恩格斯选集》(第1卷)，人民出版社1995年，第9页。
③ 《马克思恩格斯选集》(第1卷)，人民出版社1995年，第1页。
④ 《马克思恩格斯全集》(第42卷)，人民出版社1979年，第96页。
⑤ 《马克思恩格斯全集》(第42卷)，人民出版社1979年，第144页。
⑥ 《马克思恩格斯选集》(第1卷)，人民出版社1995年版，第60页。

人的本质的外在体现。人的本质具有唯一性，人的属性则包括自然属性、社会属性和精神属性等多种特性；但是人的自然、精神属性并不能够明确将人与动物区分开来。正如马克思指出："可以根据意识、宗教或随便别的什么来区别人和动物。一旦人们自己开始生产他们所必需的生活资料的时候（这一步是他们的肉体组织决定的），他们就开始把自己和动物区别开来。"①可见人的本质在于其社会属性即人自由自觉的社会活动和社会关系，而不是理性、精神、自然属性。

其次，马克思强调人的类特性是自由自觉的活动，指出："生活活动的性质包含着一个物种的全部特性、它的类的特性，而自由自觉的活动恰恰就是人的类的特性。"②也就是说人与动物区别开来的根本标志是人具有自由自觉活动的类本质。因为人的活动是有意识的能动的活动，而"动物是和它的生命活动直接同一的。它没有自己和自己的生命活动之间的区别"，"有意识的生命活动直接把人跟动物的生命活动区别开来。"③自由自觉的活动即劳动既是人的生命活动本身，又是人进行创造的手段。它是属于人的本质的东西，是对人的本质力量的展现，"是一本打开了的关于人的本质力量的书"④。但是，自由自觉的活动仅仅是把人与动物区分开来表明了人的类本质和人的一般本性，而对于不同时代、不同阶级的人的本质却是无法区分的。这就要求我们在研究人的本质的时候关注人的社会性，因为社会性就是人的本质的最根本属性。

再次，强调人的本质是一切社会关系的总和。马克思主义创始人认为，"整个历史也无非是人类本性的不断改变而已"⑤，我们所讨论的人的本质"首先要研究人的一般本性，然后要研究在每个时代历史地发生了变化的人的本性"⑥。自由自觉的活动从来就是社会性的劳动，是人在一定的社会关系中的劳动，"为了进行生产，人们便发生一定的联系和关系，只有在这种社会联系和社会关系的范围内，才能有他们对自然的关系，才会有生产。"⑦因此，马克思在《关于费尔巴哈的提纲》一文中指出："人的本质并不是单个人所固有的抽象物。在其现实性上，它是一切社会关系的总和。"这说明人的本质就是人的社会属性，是人的社会关系的总和。人的本质是具体的、历史发展

① 《马克思恩格斯选集》（第1卷），人民出版社1995年版，第67页。
② 《马克思恩格斯全集》（第42卷），人民出版社1979年版，第96页。
③ 《马克思恩格斯全集》（第42卷），人民出版社1979年版，第96页。
④ 《马克思恩格斯全集》（第42卷），人民出版社1979年版，第127页。
⑤ 《马克思恩格斯全集》（第4卷），人民出版社1958年版，第174页。
⑥ 《马克思恩格斯全集》（第23卷），人民出版社1972年版，第669页。
⑦ 《马克思恩格斯选集》（第1卷），人民出版社1995年版，第24页。

着的，并不是抽象不变的。马克思认为："个人属于一定阶级这一现象，在那个除了反对统治阶级以外不需要维护任何特殊的阶级利益的阶级还没有形成之前，是不可能消灭的。"①在阶级社会中，人的本质集中表现为人的阶级性。

最后，要系统把握马克思人的本质观包括的十个方面的基本内容。马克思对人的本质的论述十分丰富，如果把人的本质概念在马克思不同著作中的理论定位与其思想变化的历程联系起来考察，就容易发现这些不同的表述在实质上是有内在联系的，它们作为一个有机整体构成了马克思人的本质观的基本内容：即人的需要是人的内在本质；生产劳动是人的类本质；个性是人的个体本质；生理属性是人的自然本质；人的社会本质是社会关系的总和；人的价值是人的本质的潜在形式；人的理性是人的本质的观念形式；人的自由自觉的创造性活动即人的实践是人的本质实现的根本途径；人的素质和能力是实现人的本质的潜在力量；人的本质的自由全面发展是人的根本价值追求。上述由人的本质的自由全面发展、人的劳动、社会关系和需要等人的本质的十个方面内容构成的有机系统相互联系、相互作用；其中，需要是激发机制，劳动是现实操作机制，社会关系是调控机制，人的自由全面发展是目的机制。人的本质的实现有两条基本途径：劳动和社会关系。人通过创造性劳动，确立和实现自己的主体性本质，在劳动基础上人通过社会关系的相互作用能确立、实现自己的客体本质。二者互制互融，交相渗透，相互作用，构成人的本质的总体性内容，正是在这个意义上，我们说人是在劳动中创造了自己的本质，并通过创造性的实践活动，将自己的本质力量对象化。同时，人的需要、人的价值和社会关系都在创造性活动中实现，人的本质和能力也在创造性活动中得到锻炼和提高，从而促进了人的发展和个性的形成。②

马克思人的本质观不仅对人的本质进行了科学规定，而且还为人的本质的研究提供了科学方法。这是一条全新的研究人的本质的思路，它无论是在方法还是内容上都超越了中国传统人性论思想和西方人本主义对人的本质的认识，在人的本质观上实现了革命性变革。

(2) 马克思关于人的自由观

马克思在其科学的人的本质观上形成了自由观，是人的本质观不可缺少的部分，也是对传统哲学自由观辩证的发展。马克思在实践唯物主义的基础之上批判地继承了哲学史上关于自由理论的合理因子，如"政治自由""理性

---

① 《马克思恩格斯选集》(第3卷)，人民出版社1995年版，第85—86页。
② 杨艳春：《立德树人的马克思主义人本理路探析》，《思想教育研究》2014年第1期。

自由”,并在新的自由观形成过程中发现了西方自由理论的历史逻辑,即从“政治自由”到“理性自由”最终形成“劳动自由”,人类自由观由此进入到全新的阶段,也就是马克思主义自由观。

第一,自由是确证人的本质力量的活动。依据马克思主义的表述,人的自由其实就是人在实践中认识和利用规律所表现出的自由、自觉、自在的心理和行为状态。马克思从哲学高度指出人的自由包含人对自然、社会和自身的认识和改造等多种具体形式。因此,关于人的自由问题的各类具体探究与思考都应该在这个多维度、多层次的自由体系中进行。马克思在其《资本论》中揭示了资产阶级自由的虚假性和欺骗性,认为资产阶级所追求的自由并不是所有人的自由而只是少数商品所有者的自由。自由是历史的、现实的,因而是具体的,但是,伪善的资本家却把自由作为“普世价值”,借助所有人的一般自由的外衣来欺骗工人阶级。

第二,相对自由观。马克思强调自由是相对的,没有绝对自由。马克思认为自由是有界限的,自由和限制的关系是辩证的。自由就是要摆脱限制但又离不开限制,从矛盾的对立统一性看,没有限制也就没有自由。个人、阶级、社会对于自身所受限制的了解程度就直接决定其在何种程度上能够享受自由。没有限制的自由是无所顾忌的没有社会责任感的自由,必然导致社会的不稳定、不和谐,个人的自由权利和自由意识也就无法得到保障。

第三,人的自由是和物质生产、社会进步相联系的。马克思主义认为自由不是某种先天存在的东西,也不是某种与人无关的抽象的、永恒的存在,人的自由与劳动相辅相成,相得益彰。人类社会的发展是一个由必然王国向自由王国转变的过程,这个历史过程是持续不断,永不完结的。社会历史发展的程度决定着人的自由发展程度,二者是相互促进、相得益彰的。

(3) 马克思关于人的发展观

马克思人的本质观内含“人的自由全面发展观”。马克思对人的发展阐述最多的就是“人的全面发展”,即人的个性的全面发展和人的类本质的全面发展,人的全面发展过程就是人全面占有自己本质的过程,即人通过社会实践不断地创造社会关系从而创造自己的本质,就是人的本质全面展开和丰富的过程。人的全面发展包含了类的全面发展与个人的全面发展两个方面,同时也表明个人的全面发展与类的全面发展两者相互独立却又相得益彰。

首先,强调个人的全面发展。马克思把个人的全面发展作为其人学理论的出发点和落脚点,包含六个方面内容:第一,个人能力的全面发展是核心。

个人能力也是多方面的，如智力、体力、社会力、潜力、实践力等等。它是“人的本质力量的公开的展示。”[①]第二，人的个性的充分发展。马克思认为，人与人之间存在着性格、兴趣、爱好等方面的个性差异，人的个性在人类社会发展的最初形态甚至资本主义社会之中由于对人或物的依赖性，因此并不是十分的突出。共产主义社会才是人的个性充分发展的理想社会状态，每个人在此时期才是自由充分又具有显著特性的人。第三，社会关系的丰富多元化与发展。“个人的全面性不是想象的或设想的全面性，而是他的现实关系和观念关系的全面性。”[②]这种现实关系其本质都是以生产关系为基础而形成的各类关系。马克思说：“社会关系实际上决定着一个人能够发展到什么程度。”[③]第四，人的主体性全面发展。人的主体性主要是指个体凭借自身的综合素质在实践活动中处于支配地位，是人所具有的特殊属性。第五，个人价值的实现。个人价值标志着个体对于社会需要的满足。第六，人的类本质特征在个人身上得到充分发展。

其次，揭示人的全面发展要经历一个漫长而复杂的过程。人的全面发展是历史的和现实的社会实践的展开过程，人的全面发展既是个体更是人类的发展。马克思深刻揭示了个体和人类社会发展的历史状态和基本特征。他明确指出人的发展大致经历人对人的依赖关系、对物的依赖关系所形成的人的独立性和人的自由全面发展和社会生产高度发展的基础上的自由个性等三个阶段。人的这三个发展阶段是一个社会性过程，体现了个体与人类社会发展全面统一的现实历史进程。社会的发展与人的发展两者密不可分，真正的人的全面自由发展并不是某个人或者某部分人的发展，而是全社会每一个人自由全面的发展。因为，一个人的发展必然依赖于与他直接或者间接交往的其他一切人的发展。人的自由全面发展不仅仅是个体在能力、社会关系和综合素质等方面自由全面的发展，同时也是群体或者类的特征的全面自由发展。

再次，系统揭示了人的发展的条件与途径。马克思认为，实现人的本质全面自由发展必然需要具备一定的历史条件，这些历史条件需要人充分发挥自身的主观能动性进行创造。第一，马克思十分强调发展生产力是人的全面发展的物质前提。马克思主义认为生产力发展的范围决定了自由的取得状态，自由度的形成并不是抽象的、观念的，而是基于生产力发展的程度所决定

① 《马克思恩格斯全集》(第 42 卷)，人民出版社 1979 年版，第 130 页。
② 《马克思恩格斯全集》(第 46 卷下)，人民出版社 1980 年版，第 36 页。
③ 《马克思恩格斯全集》(第 46 卷下)，人民出版社 1980 年版，第 36 页。

的。“个人的全面发展只有到了外部世界对个人才能的实际发展所起的能动作用为个人本身所驾驭的时候，才不再是理想、职责等等”①。恩格斯强调人们首先必须吃、喝、住、穿，然后才能从事政治、科学、艺术、宗教等等。生产力的高度发展在给人提供丰富的物质资料的同时，更重要的在于生产力本身的发展就是自然界和人类社会给予个体潜能充分发挥的机会，是人的能力不断提升、个性不断丰富和人的外在能力的重要体现。此外，生产力的发展创新人的需要的同时也让人们满足需要的方式发生改变，从而全面提升人的素质。第二，把消灭私有制、建立真实的集体作为人的全面发展的重要社会条件。马克思、恩格斯在揭露资本主义社会劳动异化、人畸形片面发展的时候指出，克服劳动异化和实现人的真正自由全面发展必然要消灭私有制，建立生产资料社会占有的真正的“联合体”。他们认为，资本主义现存的生产力和交往方式是全面的基于私有制的统治之下的，这也就直接导致阶级对立达到了顶峰，所以现代社会的个体必然需要消灭私有制，促使个体在生产力和社会交往基础上实现真正的联合。第三，人的全面发展的文化条件是注重教育事业。马克思、恩格斯指出，“教育不仅是提高社会生产的一种方法，而且是造就全面发展的人的唯一方法。”②恩格斯指出：“教育可使年轻人很快就熟悉整个生产系统，它可使他们根据社会需要或他们自己的爱好，轮流从一个生产部门转到另一个生产部门。因此，教育就会使他们摆脱分工对个人造成的片面性。”③马克思主义创始人着重强调生产劳动与教育的有机结合。他们认为：“未来教育对所有已满一定年龄的儿童来说，是生产劳动与智商和体育相结合。”④教育与生产劳动的有机结合是资本主义社会里认识和改造社会的最强有力的手段之一，而在无产阶级建立政权以后，该方式是培养知行合一、学以致用、全面发展的人的根本途径，是逐渐消除脑力与体力劳动差异性的重要举措。

总之，马克思主义人学思想是关于人的起源、生存、发展和人的本质的科学理论。它首先指出劳动是人存在的根本方式，劳动创造了人，人在各类社会关系中进行实践从而创造了历史。因此，要科学地说明人的问题必然需要从社会关系的角度，从物质资料的生产和发展历史的角度出发。马克思主义人学思想从历史的起点和终极意义上，直接将人的存在与发展作为整个社会历史发展的前提和价值尺度，最彻底、最充分地肯定了个体的存在。马克思

① 《马克思恩格斯全集》(第2卷)，人民出版社1960年版，第245页。
② 《马克思恩格斯全集》(第23卷)，人民出版社1972年版，第530页。
③ 《马克思恩格斯全集》(第24卷)，人民出版社1975年版，第370页。
④ 《马克思恩格斯全集》(第24卷)，人民出版社1975年版，第370页。

主义人学研究不仅揭示了人发展的一般规律，同时还发现了唯物史观。马克思主义人学思想与马克思主义哲学、马克思主义政治经济学、科学社会主义思想相互联系、相互融通，是马克思主义理论体系的重要组成部分。

2. 揭示人的本质的基本特征

马克思人的本质观不仅阐述了人的本质的主要内容，而且揭示了人的本质具有社会性、实践性、发展性、历史性、全面性等特征。

首先，社会性是人的本质的显著特点。与以往的哲学家离开人的社会实践把人的本质归结为抽象的理性或者某种神秘的、唯心的东西不一样，马克思强调考察人的本质不能脱离人的现实的社会生活和社会关系，因为人天生就有社会性，离开了社会就抓不住人的本质，更无法理解现实的人。而人的本质不是指人的自然的肉体的特质，而是实践基础上形成的社会关系的总和。正如马克思所说："'特殊的人格'的本质不是人的胡子、血液、抽象的肉体的本性，而是人的社会特质"①。因为"人的本质并不是单个人所固有的抽象物。在其现实性上，它是一切社会关系的总和"②。

其次，实践性也是人的本质特征。人的本质是在实践中形成的全部社会关系的总和，这个总和不是一成不变的，而是随着人的实践不断丰富发展的，其中生产实践是最根本的，社会关系的总和归根结底是在人的生产实践活动中完成的。只有抓住了生产实践这个形成人的各种关系的根本，才能在人的实践中把握人的本质的发展性特征。

再次，人的本质具有历史性和发展性特征，因为人的本质是具体的、历史的。"社会关系的总和"不仅表示着它的客观性，而且具有变动性、历史性和发展性。马克思指出："生产关系总合起来就构成为所谓社会关系，构成所谓社会，并且是构成为一个处于一定历史发展阶段上的社会，具有独特的特征的社会。"③因此，必须对人的社会关系作具体的历史的考察。

最后，总体性、全面性也是人的本质特征。"社会关系的总和"本身就说明了总体性特征，但强调人的本质在于其社会性，并不是说人的本质只表现为社会性而否定人的现实的其他关系，人的现实的关系是人与世界的全面的关系，既包括人与社会的关系，也包括人与自然、人与自身的关系。人通过劳动改造自然也改造自身，人的各种活动都是在社会关系中进行的活动，它们都在不同程度上体现人的本质。在观念上、实践上，个人对于外部世界和自

---

① 杨艳春：《马克思人的本质观及其对"两课"教育的启示》，《安徽工业大学学报》（社会科学版）2001 年第 3 期。

② 《马克思恩格斯选集》（第 1 卷），人民出版社 1995 年版，第 60 页。

③ 《马克思恩格斯选集》（第 1 卷），人民出版社 1995 年版，第 345 页。

己本身的把握,形成社会的文化、文明,确证人的本质力量。社会的进步与人的本质力量的增长和实现过程是相一致的。

可见,现实的人的本质不仅内涵丰富,而且处于变化发展中,具有实践性、发展性、历史性和全面性等特点。人的本质是具体的、历史的和具有现实性的,它并不是单个人所固有的抽象物,而是全部社会关系的总和;这个"总和"也并不是凝固僵化的,而是随着人在实践中自身素质和能力的提高、社会交往和联系的扩大、社会关系的丰富与发展而发展变化的。掌握了人的本质的这些基本内容和特征,就为我们着眼于人的本质的发展,加强和改进社会主义核心价值观教育,在促进人的社会化过程中科学拓展人的本质力量提供了思想价值引领。

总之,马克思在考察人的本质时,抛弃了黑格尔和费尔巴哈脱离人的实践和社会关系去考察人的本质的错误,强调要从人与社会的辩证关系中来全面地考察人的本质,进而揭示出人的本质与人性、人的价值、人的需要、人的素质能力、人的自由解放和全面发展的关系,从而形成了马克思人的本质观。因此,价值观教育应以马克思人的本质观为指导,按照以人为本的"三贴近"原则,培养人们学习马克思主义理论特别是人的本质、自由、全面发展思想的理论兴趣;引导人们在人的实践中具体地、历史地考察人的本质,揭示人的本质与人性、人的价值、人的素质能力和全面发展的内在联系,在建设中国特色社会主义中不断提高自身理论水平与综合素质、拓展人的本质力量,为人们正确处理好人与自然、人与社会和人与自身的关系提供马克思主义人学指导。①

(二) 人的价值观、需要观和权利义务观

马克思人的本质观是与其关于人的价值观、人的需要观和权利义务观紧密联系的,它们互为一体,共同构成马克思人学思想的主要内容,也是马克思主义人学思想的理论基石。

1. 马克思关于人的价值观

马克思强调人是有创造价值的价值,因为人不仅是价值的消费者,更是价值的创造者。马克思认为人的价值决定于他所创造的价值,人能在什么水平上创造什么样的价值,则取决于他的发展状况,人的价值的实现是人的全面发展的综合表现,其最高目标在于人的本质的全面而自由的发展。

首先,马克思主义认为人的价值是一个发展的现实的社会历史性范畴,

① 杨艳春:《马克思人的本质观与大学生思想政治教育工作》,《教育探索》2008 年第 3 期。

是人的本质的体现。人既是生产生活的主体也是客体，作为主体存在的人，其物质、精神上的满足需要依赖他人和整个社会；作为客体的人也需要通过自身体力与智力的贡献来确保他人和社会需求的满足。个体无论是从事生产劳动还是需要的满足都是处于一定的价值关系和社会关系之中。人们价值关系的形成既是历史的又是现实的存在。

其次，强调人的劳动是人的价值的基本内容。马克思认为自由自觉的劳动是人的本质的体现，人的价值就体现在劳动产品与劳动过程之中。因此，他坚决反对离开社会发展抽象、孤立、片面地谈论人的价值。恩格斯说："劳动是整个人类生活的第一个基本条件，而且达到这样的程度，以致我们在某种意义上不得不说：劳动创造了人本身。"①在马克思、恩格斯看来，人的价值实现就在于劳动的对象化过程，而人的价值的突出特点就是人在劳动过程中所体现出的创造性。

再次，人的价值的实现与社会进步在总体上是同步的。人作为社会的主体，其智力发展与提升依赖整个社会的进步，而社会发展的需要又对人的智力和实践能力提出新的要求。人的价值全面性的彰显需要人不断提升自我的智力和技术水平，而伴随着人的各方面能力的提升又对于人在生产过程中的地位改变有重要的作用，充分体现出人的社会价值。马克思十分重视科学技术对于实现人的价值的重大作用，同时也注重研究科学技术对历史的推动作用。他指出，随着先进的科学技术在生产生活中的广泛应用，劳动"不再像以前那样被包括在生产过程中，相反地，表现为人以生产过程的监督者和调节者的身分同生产过程本身发生关系。"②

最后，马克思强调人与社会的发展都不能够脱离自然生态环境，因为它们是"自然存在物"。个体是在自然与社会相统一的关系中实现自我价值目标的。马克思主义主张人类生产实践活动的产物就包含自然环境，而自然环境是人类控制和改造的对象。随着生产力和科技的不断发展，自然环境已经不再是"自在的力量"，而是需要屈服于人的需要的存在。这样就能够有效实现社会成员对干自然界与社会联系本身的普遍占有，人类不再是自然的崇拜者，而是作为主体实践者对自然进行改造从而满足人的需要。

2. 人的需要观

马克思主义认为人的需要与人的本质是密不可分的，正如马克思所说，

① 《马克思恩格斯选集》(第3卷)，人民出版社1995年版，第508页。

② 《马克思恩格斯全集》(第46卷下)，人民出版社1980年版，第218页。

“他们的需要即他们的本性，和他们求得满足的方式，把他们联系起来。”①这也就说明，人的需要其实就是人天生所具有的特性，是人的本性与人的本质体现。满足人的正当需要是人神圣不可侵犯的权利，一切压制人的正当需要的行为都是违背人性的，都是对人本身的根本否定。因而，真正的人的需要主要是指那些符合人性、有利于提升人的本质力量和巩固人的主体地位的需要，它是推动社会进步的源泉。

首先，人的需要具有多样性和复杂性。马克思认为，现实生活中的人具有许多需要。对于这些需要，依据不同的研究视角和研究目的可以得出不同的需要构成。马克思从人的需要与人的本质、本性的联系将人的需要划分为自然需要、精神需要、社会需要、劳动需要和社会关系的需要；从主体的视角划分为个体需要和社会需要；从作用上可分为生存需要、享受需要和发展需要。

其次，揭示了人的需要具有社会历史性、无限性和广泛性等特征。马克思不仅仅指出了人与动物需要的区别，同时还着重强调了不同个体的需要既有共性又有个性的原因。不同历史阶段、不同文化背景、不同民族地区，人的需要具有很大的差异。马克思在分析工人的生活需要时指出：“工人作为工人而生活所需要的生活资料，在不同的国家，不同的文明状况下当然是不同的。衣、食、住和取暖这些自然需要本身的多少，取决于不同的气候。同样，因为所谓的第一生活需要的数量和满足这些需要的方式，在很大程度上取决于社会的文明状况，也就是说，它们本身就是历史的产物，所以，在某一国家或某一时期属于必要的生活资料的东西，但在另一国家或另一时期却不是必要的生活资料。”②

再次，马克思揭示了需要和生产的辩证关系。“没有需要就没有生产”③，需要是生产的动力，与之相对应，“消费为生产创造……需要。没有生产就没有消费。”④马克思对于需要和生产的著名论断直接表明：需要与生产两者相辅相成、相互作用。离开需要谈生产和离开生产谈物质需要都是片面的，形而上学的，都是与马克思主义人学理论相违背的。马克思主义关于生产和需要的关系可以辩证地概括为：生产是需要的现实起点，而需要则是生产在观念上的起点。在现实生活中，生产决定需要，并最终超越需要而产生

① 《马克思恩格斯全集》(第3卷)，人民出版社1960年版，第514页。
② 《马克思恩格斯全集》(第47卷)，人民出版社2004年版，第43页。
③ 《马克思恩格斯选集》(第2卷)，人民出版社1995年版，第94页。
④ 《马克思恩格斯全集》(第46卷下)，人民出版社1980年版，第19页。

新的需要；在思想观念上，需要又反作用于生产，并引导和推动生产去满足新的需要。正是基于生产与需要的对立统一关系，最终形成了人类社会历史发展的动力源泉。

3. 人的权利与义务观

"天赋人权论"是西方人本主义的主要理论基础和价值观教育的基本依据，马克思主义创始人曾多次直接批判资产阶级的"天赋人权"理念，指出人权是社会、阶级才具有的概念，而"天赋人权论"则是资产阶级具有抽象性、虚假性和欺骗性的意识形态的体现。人的"权利永远不能超出社会的经济结构和由经济结构所制约的社会的文化发展"①。在《黑格尔法哲学批判》中，马克思指出："出生只是赋予人以个人的存在，首先只是赋予他以生命，使他成为自然的个人；而国家的规定，如立法权等等，则是社会的产物，是社会的产儿，而不是自然的个人的产物。"②人权具有个人权利、集体权利、国家权利和社会权利等多种表现形式。马克思主义不仅仅注重个人人权，同时还注重集体人权，个人人权与集体人权同样重要，都需要受到保护。集体人权对于国家而言其本质就是国家主权。马克思对于集体人权是持辩证分析的态度的。在马克思的观点里面，集体分为虚假和真实的两种，与之相对应的集体人权也分为这两类。真实的集体和集体人权是与集体中每个个体和个人人权相统一的，它将集体中一切不依赖于人而存在的东西直接排除，而剩下的则既是集体的也是个人的。马克思、恩格斯将这类集体称为"自由人的联合体"或"联合起来的社会个人的所有制"，并认为这种"联合体"和"所有制"就是共产主义。《共产党宣言》中所提出的"每个人的自由发展是一切人的自由发展的条件"③的著名论断，直接科学体现了集体中个人人权与集体人权统一性的关系。马克思在对资产阶级天赋人权理论进行批判的基础之上着重强调了权利与义务的辩证统一关系。"没有无义务的权利，也没有无权利的义务。"④权利与义务两者是密不可分的，没有义务的权利只会是阶级特权，而没有权利的义务只会是阶级压迫、剥削与奴役。真正的人权必然是权利与义务的统一体。马克思、恩格斯在确立无产阶级解放和全人类解放的宏伟目标时也明确提出了实现权利与义务相统一的奋斗方向。人的权利与义务的统一也是人作为手段和目的的统一。马克思指出劳动异化造成了人作为目的与手段二者的严重分离，所以其本质是违背人的本性的。异化劳动条件下的

---

① 《马克思恩格斯选集》(第 3 卷)，人民出版社 1995 年版，第 19 页。
② 《马克思恩格斯全集》(第 1 卷)，人民出版社 1956 年版，第 375—377 页。
③ 《马克思恩格斯全集》(第 48 卷)，人民出版社 1985 年版，第 21 页。
④ 《马克思恩格斯选集》(第 2 卷)，人民出版社 1995 年版，第 137 页。

劳动者的劳动“不是自愿的劳动，而是被迫的强制劳动。因而，它不是满足劳动需要，而只是满足劳动需要以外的需要的一种手段。”①异化劳动以获取物质财富为目标，其在根本上就是以资产阶级获得更多的物质和资本积累为目的。这也正是资本主义私有制必然被社会主义公有制所替代、资本主义社会必然被社会主义社会所取代的根源所在。马克思对资产阶级人权理论的辩证分析和批判，不仅为我们提供了反驳西方发达国家经常使用人权理论干涉他国内政的强有力的理论武器，还为我们真正维护和发展人权、促进人的本质的自由全面发展提供了理论指导和价值指向。

（三）人的本质与人的价值的互动品质

厘清了马克思主义人的本质的自由全面发展观与价值观发展的主要内容和内在逻辑，价值观教育人本化就需要从人的本质的上述内容出发，系统、精准、有效地改进价值观教育，为人们正确价值观的磨砺提供科学依据。因此，就需要运用马克思主义的基本立场、观点和方法来深入研究人的本质与价值观教育之间的内在联系：

首先，人的本质是价值观教育的根本，也是其基本出发点。马克思指出：人的本质并不是单个人所固有的抽象物，在其现实性上，它是一切社会关系的总和。人的一切社会关系并非一成不变，而是根源于人的实践活动；人的实践活动产生、改变和调整着人与自然、人与人和人与自身思想的关系，这些关系构成了基本的社会关系，即物质的社会关系和思想的社会关系。可见，作为人的本质的社会关系的总和，不过是人的实践活动的静态反映。价值观教育必须从人的本质出发，即从人在实践中不断形成的社会关系出发，才有坚实的基础，才有针对性，才能找准人的思想变动不定的现实根据。

其次，人的本质与价值观教育两者相互影响、相互作用。马克思认为人是人的最高本质，人的本质就是知行合一的社会实践活动，是人的需要、实践和社会关系的统一体。人的思想是人的本质不可缺少的基本内容，正如马克思所说，“我的思想不过是我与我的环境的关系，而环境的改变和人的改变的一致性只能理解为革命的实践”②。实践是思想的源泉，而思想则是实践的必然产物。一方面，人对于自身需要的认知、选择与满足状态会让人产生各类情绪、感受体验和思想。另一方面，人在实践过程中必须

① 《马克思恩格斯全集》（第42卷），人民出版社1979年版，第94页。

② 《马克思恩格斯选集》（第1卷），人民出版社1995年版，第55页。

要面对、处理和创造各种社会关系，人对社会关系的占有状态、自由程度和实践活动都会让人的思想情感产生波动。人的思想一旦形成就必然会引导和影响人的言行，所以是人的本质生成和发展的指向灯。由此可见，人的思想源于人的实践活动又反作用于人的现实生活。要从根本上解决人的思想问题就需要根据实践调整和变革现有的社会关系，从而不断满足人的现实需要。但是，人的实践必须依靠思想状态的调整，尤其是离不开价值观教育对于思想的指引作用；如果缺乏思想调控，实践也就无法进行，人的健全品格和本质也就无法形成。这就要求价值观教育要坚持以人为本，贴近实际、贴近生活、贴近实践，把我国改革、开放的伟大实践与人们的日常生活和具体实践结合起来，引导人们在日常生活和实践中，正确认识、处理各种社会关系和问题，努力提高价值观教育的针对性、实效性和吸引力、感染力，不断拓展人的本质力量，培养德智体美劳全面发展的社会主义合格建设者和可靠接班人。

再次，人的本质决定了价值观教育的可能性、必要性和有效性。人的本质中思想的存在性、思想的可变性和后天性，人的价值观和理性的生成性，人的心理、生理、能力和素质的发展性和可塑造性，人的思想、精神境界、实践和各类社会关系的认识和发展的需要，人的本质的可变性和可塑性等，直接决定了价值观教育的可能性、必要性和有效性。当代中国正处在社会转型期，社会的方方面面都可能影响人的世界观、人生观和价值观的形成和发展，给人的精神生活和行为方式带来深刻的影响，也必然要求和带动价值观教育的改革、发展和价值观教育工作方法、观念的更新，其最终的目的就在于实现人和社会的全面协调发展。基于此，从人的本质出发加强价值观教育意义深远。

最后，价值观教育参与了人的本质的生成和发展。人的本质是在实践活动中形成的，是各类实践活动和社会关系的综合。价值观教育本身作为一种实践活动，是主体对客体借助信息施加影响的过程，是客体接收主体信息的过程，因此，价值观教育是主客体进行双向互动的关系体现和发展过程，客体的各类活动不仅是客体社会关系和社会实践的重要组成部分，同时也是其本质发展和生成的灵魂所在。价值观教育的目的就在于通过正确方式引导和调控人的内心状态、思想情况和思维方式，在丰富人的内心世界的同时促进人的道德修养和精神境界的提升，参与构建一个人的心灵大厦和文化本质。价值观教育能够帮助人们更好地认识自我、认识世界，让人们对于自身和世界有着较为科学的把握，从而帮助人建立起安身立命的思想基础，让人以更加健全的思维、情感和心理状态面对世界，更加自由自觉地按照人的本质认识世界和改造世界,从而满足人的各类需要,发展和处理更加丰富的社会关系,全面促进人的本质的发展,拓展人的本质力量。①

二、马克思人的本质观对价值观教育的价值

改革开放以来,价值领域中的“见物不见人”的价值观物化现象使得一些人的价值观被歪曲和异化,金钱崇拜、商品崇拜与权钱色交易等价值观物化的不良倾向严重影响了中国特色社会主义现代化建设,败坏了党风、政风和社会风气,迫切要求我们坚持马克思关于人的本质的自由、解放与全面发展的价值导向,坚持以人为本、以人民为中心的新发展理念,在扬弃中国传统人性论价值观和西方人本主义价值观建设的经验教训的基础上,拨正价值观教育的人本指向,科学构建社会主义核心价值观引领和谐文化发展的马克思主义人学理路,按照习近平总书记的要求,“把培育和弘扬社会主义核心价值观作为凝魂聚气、强基固本的基础工程”,为人们加强价值观教育提供马克思主义理论武装和思想价值引领,立德树人、以文化人,促进价值观教育人本化发展。

(一) 引领思想价值发展的科学依据

马克思人学思想正确揭示了人的本质与人的价值的主要内容、基本特征和辩证关系,为我们从人的实践本质出发,纠正不良价值倾向,以人为本、以人民为中心,不忘初心、不辱使命,加强马克思主义理论武装和思想价值引领、促进人的本质的自由全面发展提供了根本指导,因此,我们要深入研究马克思主义人学思想在改进人的思想价值观念,促进价值观教育人本化发展中的重大理论和实践价值,为正确世界观、人生观和价值观的磨砺提供科学依据,引导人们自觉培育和践行社会主义核心价值观。

1. 确立生态文明的价值理念,引领人与自然的和谐发展

马克思主义人学思想是引领人们解放思想、促进价值观教育人本化发展的根本指导思想,从哲学上看,马克思主义哲学是关于人与自然、社会和自身的最一般规律的科学,面对当下人们在处理人与自然、社会和自身关系中出现的各种思想错误和价值扭曲,迫切要求我们要以马克思人的本质的自由全面发展观为理论指导和价值依归,从马克思主义哲学人学高度加强马克思主

① 杨艳春:《马克思人的本质观与大学生思想政治教育工作》,《教育探索》2008 年第 3 期。

义理论武装和思想价值引领，深入贯彻新发展理念，落实习近平总书记提出的“四个全面”战略布局和“五位一体”的发展总布局，引领人与自然、社会的和谐发展。

从人与自然的和谐发展看，生态环境问题在马克思生活的时代不像今天这样突出，因此，马克思主义创始人虽然没有对环境问题做专题研究；可是，将见之于他们著作中的关于环境问题的论述集中起来就能够发现，他们关于环境的思想也是系统、科学的，是马克思主义理论体系的重要组成部分。例如人在自然界中地位的双重性、主体性原则、人与自然和谐的“物质变换”和基于实践基础的人化自然等等。马克思主义创始人从有助于人的本质的发展高度不断地告诫人们需要正确认识人在自然界中的地位，强调“人是自然界的一部分。”①“直接的是自然存在物。”②“人本身是自然界的产物，是在他们的环境中并且和这个环境一起发展起来的。”③因为“人靠自然界生活。”④因此，人类的实践活动必然需要受到自然规律的约束，不能随心所欲，为所欲为。恩格斯对于人与自然的关系也有着自己坚定的立场，他明确反对将自然界看作人类的敌人而一味采取斗争的态度，他认为：“自然界中无生命的物体的交互作用包含着和谐和冲突；活的物体的交互作用则既包含有意识的和无意识的合作，也包含有意识的和无意识的斗争。因此，在自然界中决不允许单单把片面的‘斗争’写在旗帜上。”⑤基于此，他认为人与自然应该和谐相处，人类对于自然应该采用“和解”的态度，即使人类为了满足不断发展的需要而驾驭和统治大自然，但是也应该认识到：“我们连同我们的肉、血和头脑都是属于自然界，存在于自然界的。”⑥马克思主义创始人的环境理论为我们奠定了坚实的基础，他们的环境思想对于当今世界的环境问题处理和环境保护实践仍然具有鲜明的指导意义和价值。

中国共产党十分重视人与自然的和谐发展，继承和发展了马克思主义生态文明思想。应该说，改革开放以来，几代中国共产党领导集体都十分重视解决发展与生态环境恶化的矛盾。邓小平根据中国的实际情况在改革开放初期就很有远见地提出了中国资源问题上的两对矛盾： 是资源总量大与人均占有量少的矛盾。中国是一个资源大国，资源种类繁多，总量丰富，但是就

① 《马克思恩格斯全集》(第 42 卷)，人民出版社 1979 年版，第 95 页。

② 《马克思恩格斯全集》(第 42 卷)，人民出版社 1972 年版，第 169 页。

③ 《马克思恩格斯全集》(第 20 卷)，人民出版社 1971 年版，第 38—39 页。

④ 《马克思恩格斯全集》(第 42 卷)，人民出版社 1972 年版，第 95 页。

⑤ 〔德〕恩格斯：《自然辩证法》，人民出版社 1984 年版，第 291 页。

⑥ 〔德〕恩格斯：《自然辩证法》，人民出版社 1984 年版，第 304—305 页。

人均占有量而言则又是资源小国、贫国。二是资源储量的潜在远景与开发水平落后之间的矛盾。中国潜在资源量十分庞大，但是受限于开发技术和工具，开发数量又是非常有限的，所以资源问题不容乐观，合理利用资源势在必行。江泽民在1996年召开的第四次全国环境保护会议上指出了环境保护是关乎我国长远发展和全局性的战略问题，环境保护至关重要。我国人口基数较大，人均资源占有量较低，技术水平较为落后，经济基础较为薄弱，生态环境保护任务任重而道远。如果在发展的过程中忽视环境保护，走“先发展，后治理”的路子，必然会让人类付出沉痛的代价，甚至造成不可挽回的损失。胡锦涛也在众多场合多次强调环境是经济社会可持续发展的重要依托，大自然是我们共同生存的家园。党的十七大更是提出要加强生态建设、促进社会文明发展。强调全社会都要坚持不懈地爱护环境、保护环境、建设环境的工作，努力实现人与自然和谐发展的目标。党的十八大以来，以习近平同志为核心的党中央更加重视生态环境建设，提出建设美丽中国和新发展理念，促进人与自然、经济、社会、生态协调发展的“五位一体”的总体布局，强调既要绿水青山又要金山银山，绿水青山就是金山银山，并制定出一系列的政策和措施，促进了生态环境的改善。

从国际社会的经验教训看，生态环境恶化是工业化和现代化发展到一定阶段的代价，如果处理不好就会直接影响一个国家经济、社会和生态的协调发展，影响人与自然的和谐。这就要求我们首先要树立生态伦理和环境道德观念，确立正确处理好人与自然协调发展的价值观。尽管我国从战略高度制定并实施了改善生态环境、建设美丽中国等各类政策，但由于我国人口总量大、资源人均占有量低、生态环境承载力弱等问题与经济社会快速发展、人口数量不断增加的矛盾冲突日益凸显，如能源、水土、矿产资源的匮乏，生态环境的不断恶化等。基于此，我们在充分发挥主观能动性的同时更加需要尊重客观规律，坚持以人为本的科学发展观和绿色协调的新发展理念，吸收借鉴资本主义国家发展的经验教训，促进人与自然和社会的和谐共生，加快生态文明建设，为生态环境平衡提供强有力的保障。再次，加强人民文化素质教育，合理利用科学技术。要思考科学技术对于人类社会进步的效用，充分思考科学技术对于促进人与自然和谐相处的效用，充分思考科学技术的“双刃剑”作用，扬长避短，合理有效地运用科技为增进全人类福祉贡献力量。最后，加强人口技术调控，提升全民素质。人口的数量与质量直接关系人与自然是否和谐共生。因而，需要从数量上把控人口增长与物质资料增长之间的协调关系；从质量上提升人口综合素养，努力实现人与社会和自然的协调发展。

总之，我们要以马克思人的本质的自由全面发展观引领人们树立人与自然和谐发展的价值理念，按照党的十九大和二十大的战略部署，引领人们建设富强、民主、文明、和谐、美丽的社会主义现代化强国。

2. 引导人们科学把握人与社会的矛盾辩证法，促进人与社会的和谐发展

马克思人的本质观为引领人与社会的协调发展提供了理论指导和实践路径。马克思主义创始人非常注重人的全面发展与社会发展的统一性，认为全面发展的个人是历史的产物，而不是自然的产物。人的发展历史与社会、经济的发展历史彼此相互制约、相互影响，是同一过程的两个方面，而人的发展则是社会、经济发展的最终目的和归宿。马克思以“人是社会的存在物”为起点，在对资本主义社会深刻批判的过程中揭示了人的全面发展的理论。马克思认为社会的发展制约人的发展，个体生命“是社会生活的表现和确证。人的个人生活和类生活并不是各不相同的，尽管个人生活的存在方式必然是类生活的较为特殊的或者较为普遍的方式”①。人都处于一定的社会关系、社会环境中，既定的生产生活方式、政治法律制度、科学、文化、思想道德理念制约着人的发展状况。马克思明确指出：“社会关系实际上决定着一个人能够发展到什么程度。”②中国共产党人始终坚持以人为本、以人民为中心，不忘初心、不辱使命，以马克思人的本质观和唯物史观引领人与社会的协调发展。无论是毛泽东领导的新民主主义革命还是邓小平开启的改革开放，都是中国共产党人与时俱进积极主导解决人与社会发展不适应、不协调而做的艰难探索。江泽民指出：“推进人的全面发展，同推进经济、文化的发展和改善人民物质文化生活，是互为前提和基础的。”③这是中国共产党人对人的全面发展与社会发展辩证关系的高度概括和科学揭示。胡锦涛将人的发展与经济、政治、文化和社会的发展有机统一，将社会文明的发展与社会主义物质、精神和政治文明相并列，全面深刻地阐述了人的全面发展与社会的可持续发展的同步性和相互作用。习近平总书记在胡锦涛以人为本的科学发展观的基础上，进一步提出了全面、协调、绿色、生态的新发展理念，党的二十大明确提出了我国社会主义现代化建设的目标。要实现这个宏伟目标，就需要我们按照马克思人的本质的自由全面发展观培养现代化的人。因为作为社会主体的人的现代化很大程度上决定了社会现代化程度。因此，马克思主义人学

① 《马克思恩格斯全集》(第 42 卷)，人民出版社 1979 年版，第123 页。

② 《马克思恩格斯全集》(第 3 卷)，人民出版社 1960 年版，第 195 页。

③ 江泽民：《在庆祝中国共产党成立八十周年大会上的讲话》，人民出版社 2001 年版，第23 页。

的当代研究就不能回避人的现代化的重要课题，离开人的发展去谈社会的发展是毫无意义的，而人的发展不仅是社会主义现代化发展题中应有之义，而且是建设现代化强国的根本活力之源。

要引领人与社会和自然的协调发展，我们要坚持以马克思主义人学理论为指导，科学总结国际社会在现代化进程中的经验教训，确立以人为本、以人民为中心的新发展理念，开辟有助于实现人的本质的自由全面发展的现代化新理路。党的十六届三中全会立足我国现实、顺应时代发展潮流，提出了以人为本的科学发展观，在对三大发展理念和实践经验总结归纳的基础之上，辩证吸收其合理有效的成果，改正其错误。当前，我们正处在建设社会主义现代化强国阶段，价值观教育要引导人们按照十九大和二十大的战略部署，认真落实“五位一体”总体布局和“四个全面”战略布局，深入贯彻新发展理念，为把我国建设成为社会主义现代化强国而奋斗。必须基于我国国情对综合发展观中的以人的全面发展为中心综合协调经济、社会发展的合理内核进行改造和完善，借鉴吸收可持续发展观中的以人的生存发展权益为中心、人与自然和谐共生的合理理念，为推进中国特色社会主义现代化建设，从根本上创新我国发展战略的主题及思路。

3. 确立以人为本的发展观，引导社会主义市场经济促进人的全面发展

人把握和处理与自然、社会以及自身的关系总是在一定生产方式下进行的，并且要通过一定的对象特别是生产关系才能实现。而在各种关系中经济关系是最根本、最基础的关系，是确证人的本质的根本对象。正如马克思所表述的，人是“对象性存在物”，“人只有凭借现实的、感性的对象才能表现自己的生命”①。所以，要研究人，就需要到人的实践活动过程中通过对活动结果的研究把握人的存在与发展。人通过充分发挥自己的主观能动性，正确认知和合理对待自我，正确处理自身与外部世界的关系，基于自身的自由创造力设计出一个充满真诚和谐的未来世界。

当代中国正处在百年未有的深刻的社会变革时期，人们的思想价值观念也发生了前所未有的变化，特别是在全球化、市场化、信息化条件下，一些人受市场经济和西方个人主义价值观的影响，世界观、人生观、价值观扭曲导致自我人格分裂，人与自身发展要求不协调、不和谐问题日益突出，迫切需要我们适应时代发展要求，加强自我修养，磨砺与市场经济相适应的科学的“三观”，纠正价值观的物化和人的本质的异化倾向，促进价值观教育人本化发

---

① 《马克思恩格斯全集》(第 42 卷)，人民出版社 1979 年版，第 168 页。

展。应该说,市场经济是人类社会发展到一定阶段的产物,对人的本质的发展有积极和消极两方面的影响。市场经济体制的表面体现是“物”,深层次却是“人”的问题,具体为人性、人格、能力素质、人的物化、价值等等。正如马克思在分析资本主义市场经济条件下的商品时指出的,商品并不是商品,而是蕴含在商品背后的人与人的关系。市场经济对于促进人的全面发展具有重要意义,市场经济是多元性的主体性经济,主体类别涵盖多元利益主体、多元经营主体。因主体之间的相互需要所开展的经营交往活动,促使人的积极性被充分调动起来,社会发展被注入了全新的活力。社会主义市场经济生产力发展的过程也是人的本质、人的价值和促进人的现代化实现和发展的过程。

社会主义市场经济提高了人们在经济活动中的主体地位。要实现人的物质利益的不断满足就必然需要大力发展生产力、消除贫困。在所有的对象性关系中,经济关系是最基本、最主要、最能促进人的本质能力即生产力实现的关系。因此,邓小平主张发展生产力来满足人的需要、拓展人的本质力量,并决定使用社会主义市场经济的体制手段促进生产力发展。社会主义市场经济为人的全面发展创造了有利的社会条件,让人的全面发展由可能转变为现实。按照马克思主义关于人的发展的“三形态”来看,我国社会主义市场经济目前正处于商品经济的阶段,但与资本主义的商品经济具有明显差异,它是与中国特色社会主义制度密切联系的,具有其自身的本质特征。其本质特征就体现在:市场经济与社会主义的有机结合可以有效克服资本主义私有制导致的异化现象,借助各类手段帮助人有效克服或降低市场经济中各类因素特别是商品货币关系对于实现人的全面发展所带来的负面影响,促使市场经济中人对物的依赖关系向积极的方向发展。这就要求我们要以马克思人的本质观为指导,引导人们在市场经济条件下加强价值观教育。一方面,我们要以人为本,充分发挥市场经济对人的全面发展的建设性意义。具体而言,社会主义市场经济有利于人的个性充分发展,有利于个人主体地位的确定和个人能力的发挥,同时,还促进了人的社会关系的丰富和发展。另一方面,要纠正市场经济中的“物化”倾向,克服市场经济对于人的发展的消极影响。社会主义市场经济也具有市场经济的本质特征,不可避免会产生市场经济体制中人们对于“物的依赖”,其主要表现为拜金主义、个人主义、功利主义、利己主义等现象盛行。人对物的依赖关系所产生的消极现象在整个社会主义市场经济阶段中都会持续存在,但是随着社会主义市场体系和经济制度的完善和发展必将逐渐削弱其消极影响。由此可见,人的全面发展与社会主义市场经济是同一过程的两个方面。社会主义市场经济的建设既依赖人又是为了人,人的素质的高低直接影响社会主义市场经济的发展状态,社会主义市场经济的发展程度对于促进人的解放，提升人的主观能动性、积极性和创造性具有重要作用。

总之，厘清了市场经济与人的本质的自由全面发展的辩证关系以后，我们就要科学把握和处理市场经济与人的全面发展的辩证关系。马克思人的本质观引领思想价值发展的作用是多方面的，这里主要是从人与自然、社会及自我发展的宏观方面对马克思主义人学在当代审视人类实践发展的主要问题做了一些探索。中国特色社会主义进入新时代，我们要适应社会重大转型期价值观多元化发展的需要，坚持以马克思人的本质观和价值观为指导，以习近平新时代中国特色社会主义思想不断引领思想解放，促进人的本质的自由解放与全面发展，凸显马克思主义人学思想在解放思想中统一思想、引领价值观教育人本化发展的价值。

（二）对引领价值观教育人本化发展的价值

厘清了马克思人的本质观与人的价值观的辩证关系，正确价值观教育就要以马克思主义人学思想为指导，促进价值观教育人本化发展。发展是新事物战胜旧事物的过程。价值观教育人本化发展就是把马克思主义关于人的本质的自由全面发展的新思想、新观念引入到价值观教育研究，它包括两个方面：一是传统价值观教育向现代价值观教育转变发展的过程；二是现代价值观教育自我完善深化发展的过程，这是伴随中国特色社会主义现代化发展和人的全面发展的协调和深化的渐进整合、系统完善的过程。

首先，从促进人的本质的自由全面发展看，价值观发展总是与社会变革、社会的文明进步和人的发展密切关联的。随着经济全球化、社会信息化和商品市场化进程的加快，社会生产方式和生活方式都在发生急剧变化，这不仅会对人们提高自身素质和能力、建构新的社会关系提出新的要求，而且必然引起人的思想认识、道德和价值观念的急剧振荡，从而影响人的本质的健康生成和发展。当下中国正处于全面深化改革的巨大社会转型期，是以传统的价值观教育发展经济、政治、文化，还是以现代价值观教育为指导来发展经济、政治、文化，这是一个时代性的问题，也是一个政治性的问题。党的十九大明确了全面建成小康社会、推进社会主义现代化强国建设的目标，这一目标内在地蕴含着价值观教育的现代化和人的全面发展，符合我国国情和现代化建设的实际情况，反映了人民群众的普遍愿望。为完成党在新时代提出的宏伟奋斗目标，我们不仅要发扬思想政治工作是党的一切工作的生命线的光荣传统，而且要用发展的思想来解决实践中的现实问题，促进价值观教育发展，作到“发展要有新思路，改革要有新突破，开放要有新局面，各项工作要有新举措”;要在发展中贯彻中央精神,就要求思想政治工作特别是价值观教育必须从人的实践本质出发,从当前国际国内形势出发,不断提高执行党的基本路线的自觉性,强化为经济建设服务的意识,把思想政治工作的重点落实到经济上、业务上和人的素质能力的提高上,切实落实科教兴国和人才强国战略,使各级各类人才都能够找准自己的合适位置,体现自身的价值,充分发挥价值观教育人本化发展对人才的激励作用、对改革和发展的引导作用,进一步激发人民群众建设社会主义现代化强国的主人翁意识。要全面深化改革,冲破旧体制、冲破旧观念就必然要求价值观教育发展,发展不仅是价值观教育的基本功能和价值,而且是价值观教育的本质所在。研究价值观教育发展,就是要研究如何通过思想政治工作来不断调控人的思想、促进人的思想更新、拓展人的本质力量,探索新的历史条件下价值观教育的新思路、新方法,把思想统一到中央所确定的发展目标上来,促进人与自然、社会的协调发展。

其次,从人的本质出发,引领价值观人本化发展能为国家和民族的发展提供马克思主义理论武装、思想价值引领和精神支持。马克思主义认为:经济基础和上层建筑的矛盾互动是推动社会发展的根本动力,经济的发展离不开上层建筑为其服务,而价值观教育在一定程度上影响甚至决定着上层建筑的性质和方向,对经济发展的方向和速度直接起作用。个人发展的全面性是其现实关系和观念发展的全面性,高度发展的社会生产力及其创造的社会物质条件,是个人全面发展的必需的现实基础,个人的发展还依赖合理的社会制度和社会关系。我国社会主义制度的建立,为人的全面发展提供了制度保障;但由于我国还处在社会主义初级阶段,社会生产还不能充分满足人民群众日益增长的物质文化生活的需要,加之社会主义制度还有许多不完善的地方,在人们的经济、政治、文化、社会生活甚至日常生活中都不可避免地存在着不民主、不公正、不公平的现象,很容易引起人们的思想冲突、利益冲突和不满情绪;要解决这些冲突和不满,不但要靠经济、政治、文化和社会的不断发展,而且必须依赖于价值观教育的发展。要充分发挥价值观教育的发展功能和引领作用,集中全国人民的智慧和力量,集中力量搞建设和谋发展,就必须以社会主义核心价值观引领社会主义文化建设,加强社会主义核心价值体系建设,构建和谐社会共同思想道德基础。十七大报告强调“社会主义核心价值体系是社会主义意识形态的本质体现。要巩固马克思主义指导地位,坚持不懈地用马克思主义中国化最新成果武装全党、教育人民,用中国特色社会主义共同理想凝聚力量,用以爱国主义为核心的民族精神和以改革创新为核心的时代精神鼓舞斗志,用社会主义荣辱观引领风尚,巩固全党全国各族人民团结奋斗的共同思想基础。”①十八大提出培育和践行社会主义核心价值观。十九大提出要以社会主义核心价值观引导文化建设，增强中国特色社会主义道路自信、理论自信、制度自信和文化自信。二十大强调要推进文化自信自强，铸就社会主义文化新辉煌。这是对邓小平关于思想道德和价值观教育不仅要贯穿于改革开放的整个过程，而且要随着改革开放的发展而发展，做到物质文明和精神文明两手都要抓，两手都要硬等一系列关于“发展才是硬道理”重要思想的继承和发展。这就要求改革开放必须始终与价值观教育发展有机结合，即：一方面政治、经济、文化、生态和科技体制的改革，必然要求和促进价值观教育的改革，改革的理论和实践不仅为价值观教育提供了发展动力，而且直接为价值观教育发展提供了基础；另一方面，价值观教育又能为改革开放提供思想价值引领和智力支持，为化解社会矛盾，增强凝聚力，促进社会的协调发展提供强大的思想保证。越是全面深化改革开放，我们越要加强社会主义核心价值观教育，不断巩固“不忘初心、牢记使命”主题教育和学习党史教育成果，通过主题教育引导广大党员干部始终坚持以人为本、以人民为中心的执政理念，坚持不忘初心，牢记使命，自觉践行全心全意为人民服务的宗旨。

再次，价值观教育人本化发展能为人的全面发展提供坚定的信念和合理的价值追求，促进人的个性健康发展。人在本质上是以创造自身历史的社会形式存在着，这体现了人的实践性、能动性和社会性的统一，而人的能动性的发挥，既离不开既定的物质条件和社会关系的制约，又要受到一定的思想价值观念和意识的支配。但是，支配人的思想价值观念和意识，有先进与落后、科学与盲目、系统与零散之分，这就使人面临两种发展选择：一是以落后的、经验的、自发的意识和思想价值观念为指导的自然、自发状态下的盲目发展；一种是自为的、自觉状态下的发展，即在不断接受先进的、科学的思想价值观念，在有目的的价值观教育作用下的发展。价值观教育发展追求的是后一种发展观。人的发展是社会化和个性化相统一的过程，成长着的个人总是通过参与家庭、学校、工作单位、社会团体的活动来学习和接受价值观教育而成长为社会的人。个人只有选择与社会发展目标相一致的方向、相吻合的思想价值观念，才能从目标中获得正确的价值取向和动力支持，才能更快地发展，更好地拓展人的本质力量。价值观教育发展就是要通过人的主体性选择，把人在发展中符合社会目标的思想价值观念和思想道德强化，形成理想信念，并

① 胡锦涛：《高举中国特色社会主义伟大旗帜　为夺取全面建设小康社会新胜利而奋斗——在中国共产党第十七次全国代表大会上的报告》，《人民日报》2007 年 10 月 15 日第 1 版。

对其行为起支配作用,使之与社会发展方向保持一致,同社会发展形成良性互动。以人为本加强和改进价值观教育,就是要用发展的思想,引导人们不断创新、不断解放思想,用发展着的马克思主义指导新的实践,实事求是、与时俱进更新发展思路,科学发展,为人的自由全面发展创造坚实的物质力量,为人的真正自由和解放提供现实可能性;社会前进程度越高,社会生活的丰富性和多样性联系也就越强,人的本质就越全面、越丰富,也就越要求社会成员生成多样的个性和能力,不拘一格地造就各方面的人才,使每个人的发展成为一切人的自由发展的条件。

三、价值观教育的马克思主义人学基本路径

从根本上看,价值观教育的主客体都是人,而对人的根本问题的回答就是人的本质观,马克思人的本质观是迄今为止关于人的本质问题最科学的回答,能够为加强价值观教育提供理论指导:以实践为基础的马克思人的本质观不仅是马克思主义人学思想的核心,而且是唯物史观和科学实践观的逻辑起点和理论落脚点,是价值观教育人本化发展的哲学基础,决定着价值观教育人本化的必要性、可能性、有效性和发展性;马克思人学思想与其价值理论在逻辑、方法论和价值追求方面的内在统一,决定了它是理解价值观教育人本化的理论基础;价值观教育人本化的核心是“人的本质的自由、解放与人的个性全面发展”的价值观;人与社会辩证关系理论是价值教育的理论根据;马克思对“劳动—社会—人”的认识和解决人与社会问题的方法论是价值观教育人本化发展的基本理路和方法;劳动和教育相结合是实现人的全面发展的根本途径。

应该说,马克思主义人学思想对价值观教育人本化发展特别是人们价值观教育的启示是多方面的,本书主要从马克思人的本质观的形成过程及其主要内容对价值观教育的启示做点探讨,以便提高社会主义核心价值观教育的科学性、实效件和针对性。

(一) 从人的本质与价值的内在统一性加强价值观教育

马克思人的本质观与人的价值观具有相互作用、相得益彰的良性互动品质,决定了我们培育和践行社会主义核心价值观必须从人的本质与价值的内在统一性入手加强价值观教育。人的价值问题同人的本质密不可分,由人的本质所决定的人的价值只有在社会关系中才能够得以实现,二者辩证统一,

人的本质潜在隐藏着人的价值，人的价值是已经实现的人的本质的体现。人的社会实践贯穿于人的本质和人的价值之中，是我们理解人的本质及其价值关系的基本线索。

人既是价值的主体，又是用其实践活动满足需要的价值客体。人在价值关系中所体现的主客体二重性及其相互交错形成了人的复杂的价值关系，其主要表现在两个方面：一方面，作为满足他人、集体、社会和人类的需要的价值客体，个人价值的实现就是个人的社会价值；另外一方面，个体作为个人需要的满足者，其价值就是个体的自我价值。可见，个人的社会价值本质上是个体对于社会需要的满足，个体对于社会的贡献程度。人为社会生存发展所创造的物质、精神和综合价值就是人对社会的贡献，属于社会生产价值。而个人通过实践活动来满足自身生存和发展的各类需要就是个人创造的自我价值。个人的自我价值与社会价值两者是密不可分的，社会中的个人本来就是主客体的统一体，个人的社会价值必然包含或关联着自我价值，因此个人价值本质上也是社会价值的一种。人的价值的多样复杂性实质上也是人的本质的集中体现。从人之所以为人的角度而言，人与动物的差异就在于人不能够仅仅只满足自身的需要，而是以自身本质作为最高的价值目标，在寻求自身本质的过程中体现自身价值，也就是要使自己成为人；人将其他能够满足自身需要的东西看作价值物就是因为它们是实现人的本质的必需之物。人的本质与物的本质具有根本性差异，物的本质是自然现存作品，人的本质需要人本身在实践活动中去创造。这也是人之所以为人的本质。人能够创造超越自我限定的特质就是人在世上最大的价值体现，也是人高于其他存在物的特性。马克思强调人的根本就是人本身，人本身是人的最高本质。因此，人的存在就是价值存在，人本身就是价值本身，人的价值就在于在实践中实现自身的本质力量，将自己创造为真正的主人，马克思认为：阶级社会特别是在资产阶级社会中，无产阶级由于不占有生产资料，通过出卖劳动从而维持生存就必然会导致劳动异化，劳动在此不但不能够帮助无产阶级实现自我的价值，反而成为束缚和压迫人的存在，人们在劳动中所形成的各类关系也必然异化，所以，个人主义、利己主义、拜金主义和商品拜物教成为资本主义社会的主流价值观。资产阶级一直宣扬“人的价值就在自身”。表面看来每个人生来便具有平等的价值，因此，部分群体就开始逃避现实，在自我的精神世界或思想领域中寻求自身价值。例如，存在主义大师萨特就基于“存在先于本质”的理论认为人的价值就在于自由，它的实现就是通过人的“自由选择”。该类思想对于当代注重自我实现的人有着较大影响。其实，这种抽象的、虚伪的价值平等在阶级社会中是不存在的，离开社会群体来探究个体，离开历史必然来探究自由，离开个体贡献来探究个人需要的满足，最终只会导致利己主义的欲望与社会、群体、他人产生剧烈的冲突或矛盾，让人们陷入悲观绝望的状态。这种以个人为中心的抽象的价值观仅仅只是资产阶级寻求个人利益的思想工具罢了。

马克思基于个人与社会的关系，历史、具体地阐述了个人的人生价值，他指出：个人人生价值的实现与获得必然需要集体与社会，没有集体与社会，人也就无法生存，更不要说实现价值与自由。因此，以尊重个人利益为基础的集体主义价值观和人生观才是马克思主义所注重的。集体主义价值观强调人民群众是历史的创造者，是推动历史前进的决定性力量。在社会主义国家，人民利益是最大、最高的利益，人民利益高于个人利益，它是最值得人们去追寻的，也是最有价值的利益。这是以人民为本位的价值观，体现了以人为本的社会主义价值原则。

价值观作为人有意识的选择与追寻，其也存在着自觉与盲目、落后与先进、真实与虚假、正确与错误等性质上的差异。衡量或评判一种价值观是否科学合理的标准就在于探究其反映了何种主体利益、条件、需要，是否符合事物发展规律以及是否与人类社会进步的趋势相符合。在社会主义初级阶段，尽管由于个体经济、私营经济和其他一些原因，个人主义价值观还有其生存的土壤或客观条件，部分群体自觉或不自觉地尊崇个人主义价值观。但是从根本上来说，个人主义价值观与社会主义公有制为主体的经济制度、社会主义共同富裕的目标都是相矛盾的，因而必然会失去其存在的合理性和必然性，成为落后的价值观念。建设中国特色社会主义现代化强国，实现共同富裕就不能让个人主义价值观成为社会的主流价值观，不能一切以个人为中心，因为那样做只会导致人们对国家、社会、集体缺乏责任感，过于重视或追求个人利益而忽视其他利益，让个人利益与集体、国家、社会利益相对立。人民利益高于一切的集体主义价值观与个人主义价值观截然相反，它与我国社会主义公有制为主体的经济制度相契合，同辩证唯物主义、历史唯物主义的世界观是一致的，同社会主义实现共同富裕的目标是统一的，同实现人的自由全面发展的最高价值追求是相适应的。以人民利益为中心的集体主义价值观对于提升社会凝聚力、人民向心力、时代合理性有着重要作用，它是能够真正反映社会主义本质、体现社会主义发展方向和符合历史发展必然性的科学的、正确的和先进的价值观。我们应该选择和培养的正是这种价值观。

当前，我国社会正处于重大转型发展时期，这种转型与发展不仅仅体现在社会体制机制的改革上面，更深层次的、更具根本意义的是关于人的价值观念的更新与提升。改革力度、深度的提升和取得重大突破从根本上更加依赖全新价值体系的形成与社会主义核心价值观对全面深化改革的正确引导。由于传统价值观与社会发展的不同步性和滞后性，社会主义市场经济条件下的价值观多元化必然给人的价值观带来重大的影响。这也就要求我们更加注重人的本质与价值的关系研究，将加强价值观教育作为人的“三观”教育的首要任务。在厘清马克思主义人的本质观与价值观的基础之上，结合当前我国社会转型发展的历史现实和价值观多元化的现状，积极引导人们坚持马克思主义的基本立场、方法和观点去分析和评判各类个人主义、拜金主义和腐败现象，有效引导人们培养正确“三观”。这就不仅需要对错误现象进行批判，更需要从正面加强系统教育，例如如何正确处理集体与个人的关系、弘扬无私奉献精神、爱国主义精神和社会主义、集体主义的基本原则等等。只有对这样一些内容重点讲、反复讲、深入讲，才能够帮助人们真正了解和掌握科学的“三观”，更加自觉加强价值观教育。

（二）以人的本质观为基础加强“三观”教育

价值观教育人本化发展要求我们要以人的本质观为基础加强“三观”教育，促进人的本质观与人的世界观、人生观、价值观的互动发展。马克思人的本质观的形成过程告诉我们，马克思正是通过对人的本质问题的不断探索，才逐渐形成科学的实践观、价值观、历史观和世界观；世界观的不断成熟，又深化了他对人的本质和价值的认识；说明人的本质观与人的世界观和价值观是相互影响、相互作用、不可分离的。这就启发我们在加强世界观、人生观、价值观教育时也应把人的本质观作为基本内容，贯穿和渗透到“三观”教育中。要提高价值观教育的有效性和针对性，就不能离开人的本质观来谈“三观”教育。因为：首先，人的“三观”的形成与他对自己与外部世界关系的认识密不可分，特别是他的社会生活和社会联系决定着他对自我本质、自我价值乃至对人生和整个世界的看法；离开人的本质观教育这个前提和基础，“三观”教育必然是空洞、抽象的。其次，人的“三观”同人的本质一样不能自发形成，它是在人的不断实践中逐渐产生、发展和完善的；人总是从自己的社会生活和社会实践出发，去认识自己和外部世界及其关系的，这说明人的本质观既是形成“三观”的起点，又是构成“三观”的基本内容。最后，马克思在考察人的本质时，经历了一个从抽象地谈论人的理性、自由、人的完美的类本质到具体地从人们的物质生产、社会关系和周围生活条件出发去考察人这样一个转变过程，这就要求我们不能离开我国的生产力状况、社会关系和人们的生活条件这些体现和决定人的本质的具体的社会历史条件来谈人的“三观”教育，不能脱离人们的生活实际、实践和需要来灌输马克思主义。特别是青少年的“三观”正处于一个逐步形成和确立的阶段，在这一关键阶段只有加强思想政治理论课教育教学，才能更好引导他们用马克思主义理论来武装自己，树立科学的“三观”。①

马克思指出：“人的本质是人的社会联系，所以人在积极实现自己本质的过程中创造、生产人的社会联系、社会本质，而社会本质不是一种同单个人相对立的抽象的一般力量，而是每一个单个人的本质，是他自己的活动，他自己的生活，他自己的享受……真正有没有这种联系，是不以人为转移的。”②加强人们“三观”教育必须根据人的本质观与“三观”的这种内在联系，围绕“人的本质是什么”“如何从人的本质出发实现自身的本质力量”等问题，引导人们认识自己、认识社会。一般说来，在人的“三观”形成中，常常存在着理想的我与现实的我的矛盾，我是什么与我应该是什么的问题是困扰人的普遍性问题。我们只有针对这些困惑，引导人们从自我的实际情况出发，从当前的社会现实出发，把自我设计、自我奋斗与国家和人民的需要结合起来，才能更好地实现自己的人生价值和社会价值。在这方面，马克思主义哲学有更大的用武之地。马克思主义哲学作为科学的世界观和方法论，它不仅揭示了客观世界运动变化的一般规律，更重要的是它要反思人在世界中所处的地位、所起的作用，要获得关于世界中人的意义的理解，进而为人的认识和改造世界的活动提供理论和方法上的指导，使人在认识和改造世界的活动中也改造自身，从而在体现人之为人的意义和价值，实现人的本质力量的同时，不断实现自我超越。马克思毕生努力的目标就是要寻求人的自由、人的解放和人的全面发展的规律和条件，为人的本质的充分实现指明方向。马克思创立了实践唯物主义，并用唯物辩证的方法来探索人与外部世界的关系及人与自身的关系，在实践的基础上揭示了辩证唯物主义和历史唯物主义的一般规律，成为指导我们认识和改造世界的强大理论武器。③ 在这个意义上，可以说加强马克思主义理论教育，首先就是加强科学的世界观、人生观和价值观教育。特别是在市场经济条件下，全球化、信息化时代，文化、思想价值观念的多元化对价值观教育越来越产生重大的影响。价值观教育要深入贯彻落实以人为本、以人民为中心的科学发展理念，就要以马克思主义理论为指导，对西方人道主义、人本主义和个人主义等人学思想进行科学评析，分析西方人文主义

---

① 杨艳春、毕红芳：《略论思想政治教育发展的人学关照》，《南京政治学院学报》2007 年第 4 期。

② 《马克思恩格斯全集》（第 42 卷），人民出版社 1979 年版，第 24 页。

③ 杨艳春：《马克思人的本质观及其对“两课”教育的启示》，《安徽工业大学学报》（社会科学版）2001 年第 3 期。

传统为什么会发展成以个人主义为核心的资产阶级价值观和意识形态，剖析个人主义价值观形成的经济、政治、社会、思想文化根源及发展形态与发展趋势，科学评价个人主义的历史地位与作用及其对价值观教育人本化的启示，积极探索超越个人本位的个人主义和功利主义价值观、构建社会本位的社会主义集体主义核心价值观的人本理路。为人的本质的健康生成发展提供科学的思想、文化和价值支持。

（三）加强理想信念教育，引领人的本质的自由全面发展

马克思人的本质观告诉我们，理想信念是人的本质健康生成发展的指明灯，是人的发展不可缺少的精神动力，引领人去追求理想、实现自我价值。理想信念在马克思的成长和发展中起着终身导航的作用，也是激励他不断研究人的本质问题的内在动力。早在中学时代，马克思就初步形成了要为人类最美好的事业奋斗的远大理想，人的生存和发展问题也成为他最关心的问题。随着对人及人的本质问题的深入研究，马克思揭示了资本主义社会人和人的本质异化的阶级根源与消除异化的途径和方法，创立了无产阶级革命学说和科学社会主义理论，揭示了社会发展的基本规律和方向，进一步确立了为共产主义事业，为全人类的解放而奋斗的崇高理想。这启发我们，应把理想信念教育内化到“三观”教育中，使它成为“三观”教育的灵魂。人的理想不能自发形成，它是随着人的实践和认识水平的不断发展而发展的。青少年阶段是树立理想信念、确立人生目标的关键时期，价值观教育要不失时机地正确引导他们确立高尚的理想信念，把他们培养成为有理想、有道德、有文化、有纪律的“四有”新人。邓小平提出：在“四有”新人中，我们最强调的是有理想，没有共产主义的理想信念，我们就没有凝聚力，就没有一切。①

理想是人生的奋斗目标，并在民族文化的观念结构中居于核心地位；它发生于主体的需求和现实之间的矛盾，是主体要求超越自我的愿望；它以主体有意识、有目的地对现实的再构造和对主体自身的再塑造为特征，是主体的未来目标和价值追求；它以实践为基础，并在与实践的矛盾运动中实现自身。只有当它在主体的内在尺度和客体的内在价值基础上相统一时，才能获得科学性，也才有转化为现实的可能性。针对当前较严重的理想和信仰危机，我们在用科学的理论武装人，加强理想信念教育时不能脱离主体的生存状态和生活方式，不能脱离主体生存的社会历史条件。离开人们的现实生活和我国社会主义的伟大实践来谈理想信念教育，只能是空喊共产主义口号，

① 杨艳春：《人的本质与大学生理想信念教育》，《职业时空》2007年第24期。

这不但不利于用正确的理论来武装人，而且对“三观”教育也有很大危害。教条主义、形式主义的理想教育往往造成理论与实际严重脱节，这不利于培养人的道德智慧和正确处理社会主义市场经济条件下的各种关系和现实生活中的各种矛盾的能力，也就不能引导人们形成正确的人生理想和高尚的道德、价值追求。要改变这种状况，就要求价值观教育一定要以人的本质为基点，从人的现实需要和实践活动出发，把人的本质观教育贯穿和渗透到人的理想信念教育中，提升教育的针对性。在考察人的本质的过程中，马克思才逐渐认识到人的本质的生成和发展是人的实践活动的结果；人的理想根源于人的实践，并以观念的形式表现人的本质，体现人的能动性。理想转化为现实的过程，既是实现人的目的和愿望，不断满足人的需要的过程，又是锻炼和培养人的能力，提高人的素质，丰富人的社会关系的过程。这就启发我们，要把人的理想不断转化为现实的过程看成是人的本质的不断生成和发展过程，有意识地把理想信念教育与拓展人的本质力量结合起来，批判理想虚无主义，引导人们确立为中国特色社会主义现代化事业而奋斗的崇高理想，在为实现中华民族伟大复兴的中国梦而奋斗中实现自己的人生梦想和自我价值。①

（四）思想政治理论课是引领价值观教育人本化发展的关键课程

习近平总书记多次强调加强价值观教育首先要重视学生的价值观教育，不仅要求各级各类学校都要加强和改进思想政治理论课（小学是品德与社会课、中学是政治课、大学是思想政治理论课等，以下统称思想政治理论课），而且要求学校其他课程都要渗透思想道德教育，把思政课程与课程思政有机结合起来，立德树人。青少年学生是价值观教育的重点对象，马克思人的本质的自由全面发展观是思想政治理论课教育教学、思想政治工作、心理健康教育、素质教育和社会主义核心价值观教育的出发点、落脚点和连接点，是以人为本、立德树人、以文化人，提升价值观教育教学科学性、针对性、实效性和系统性的理论依据。这就要求学校思想政治理论课教育教学要着眼于人的本质的生成发展来加强和改进学生价值观教育。

1. 联系马克思主义发展史，加强马克思主义理论武装和思想价值引领

马克思是在对人的本质问题的不断探索过程中，逐渐形成其哲学思想

① 杨艳春：《人的本质与大学生理想信念教育》，《职业时空》2007年第24期。

的。对哲学思想发展史上的经验教训的总结，对德国古典哲学、特别是黑格尔、费尔巴哈的哲学的批判继承，辩证唯物主义和历史唯物主义的确立，都与对人的本质的科学理解有密切关系。由于对人的本质的深入研究，马克思形成了实践的人学观，并把它贯穿和渗透到哲学、政治经济学和科学社会主义的研究中，才揭示出马克思主义的一系列基本原理。可见，马克思人的本质观是同其世界观、人生观、实践观和唯物史观密切关联的，马克思主义理论的三个部分也是一个有机整体。高校思想政治理论课要加强大学生“三观”教育，系统地传授马克思主义理论，就不能人为割裂马克思主义的哲学、政治经济学和科学社会主义。可是，新中国成立以来较长时间内，我们的马克思主义理论课从教材到内容都严重受苏联教科书的影响，只重视马克思主义基本原理的教学而忽视从马克思主义发展史，特别忽视从马克思思想变化发展的历史中来解读马克思。学生不能全面系统地掌握马克思的思想变化历程也就无法深刻地理解马克思主义基本原理，以致大部分大学生（包括一些硕士和博士研究生）都不了解马克思人的本质观、人的异化理论及科学的实践观的内在联系，更不了解马克思为什么要用实践的观点来扬弃异化劳动理论。要改变这种状况，我们认为：只有从教材到讲授内容都更注重“以史带论，史论结合”，才能彻底打破苏联式教科书对马克思主义基本原理课的影响，用当今中国人的视角和思维来解读马克思，向学生更好地、系统地传授马克思主义理论。只有联系马克思主义发展史来学习马克思主义原理，了解原理产生的具体的社会历史条件，才能深刻了解原理的实践性、科学性和具体性，批判“马克思主义过时论”的错误，完整地、准确地理解和运用马克思主义基本原理。这也是马克思本人的一贯主张，他曾多次强调：《共产党宣言》中阐述的基本原理的实际运用，随时随地都要以当时的历史条件为转移。只有从历史与现实相结合的角度，才能引导学生更好地掌握马克思主义的批判性、开放性和不断发展性的特点，深刻认识毛泽东思想和中国特色社会主义理论体系是中国共产党人把马列主义普遍原理与中国实际相结合的伟大创造，是中国特色的马克思主义。① 不仅学校价值观教育要加强马克思主义发展史教育和“四史”教育，整个社会都要加强“四史”教育，并把学习“四史”融入学习马克思主义发展史中，引导人们认识中国共产党人是如何根据时代主题和实践条件的变化不断丰富和发展马克思主义，推进中国革命、建设和改革的发展，

---

① 杨艳春：《马克思人的本质观及其对“两课”教育的启示》，《安徽工业大学学报》（社会科学版）2001 年第 3 期。

把马克思主义中国化推进到新的境界,促进人的本质的自由全面发展。在这个意义上,可以说,今天我们在全党全国加强党史学习和“四史”教育是十分必要的,这是中国共产党人加强马克思主义理论武装和思想价值引领的理论自觉和政治自觉。

2. 加强马克思主义方法论教育教学

在哲学史上,人的本质问题一直是一个十分复杂,容易引起混乱和分歧的问题。马克思在研究人的本质时,经历了一个由黑格尔的崇拜者到费尔巴哈的忠实信徒再到对二者的扬弃的巨大转变过程。在这个转变过程中,科学的方法论起了十分重要的作用。马克思是在扬弃了黑格尔的抽象思辨的方法和费尔巴哈的具体直观的方法的过程中,才逐渐把唯物主义和辩证法有机地结合起来,形成了唯物辩证的思维方式和方法,才真正提示了人的本质及其变化发展的历史和规律。这说明:科学的理论的形成离不开科学的世界观和方法论,理解人的本质乃至理解整个马克思主义理论,决不能局限于马克思主义经典作家的只言片语,而应该从他们对问题的考察和分析中来解读他们的话语,吃透他们的思想,学习他们分析问题的方法。方法论不仅决定着理论本身的正确程度,而且影响理论本身的获得及其发展。这就要求我们在思想政治理论课教学和人们“三观”教育中,不能只讲马克思主义理论,而应分析这一理论的来源及其获得的方法。只有把马克思主义理论转化为分析和解决问题的具体方法,理论学习才具有实际意义。

在思想政治理论课教学中,加强马克思主义方法论的教育教学,不仅有助于学生学习、理解和运用马克思主义的基本原理、原则、观点和方法,而且有助于他们树立科学的世界观、人生观和价值观,从而提高他们的思想道德素质,塑造他们的理想人格,还能为学生提供正确的理论思维模式,锻炼和提高他们的理论思辨能力。哲学的任务不在于它给予人们多少具体知识,而在于培养和锻炼人的理性思维。哲学中,提出问题往往比解决问题更难。特别是在当代,知识的分化、综合和更新都越来越深、越快,为学生提供科学的思维方式、方法,提高他们学习和掌握知识的能力就远比掌握具体知识更为重要。加强方法论教学,引导学生把唯物辩证法与科学思维方法有机结合,必然能开拓学生的视野,提高学生理论思辨和理性思维能力,从而有助于培养富于创新精神的合格人才。这正是马克思恩格斯都十分重视哲学的根本原因。恩格斯曾深刻指出:一个民族要想站在科学的高峰,就一刻也不能离开理论思维,理论思维“必须加以发展和锻炼,而为了进行这种锻炼,除了学习以往的哲学,直到现在还没有别的手段”。历史上出现的伟大的科学家都具有深刻的哲学背景,更何况马克思主义哲学是被实践证明了的当代最伟大、最科学的哲学。①

3. 把握人的本质的社会历史性，回答社会发展重大问题

马克思揭示了人的本质的社会历史性和发展性特征，这就启发我们要从现实的人及其活动来考察人的本质与人的发展，要从国内与国际、历史与现实、个人与社会的角度，深刻分析和研究人们思想变化的历程和特点，有针对性地加强价值观教育。思想政治工作要研究“如何认识社会主义发展的历史进程，如何认识资本主义发展的历史进程，如何认识我国社会主义改革实践过程对人们思想的影响，如何认识当今国际环境和国际政治斗争带来的影响”②。这实际上是提出了研究人的本质的社会历史性、现实性、实践性和发展性的要求。人的本质是一切社会关系的总和，今天加强价值观教育就要按照“四个如何”和“四个全面”战略布局来把握当今国际国内“社会关系的总和”，坚持以人为本的科学发展观和新发展理念，深化人的本质和人的价值研究，讲清五个方面的重大问题。

第一是关于在社会主义初级阶段要不要讲共产主义理想的问题，要讲清楚马克思主义是关于人类社会发展的必然规律和世界本质的科学理论，而共产主义理想是全人类对于美好社会的共同向往和追求。尽管马克思主义理论的个别论断由于马克思主义创始人所处时代的历史局限性和其他一些外在原因、特别是受过去强加于马克思主义的“左”的东西和教条主义思想的影响，需要进一步的厘清和审视；但是马克思主义人学思想的科学性和正确性依旧是符合时代要求的，仍然是我们最为根本的政治信仰和奋斗的精神动力。

第二是针对20世纪90年代以来资本主义世界相对稳定与社会主义事业遭受重大挫折的矛盾问题，讲清楚资本主义出现的新变化并不意味着其社会本质发生变化，并不意味着资本主义社会基本矛盾已经得到解决，资本主义社会周期性经济危机的反复出现反而更加证实了马克思主义资本主义观的科学性。同时，社会主义事业在某些局部区域遭遇挫折、失败，并不意味着科学社会主义是错误的，反而说明背离科学社会主义就要承受严重后果。中国共产党人所开辟和坚持的中国特色社会主义新道路的巨大成功，直接说明只有将马克思主义的基本原理同中国实际相结合才能够更好推动社会主义事业新的发展。

---

① 杨艳春：《马克思人的本质观及其对“两课”教育的启示》，《安徽工业大学学报》（社会科学版）2001年第3期。

② 《江泽民文选》（第3卷），人民出版社2006年版，第95页。

第三是针对改革开放中淘汰落后思想价值观念和传统体制是否是放弃社会主义制度的疑问，要讲清楚科学社会主义的强大生命力就在于其在历史与实践过程中的创新性。十一届三中全会以来中国共产党的路线、方针和政策都是对科学社会主义的创新与发展，新时代建设社会主义现代化强国是实现中华民族伟大复兴的发展战略。坚持党在社会主义初级阶段和新时代的路线方针，依据党的十九大的战略部署和党的二十大确立的宏伟蓝图推进中国特色社会主义现代化强国建设，就是为巩固和发展社会主义，最终实现共产主义而奋斗的过程。

第四是针对改革开放和发展过程中的少数消极腐败现象、经济发展问题和一些现实困难，讲清楚任何国家在经济体制机制转型发展过程中都难免会出现困难或阵痛，这是社会发展的必然存在。我们绝不能因为某些困难、需要放弃某些利益而动摇改革开放的决心，决不能够因此怀疑党和政府的执政和行政能力。相反，针对社会转型发展过程中存在的不和谐现象、因素，我们更应该坚定全面改革的信心，构建更加科学完善的社会主义制度体系，充分彰显社会主义制度的优越性。

第五是针对国际形势的复杂多变，讲清楚为什么我们要坚持中国特色社会主义道路自信、理论自信、制度自信和文化自信。自中华人民共和国建立以来，国际社会就对我国的发展有许多不同的认识和担忧，无论是冷战时期美苏两大集团对中国的孤立、封锁和围攻，还是改革开放后西方针对中国快速发展提出的“中国威胁论”“中国崩溃论”“中国失败论”等各种形式的奇谈怪论，都是敌对势力的霸权思维、冷战思维和帝国主义思维对中国的误判，目的是想搞乱中国，使中国再次成为他们的附庸。他们低估了中国人民独立自主、自力更生建设社会主义的决心和信心，误判了中国共产党坚持改革开放，吸取人类社会一切文明成果建设社会主义现代化强国的能力。中国人民在中国共产党的领导下，始终不忘初心、牢记使命，坚持独立自主、自力更生，坚持“一个中心、两个基本点”，坚持中国特色社会主义道路，把我国建设成为富强、民主、文明、和谐、美丽的现代化强国。历史反复证明，国际社会对中国的误判都是错误的、也必然失败，新中国建立以来取得的伟大成就不仅增强了中国特色社会主义“四个自信”，更为人类文明的进步发展做出了重要贡献，党的十九大报告从五个方面阐述了中国特色社会主义的重大国际国内价值，“华盛顿共识”日益破产，“北京共识”日益形成，这些都证明了中国共产党开辟的中国特色社会主义发展道路，是一条不同于西方资本主义和苏联传统社会主义的现代化和平发展道路，是对霸权思维、冷战思维和帝国主义思维的纠正，代表人类社会的正确发展方向，为共商、共建、共享，引领构建人类命运共同体,建设和谐世界提供了参考借鉴。

4. 发挥好思想政治理论课在素质教育中的引领作用

马克思人的本质观中内在地包含着人的发展的理论。人的发展包括物质和精神两个方面。马克思指出:在共产主义社会里,劳动从一种重负变成生活的第一需要;教育和生产劳动的结合,是培养全面发展的人的唯一方法。人的全面发展是人的需要的全面满足,是对劳动异化造成人的本质异化的扬弃。社会主义作为共产主义的初级阶段,已经消灭了人的异化的阶级基础,为人的全面发展、丰富人的物质需要和精神需要提供了可能性。人的全面发展直接体现为人的素质和能力的提高。这就为素质教育提供了理论指导,素质教育的根本目的就是要通过教育和生产劳动的结合,不断拓展人的综合素质,促进人和社会的全面发展。立德树人是办好人民满意教育的根本任务,思想政治理论课要在素质教育中发挥自身的优势和作用,就要积极把价值观教育与素质教育相结合,提高人的综合素质。

人的素质是多方面的,包括人的心理素质、身体素质、思想政治素质、道德素质、文化素质和能力素质等方面内容。其中,思想政治素质是最重要的素质,它不仅对人的精神起着支撑作用,而且贯穿和渗透于其他各项素质之中,对其他素质起着统帅的作用,一个人的身心发展、道德修养、文化水平的提高和能力的增长等,都始终离不开思想政治素质。因而思想政治素质成为人的全部素质的灵魂和核心。素质教育要提高学生的全面素质就不能不抓住价值观教育这个关键,就不能不抓住价值观教育这个在素质教育中起着主导作用的灵魂和核心。思想政治理论课的各门课程虽然具有层次性和相对独立性,但作为系统课程都必须把提高学生的思想政治道德素质作为首要任务。当前,要以中国特色社会主义理论体系特别是习近平新时代中国特色社会主义思想的"三进""三出"为突破口,让学生了解中国化马克思主义的基本观点和科学体系,指导学生学习和运用马克思主义的理论和方法去认识和分析现实问题,加强马克思主义理论教育、革命传统教育和国情教育,培养和弘扬民族自尊、自信、自强的爱国主义情感和艰苦奋斗的精神;加强中华民族优秀道德传统教育和职业道德教育,加强社会主义核心价值体系建设和核心价值观教育,使学生树立高尚的理想情操和培养良好的思想品德,树立体现中华民族特色的时代精神的价值标准和道德规范;加强法制教育,树立依法治国的思想,促进社会主义法制建设;加强世界政治经济与国际关系基本知识的教育,帮助学生开阔视野,使他们在对外开放的环境下有坚定的立场和较强的适应力。思想政治理论课要充分发挥其在人的素质建设中的导向作用,还必须主动适应新形势,更好地与素质教育相结合,更好地满足个人全面发展和社会发展的需要。因为个人素质提高的方向和标准总是取决于社会发展的需要，社会是检验人才培养是否成功的最终标准，这就要求思想政治理论课教育教学要积极地思考我们培养的人才应具备什么素质，才能更好地适应社会发展的要求，而学生也在思考自己应该具备怎样的素质，才能不被社会所淘汰。于是，公平竞争意识、创新精神、民主与法制观念、诚实守信的品格、敬业精神、开放精神等素质的培养在教与学双方都得到重视，这就为思想政治理论课教育提供了更广泛的空间。

思想政治理论课教育教学是价值观教育的最重要组成部分，直接体现了党和政府的教育方针和教育目标，既承担着素质教育的基本内容，又规定了素质教育的基本方向，并承担着意识形态教育的功能。思想政治理论课要做到这些，当然不能只依靠被列入课表的理论课，作为中国共产党指导思想的马克思主义基本原理、毛泽东思想与中国特色社会主义理论体系概论等理论课程无疑是提高人们政治素质必不可少的学习内容；但除此以外许多不列入思想政治理论课教学的素质教育课程，在着眼于提高学生某方面素质时，也绝不能忽视利用丰富的人文知识、专业知识和社会生活来促使学生在政治上尽快成熟。“思想政治素质是最重要的素质”，要求思政课程与课程思政相结合，不断加强学生爱国主义、集体主义、社会主义思想教育，加强对学生的马克思主义理论武装和思想价值引领是素质教育的灵魂。这不仅应成为指导思想政治理论课改革的方针，而且也应成为素质教育的指导思想，它是马克思人的本质和人的发展理论在当代中国的客观要求。因为当代中国青少年是社会主义事业的建设者和接班人、坚持者和发展者，我国乃至世界社会主义事业的兴衰成败都与之息息相关，从这个意义上说，素质教育与思想政治理论课教育教学具有殊途同归的教育目的。因为人的整体素质和综合能力的提高，有助于他们充分展示自身的本质力量，更好推进社会主义现代化建设的伟大事业，在为人类美好的事业——共产主义的奋斗中做出更大贡献。①

① 杨艳春:《试论“两课”教育与大学生素质教育的辩证关系》,《安徽农业大学学报》(社会科学版)2002 年第 1 期。

第五章 中国共产党对价值观教育人本化发展的探索

马克思对于人的本质的考察首先抛弃了传统哲学脱离实践和社会关系去考察人的本质的错误思路，强调全面考察人的本质必然需要从人与社会的辩证关系的角度，深刻揭示人的本质与人的需要、权利、价值、素质等方面的内在关系，为马克思主义人学思想奠定了坚实的基础，也为我们今天坚持以人为本的科学发展观和新发展理念、以人民为中心的执政理念、推进社会主义现代化建设、培育和践行社会主义核心价值观提供了科学的理论武装和思想价值引领。中国共产党基于特定的历史与时代背景继承和发展了马克思主义人学思想，在此基础上形成了毛泽东思想和中国特色社会主义理论体系，进一步推动马克思主义人学思想的中国化进程，与时俱进形成了丰富的社会主义价值观教育人本化发展思想。中国共产党十分重视思想政治教育，强调思想政治教育工作是贯穿其他一切工作的生命线；价值观教育又是思想政治教育的核心，思想政治教育归根到底是做人的工作、重点是以马克思主义人学思想和中国特色社会主义理论体系为指导培养人们正确的世界观、人生观和价值观，树立正确的价值导向，调动人的各方面积极性，为在建设中国特色社会主义现代化强国的历史进程中实现人的本质的自由、解放与全面发展而努力奋斗。因此，系统考察中国共产党对马克思主义人学思想丰富发展的历史进程和对社会主义核心价值观教育人本化的积极探索，既是价值观教育发展的重要内容，又有助于深化对中国共产党执政为民的价值追求的深刻认识，能够进一步为我们始终坚持以人为本、以人民为中心、科学发展、加强和改进价值观教育、培育和践行社会主义核心价值观、促进人的全面发展指明方向。

从价值观上看，人的本质的自由全面发展是马克思主义的最高价值追求，全心全意为人民服务是中国共产党的根本宗旨，二者在本质上具有内在的一致性。在这个意义上，中国共产党的历史就是一部领导中国人民不断实现人的自由、解放和全面发展的价值追求的历史，这就要求我们加强价值观教育要系统考察中国共产党是如何根据时代条件和实践主题的变化不断丰富和发展价值观教育人本化理念，促进人的自由、解放和全面发展的。

一、改革开放前中国共产党对价值观教育人本化的探索

中国共产党始终坚持根据时代条件和实践主题的变化不断丰富和发展价值观教育人本化思想。毛泽东在领导中国革命和建设的过程中，尽管并未直接提出价值观教育人本化的概念，但是其以马克思主义人学思想为基础，围绕人的本质、价值、特性、人权、人道主义和人的自由、解放与全面发展等诸多方面对加强思想政治教育特别是人的本质与人的价值观提出了自己的独到见解，是马克思主义人学思想在中国的运用和发展，更是中国共产党关于价值观教育人本化的理论奠基，为中国共产党坚持以人为本，促进人的本质的自由、解放与全面发展提供了理论支持和借鉴。

（一）把阶级分析运用于人的本质探求人的解放

从人的社会属性和阶级视角分析人的本质是毛泽东人学思想的特色，毛泽东结合中国革命和建设的具体国情在思想政治教育中就人的本质、人的存在和发展等从实践与社会关系视角进行了深刻阐释。毛泽东认为，人的基本特性为："人是制造工具的动物，人是从事社会生产的动物，人是阶级斗争的动物（一定历史时期），一句话，人是社会的动物。"①尽管人具有自然与社会的双重属性，但是处于共同体中进行自由自觉劳动的人的本质属性是社会性，人性是历史与现实的统一，而阶级关系在阶级社会里直接决定人的阶级性本质。因而，毛泽东强调阶级性是理解人的本质与特性的基础，并坚持用马克思主义阶级分析的方法从思想动机、利益需求和阶级关系等视角分析"人的社会性"差异，如在《古田会议决议》中指出："教育党员用马克思主义的方法去做政治形势的分析和阶级实力的估量"②。此外，毛泽东在对各时期社会关系和阶级关系分析时始终表现了对劳苦群众的深切关注，对剥削阶级的深入批判，对公平正义的执着追求和对集体主义精神的高度赞扬，并基于此制定了新民主主义革命时期的总路线、基本纲领和关键政策，成为中国革命和建设的根本保障。由此可知，从阶级性分析人的本质与特性是毛泽东从

---

① 中共中央文献研究院：《毛泽东年谱》（中卷），人民出版社 1991 年版，第 485 页。

② 《毛泽东选集》（第 1 卷），人民出版社 1991 年版，第 92 页。

阶级教育角度对马克思主义人学思想价值的继承与发展，从人的本质上说阶级分析和阶级斗争都是为了领导中国人民得解放。

(二) 强调个人价值和社会价值的统一

在人的价值方面，毛泽东认为人的价值是人的本质的体现，强调个人价值和社会价值的统一。毛泽东基于历史与现实的统一创造性发展了马克思主义人学思想，从人民群众是历史的创造者角度充分肯定了人的最高价值的思想，科学揭示了个人价值与社会价值的辩证关系。马克思主义认为人的本质与人的价值是辩证统一的：一方面，人的本质决定人的价值亦是理解人的价值的基础；另一方面，人的价值直接体现人的本质，是一切价值形态中最高的价值。正如毛泽东指出："世间一切事物中，人是第一个最宝贵的。在共产党领导下，只要有了人，什么人间奇迹也可以造出来。"①人的本质决定人的价值分为个人价值和社会价值。个人价值是指社会对于自身需要与发展的满足，社会价值是指个人对于"共同体"所承担的义务与责任。毛泽东在青年时代强调个人价值至上，指出："个人有无上之价值，百般之价值依个人而存，使无个人(或个体)则无宇宙，故谓个人之价值大于宇宙之价值可也。故凡有压抑个人，违背个性者，罪莫大焉。故吾国之三纲在所必去，而教会、资本家、君主、国家四者，同为天下之恶魔也。"②尽管毛泽东这个时期的思想还有明显的唯心主义倾向，但是由于其是针对反封建专制提出的，因而具有明显的进步意义。在接受马克思主义的熏陶之后，毛泽东的价值观开始由个人主义转向集体主义。集体主义价值观是以人民群众利益为出发点和落脚点，以满足人民需要为根本标准。1959 年毛泽东在探讨《政治经济学教科书》时提到集体利益高于一切，个人利益必须要服从于集体利益、暂时利益必须要服从于长远利益、局部利益必须要服从于全局利益，并直接表明："公是对私来说的，私是对公来说的。公和私是对立的统一，不能有公无私，也不能有私无公。我们历来讲究公私兼顾，早就说过没有什么大公无私，又说过先公后私。个人是集体的一份子，集体利益增加了，个人利益也会随着改善。"③毛泽东还从共产党员自身的角度提出："一个共产党员，应该是襟怀坦白，忠实，积极，以革命利益为第一生命，以个人利益服从革命利益；无论何时何地，坚持正确的原则，同一切不正确的思想和行为作不疲倦的斗争，用以巩固党的集

① 《毛泽东选集》(第 4 卷)，人民出版社 1991 年版，第 1512 页。
② 《毛泽东早期文稿》，湖南出版社 1990 年版，第 151—152 页。
③ 《毛泽东文集》(第 8 卷)，人民出版社 1999 年版，第 134 页。

体生活，巩固党和群众的联系；关心党和群众比关心个人为重，关心他人比关心自己为重。这样才算是一个共产党员。”①当然，毛泽东也十分注重个人利益、集体利益、国家利益的统筹兼顾，人的社会价值与个人价值的统筹兼顾，并在《论十大关系》中指出：“国家和工厂，国家和工人，工厂和工人，国家和合作社，国家和农民，合作社和农民，都必须兼顾，不能只顾一头。无论只顾哪一头，都是不利于社会主义，不利于无产阶级专政”②。综合而言，毛泽东一方面强调社会价值高于个人价值，社会价值引领个人价值；另一方面认为个人价值亦是社会价值的基础，是激励个人发展的重要动力源泉，两者是辩证统一的。

(三) 丰富和发展马克思主义自由观

毛泽东在人的自由方面充分继承了马克思主义自由观即“两个王国”的思想，并结合中国革命、建设时期的时代背景从人本视角进一步发展了该思想。必然是指人的客观实践活动受到外在规律的制约；自由则是指人自觉利用自然规律改造客观世界实现自身解放的范畴。恩格斯说：“自由不在于幻想中摆脱自然规律而独立，而在于认识这些规律，从而能够有计划地使自然规律为一定的目的服务。”③自由是人的全面发展中必不可少的价值目标。首先，毛泽东认为自由的主体是人民群众即集体自由是个人自由的重要保障。作为社会性存在的人必然需要以一定的共同体为基础，独立的个体由于自身条件的限制即思维的非至上性而无法实现对必然的全部揭示，只有依赖共同体才能突破限制实现对必然的认识。此外，认识必然性并不仅仅是停留在“认识”，而是为了借助必然改造客观世界从而实现自身发展，这也就直接意味着单一的、个体的人需要借助他人的力量去充分发挥自身的实践力与主观能动性。其次，自由是历史性与现实性的统一。不同历史阶段的自由具有鲜明的历史烙印。在新民主主义革命时期，毛泽东针对“外无主权，内无独立”的现状指出：对外驱逐帝国主义的侵略和对内推翻封建反动势力的统治是获得政治自由的重要内容，也是实现民族自由的前提与基础，是中国人民实现人的本质的自由和解放的基本要求。在社会主义改造时期，经济自由成为民族自由和个人自由的重要方面。针对此，毛泽东提出大力发展工业、农业和轻工业并重的思路，构建完善的国民经济发展体系。再次，自由是“哲学

① 《毛泽东选集》(第2卷)，人民出版社1991年版，第361页。

② 《毛泽东文集》(第7卷)，人民出版社1999年版，第30—31页。

③ 《马克思恩格斯选集》(第3卷)，人民出版社1995年版，第455页。

自由”和“政治自由”的高度统一。政治自由是人类社会自由的特殊形式，它涉及人与人之间的关系，涉及不同阶级关系的处理，具有阶级性与社会性的特质。他指出：“在阶级斗争的社会里，有了剥削阶级剥削劳动人民的自由，就没有劳动人民不受剥削的自由。有了资产阶级的民主，就没有无产阶级和劳动人民的民主。”①从哲学角度来说，毛泽东指出：“自由是必然的认识和世界的改造。”②并就自由的含义在哲学上做了规定性描述，指出自由发展的前景和人们从必然王国达到自由王国的条件。因而，作为政治家与哲学家的毛泽东，一方面从政治角度阐明了自由在人类社会发展中的显著地位，并一生为之奋斗；另一方面也从哲学的高度阐述了自由的价值与意义。最后，毛泽东还创造性地指出自由是手段与目标的统一。在新民主主义革命与社会主义革命和建设时期，进行自由斗争是保障革命胜利和社会主义建设成功的必然条件和重要手段；同时，中国进行革命和社会主义建设的重要目标之一就是为了实现民族自由、人民自由，并且国家在社会主义建设阶段尤为注重通过法律、规章、制度有效保障人民民主自由的权利。

（四）重视思想价值教育对人的全面发展的引领作用

从人的发展观上看，毛泽东从思想政治教育的角度阐明了实现人的自由全面发展的重要性。马克思明确指出：“社会关系实际上决定着一个人能够发展到什么程度”③。这说明人的发展离不开集体的发展，人的自由全面发展是社会发展的最高价值目标。毛泽东在中国革命和建设时期充分认识到人的发展的至上性，在理论上指出：“人类的历史，就是一个不断地从必然王国向自由王国发展的历史。这个历史永远不会完结。”④因为“人类总是不断发展的，自然界也总是不断发展的，永远不会停止在一个水平上。因此，人类总得不断地总结经验，有所发现，有所发明，有所创造，有所前进”⑤。从实践角度来说，三湾改编之前，面对严峻的革命形势和复杂的国内环境，工农革命军内部存在思想混乱、军阀作风严重的情况，而三湾改编直接明确“支部建在连上”的基本原则，并且通过严肃纪律、强化民主生活、深化官兵平等等方式有效肃清了革命军队内部的思想问题。三湾改编以后，“三大纪律，六项注意”转向“三大纪律，八项注意”，队伍内部的极端民主化、平均主义、官本位思

① 《毛泽东著作选读》（下册），人民出版社 1986 年版，第 761 页。
② 《毛泽东著作选读》（下册），人民出版社 1986 年版，第 485 页。
③ 《马克思恩格斯全集》（第 3 卷），人民出版社 1960 年版，第 295 页。
④ 《毛泽东著作选读》（下册），人民出版社 1986 年版，第 845 页。
⑤ 《毛泽东著作选读》（下册），人民出版社 1986 年版，第 845 页。

想得到了有效遏制。同时，毛泽东在《古田会议决议》中明确指出："不提高党内政治水平、不肃清党内各种偏向，便决然不能健全并扩大红军，更不能负担重大的斗争任务。因此，有计划地进行党内教育，纠正过去之无计划的听其自然的状态，是党的重要任务之一。"①解放战争时期，毛泽东进一步将思想政治教育扩大到全体民众，开展多层次的思想政治教育活动，如"诉苦三查""三整"等。新中国成立以后，毛泽东不断加强党的建设与群众思想建设并提出"解放个性"的口号，指出广大人民的个性是人民认识和改造社会的主动性、主观能动性和创造性，只有肯定和重视人民群众在社会历史发展中的主体地位，解放被旧制度束缚的个性，才可能充分调动人民群众的革命积极性和创造性，去打破旧世界，建设新世界。从新民主主义革命时期再到社会主义革命和建设时期，毛泽东始终将思想政治教育与人自身发展相结合，充分肯定思想政治教育对于促进人自身全面发展的重要性。

（五）丰富和发展马克思主义人权观

在人权观方面，毛泽东在中国革命和建设的过程中从人的本质的自由解放与全面发展出发，提出人权问题，为价值观教育人本化进一步夯实了基础。马克思认为人权有不同的表现形式，不仅有个人权利，而且有集体权利、国家权利和社会权利。马克思不仅注重个人人权，而且重视集体人权和国家主权。马克思还多次直接批判资产阶级"人权天赋"的观点，指出人权是社会的、阶级的概念。人的"权利永远不能超出社会的经济结构和由经济结构所制约的社会的文化发展"②。毛泽东历来反对"天赋人权"的资产阶级观念，特别强调人民当家作主，要求真正实现宪法所赋予人民的民主权利。只有打倒强权、推翻剥削制度，建立社会主义制度，才能保证人民当家作主、发展个性，使发展个人个性与解放人民个性有机统一，这是毛泽东毕生的执着追求。在社会主义制度下，劳动人民管理国家，管理上层建筑，管理各种企业事业，则是劳动者最大的权利。毛泽东认为人的本质在于劳动，劳动使人成为历史的主人，具有无上的价值，因而应当享有作为人的权利即人权。人权首先是人民大众的人权，其中最基本的是生存权，然后是发展权、管理权。正如他在《读苏联〈政治经济学〉(教科书)谈话记录》中指出的那样，"劳动者管理国家、管理各种企业、管理文化教育的权利，是社会主义制度下劳动者最大的权利。没有这种权利，就没有工作权、受教育权、休息权等等。"同时，毛泽东在人权

---

① 《毛泽东选集》(第1卷)，人民出版社1991年版，第94页。

② 《马克思恩格斯选集》(第3卷)，人民出版社1995年版，第12页。

上十分重视不同国家、民族和人民之间在人权上享有平等权，提出广大人民群众有“同等的人权”，我们要“施大仁政”，保障人民群众的基本人权，并指出要维护民族的自决权、发展权和“第三世界”的国际人权，彰显民族大义，为促进人的全面发展创造条件。

（六）积极探索思想价值引领的科学方法

从方法论上看，毛泽东还运用马克思主义的实践观、唯物史观和人学理论，形成了正确处理人际关系的基本方法和原则，从马克思主义人学视角推动了价值观教育人本化思想的形成。例如毛泽东的《实践论》是研究认识论的，但它首先讲人的特性和人的本质，讲社会和人的改造，从人学的视角阐述了党的实事求是的认识路线；《矛盾论》《关于正确处理人民内部矛盾的问题》等著作则是运用唯物辩证法分析和解决人的问题的光辉著作。此外，毛泽东还特别强调要尊重群众，以平等态度待人，充分肯定人民群众的首创精神，强调我们的一切理论、路线、方针、政策都要坚持“一切为了群众、一切依靠群众、从群众中来、到群众中去”，在群众的实践中得到检验、发展和完善，才能变成我们改造世界的现实的巨大力量；由此形成的群众路线成为毛泽东思想的主要内容和中国共产党的主要工作方法。同时，毛泽东还提出了正确处理人际关系的基本原则，即“团结—批评—团结”和“一看二帮”，即使对待犯错误的也要“与人为善”“惩前毖后、治病救人”；在谈到如何对待敌人营垒中可争取的力量时，毛泽东提出“既往不咎、以礼相待”的方针；毛泽东在怎样对待俘虏问题上制定了优待俘虏政策；对待停止捣乱的反动分子，毛泽东也主张“施仁政、给出路”，这些都是对人权的尊重。与尊重人权相联系，毛泽东还提出了处理人际关系最起码、最普遍的原则——革命的人道主义。革命的人道主义是对马克思主义人道主义的继承和发展，它强调人的价值、尊严，尊重人的自由民主权利，把人看作是最宝贵的财富，看成是历史和社会发展的主体。这个原则不仅适用于革命队伍和人民内部，而且适用于放下武器的敌人和不再捣乱的反动分子，目的是团结一切可以团结的人，坚持最广泛最充分地调动一切积极因素，充分发挥各方面的积极性，促进社会主义革命和建设。这是尊重别人，平等待人，“实行革命的人道主义”的必然要求，也是毛泽东为价值观教育人本化的生成所做出的又一重要贡献。

总之，尽管毛泽东并没有直接提出价值观教育人本化的理念，但是其根植于中国革命与建设实际情况所形成的关于人的本质、人的解放、人的发展、人的权利、人的自由等方面的系统性概括亦是价值观教育人本化发展必不可少的内容。毛泽东思想政治教育思想具有与党的中心任务相一致、强调教育对象多元性与层次性、积极开展思想斗争、强调教育者与受教育者均具有受教育的共性、强调榜样引领效果、注重群众路线与阶级性相结合等特征。需要注意的是，从以毛泽东为代表的中国共产党第一代领导人角度来梳理中国共产党人关于价值观教育人本化的理念不能单一地从思想政治教育方面来衡量，需要结合中国当时的实际情况和中国共产党的方针、政策全面考虑，因为革命时代中国共产党的主要任务是实现民族独立和人民解放，而这其中必然蕴含着关于价值观教育人本化的“因子”。

二、改革开放初期中国共产党对价值观教育人本化的阐发

如果说毛泽东的思想政治教育理念是基于中华民族“站起来”的历史阶段，以实现民族解放与独立从而推动人的自由和解放为价值目标的，那么，在和平与发展成为时代主题的新的历史条件下，尽管邓小平也并未提出价值观教育人本化的概念，但是其强调用发展的眼光来促进人的自由、解放与全面发展的思想暗含“以人为本”的理念，作为改革开放新时期培育和发展人的思想价值追求。邓小平价值观教育人本化理念主要体现在以下几个方面。

（一）以共产主义理想信念教育为引领

理想是个体在改造客观与主观世界的实践过程中所形成的关于自身与社会发展的价值追求。信念则是认知、情感与意志的有机统一，是个体对于某种事物和思想的心理状态和精神状态。理想信念是真理性与价值性的统一，是理论性与实践性的统一，更是人们精神境界的最高层次，直接体现个体“三观”的正确性。邓小平直接指出革命的理想信念是中华民族“站起来”的根本原因，也是我们进行改革开放和社会主义现代化建设的思想保障，因而进行理想信念教育是关乎国家发展、社会进步和人的解放的重要遵循，他指出：“我们一定要经常教育我们的人民，尤其是我们的青年，要有理想。为什么我们过去能在非常困难的情况下奋斗出来，战胜千难万险使革命胜利呢？就是因为我们有理想，有马克思主义信念，有共产主义信念”①。邓小平以“四有新人”和“三个面向”为重要抓手进行价值观教育，其中的核心则是“有理想”。在改革开放的洪流中，面对市场经济的冲击与各类文化理念的渗透，面对改革开放的历史现实与社会主义初级阶段的基本国情，他将理想分为共

① 《邓小平文选》(第3卷)，人民出版社1993年版，第110页。

产主义的最高理想与建设社会主义现代化国家的共同理想两个层次。共产主义的最高理想是共同理想的引领,共同理想则是共产主义最高理想实现的基础。他认为实现共产主义是一个漫长而艰巨的过程,需要从不同的历史阶段出发,而"在不同的历史阶段又有代表那个阶段最广大人民利益的奋斗纲领。"①只有在共同纲领的基础上才能够促使人民群众更好为最高理想奋斗,共产主义的最高理想则是在任何阶段都需要摆在首位的。他指出:"我们马克思主义者过去闹革命,就是为社会主义、共产主义崇高理想而奋斗。现在我们搞经济改革,仍然要坚持社会主义道路,坚持共产主义的远大理想,年青一代尤其要懂得这一点。"②

(二)以爱国主义与集体主义作为价值观教育的主线

爱国主义是在中华民族历史发展的长河中孕育的对民族、国家、人民深刻认同和无私奉献的精神。改革开放以后,面对西方资产阶级自由主义思想泛化所导致的历史虚无主义和民族虚无主义思潮,邓小平以爱国主义教育为重心强化人民群众的民族自豪和民族自信,抵制崇洋媚外、享乐主义。他指出:"现在有些青年,有些干部子女,甚至一些干部本人,为了出国,为了搞钱,违法乱纪,走私受贿,投机倒把,不惜丧失人格,丧失国格,丧失民族自尊心,这是非常可耻的。"③他还指出改革开放的目的是通过吸收国外的资金、管理经验和技术,不能因盲目崇拜而否定自身。邓小平的爱国主义教育是与社会主义教育有机统一的,他指出:"有人说不爱社会主义不等于不爱国。难道祖国是抽象的吗?不爱共产党领导的社会主义的新中国,爱什么呢?"④爱国主义教育并不仅仅是停留在口头上,而是要在社会主义的建设中充分发扬爱国主义精神,正如邓小平所强调的"中国人民有自己的民族自尊心和自豪感,以热爱祖国、贡献全部力量建设社会主义祖国为最大光荣,以损害社会主义祖国利益、尊严和荣誉为最大耻辱"⑤。针对历史虚无主义和崇洋媚外现象,邓小平认为青年了解祖国的历史和未来祖国的发展趋势是建立情感认同的基础和前提,坚持改革开放则是爱国主义时代内涵的重要体现,最后通过颁布《爱国主义教育实施纲要》形成制度保障则是爱国主义教育的必然要求。集体主义是无产阶级世界观的重要内容,是社会主义精神文明的重要标志和重

① 《邓小平文选》(第3卷),人民出版社1993年版,第190页。
② 《邓小平文选》(第3卷),人民出版社1993年版,第156页。
③ 《邓小平文选》(第2卷),人民出版社1993年版,第337页。
④ 《邓小平文选》(第2卷),人民出版社1993年版,第392页。
⑤ 《邓小平文选》(第3卷),人民出版社1993年版,第3页。

要优势，也是与资本主义极端个人主义直接对立的，衡量集体主义的最高标准则是看个人的言行举止是否符合人民群众的根本利益。受到“文化大革命”的影响，改革开放初期人们对于集体主义存在两种极端认知：集体主义只重视集体利益而忽视个人利益；集体主义就是平均主义。针对该类现象，邓小平主张国家、集体、个人的利益是有机统一的。他指出：“我们提倡按劳分配，承认物质利益，是要为全体人民的物质利益奋斗。每个人都应该有他一定的物质利益，但是这绝不是提倡个人抛开国家、集体和别人，专门为自己的物质利益奋斗，绝不是提倡个人都要向‘钱’看。要是那样，社会主义和资本主义还有什么区别？我们从来主张，在社会主义社会中，国家、集体和个人利益在根本上是一致的，如果有矛盾，个人的利益要服从国家和集体的利益。”①加强爱国主义与集体主义教育是提升人民群众历史责任感的重要举措，也是进一步实现个人自身发展的基础保障。共同体作为个体存在的基础，其发展必然能够反作用于个体自身的解放与发展。

（三）以艰苦创业精神教育夯实人的“韧性”

改革开放是中国共产党人带领中国人民的“二次创业”。面对国内百废待兴的现状和西方世界的“敌视”，为推动改革开放事业的深入发展，进行艰苦创业精神教育具有必要性和紧迫性，这也是推动人自身发展的必要条件。在十一届三中全会之前，邓小平就积极倡导艰苦创业的精神，并就中国共产党领导的新民主主义革命和社会主义革命、建设的历史现实明确党员干部发挥艰苦创业精神的重要性，指出：“对高级干部要严。高级干部要以身作则，做执行‘三要三不要原则’的榜样，做艰苦奋斗的榜样，做实事求是的榜样”②。而面对改革开放初期中国的基本国情，邓小平直接将艰苦创业精神的教育提升到了更加重要地位。他认为，现阶段，“中国搞四个现代化，要老老实实地艰苦创业。我们穷，我们底子薄，教育、科学、文化都落后，这就决定了我们还要有一个艰苦创业的过程。”③并且一再告诫中国人民要始终保持清醒，认识到“我们是个穷国、大国，一定要艰苦创业”④。20 世纪 90 年代，中国改革开放初见成效，而面对日益复杂的市场环境、日益多变的社会形势，部分党员干部理想信念丧失、部分群众思想道德败坏，崇尚享乐主义、奢靡主义，给改革开放和社会主义现代化建设带来了较大冲击。面对该类情况，邓

① 《邓小平文选》(第 2 卷)，人民出版社 1993 年版，第 337 页。
② 《邓小平文选》(第 2 卷)，人民出版社 1993 年版，第 337 页。
③ 《邓小平文选》(第 2 卷)，人民出版社 1993 年版，第 257 页。
④ 《邓小平文选》(第 2 卷)，人民出版社 1993 年版，第 258 页。

小平在 1989 年对首都戒严部队讲话时指出:“艰苦奋斗是我们的传统,艰苦朴素的教育今后要抓紧,一直要抓六十至七十年。我们的国家越发展,越要艰苦创业。提倡艰苦创业精神,也有助于克服腐败现象。”①由此可见,尽管邓小平一直强调物质生活的发展是人民发展的基础,但是艰苦奋斗的精神亦是人的价值观教育中必不可少的环节。

(四) 以深刻揭示社会主义与人权的一致性加强社会主义人权教育

邓小平在 1985 年提出了关于人权的著名论断:“什么是人权? 首先一条,是多少人的人权? 是少数人的人权,还是多数人的人权,全国人民的人权? 西方世界的所谓‘人权’和我们讲的人权,本质上是两回事,观点不同。”②从上述论述可知,邓小平从四个方面深刻阐述了其人权观。其一,社会主义人权与西方人权在属性上具有本质性差异。社会主义国家人权首先是建立在生产资料公有制基础上的,其消灭了私有制和剥削,因而是更加广泛、更加普遍的,是保护最广大劳动人民的人权。西方资本主义国家的人权是以私有制为基础的、维护资产阶级的人权,是属于少数人的人权,普通劳动者无法充分享有人权甚至不享有人权。其二,社会主义人权的主体具有广泛性。改革开放初期,国内曾掀起人权主体问题的讨论,部分学者认为中国的人权应该是属于工人、农民、知识分子等拥护社会主义国家和社会主义建设的人,但是邓小平指出人权的主体是“一切人”,即使与我们具有敌我矛盾的人也应该享有生命权、健康权、人格权等基本的人权。其三,生存权和发展权是最基本的人权。中国人权白皮书直接指出:人权首先是人的生存权,没有生存权,其他一切权利就无从谈起,而发展权与生存权一样属于人的最基本的不可剥夺的权利,并且邓小平指出,“由于这种权利,每个人和所有各国人民均有权参与、促进并享受经济、文化和政治发展,在这种发展中,所有人权和基本自由都能获得充分实现”③。邓小平多次强调社会主义改革开放的本质就是解放和发展生产力,而提高生产力发展水平直接关系人民群众的生存状态,“社会主义好不好”是由是否符合人民利益,是否符合人民发展来衡量的。其四,国权即国家主权,主要是指国家独立管理内部事务和处理外部事务的基本权利。长期以来,西方国家极力鼓吹“人权大于主权”,导致部分群体以“极端个人主义”“无政府主义”为价值观指导个体行为。但是邓小平则

① 《邓小平文选》(第 3 卷),人民出版社 1993 年版,第 290 页。
② 《邓小平文选》(第 3 卷),人民出版社 1993 年版,第 125 页。
③ 《邓小平文选》(第 3 卷),人民出版社 1993 年版,第 128 页。

认为国权与国格是人权与人格的现实基础，他在会见美国总统尼克松时指出："人们支持人权，但不要忘记还有一个国权，谈到人格，但不要忘记还有一个国格。特别是像我们这样第三世界的发展中国家，没有民族自尊心，不珍惜自己民族的独立，国家是立不起来的。"①近代中国的屈辱历史也直接告诉我们，国家无主权，国家无尊严，人民群众亦不可能享有人权。邓小平的人权观不是抽象空洞的理论，而是付诸实践的真理，有效推动了中国人民的解放与发展，不仅捍卫、丰富和发展了中国的人权事业，而且有力加强了我国的社会主义人权教育。

（五）以"三个面向"和"四有新人"为抓手，探索人的全面发展新理路

"如何培养人"和"培养什么样的人"是邓小平价值观教育人本化的重要内容。"文化大革命"对中国人才培养的冲击是非常明显的，为适应改革开放的发展需要，邓小平在众多场合指出：经济体制、科技体制、政治体制等的改革归根结底在于人才，并提到"中国的事情能不能办好，社会主义和改革开放能不能坚持，经济能不能快一点发展起来，国家能不能长治久安，从一定意义上说，关键在人。"②"我们国家、国力的强弱，经济发展后劲的大小，越来越取决于劳动者素质，取决于知识分子的数量和质量。"③"我国的经济，到建国一百周年时，可能接近发达国家水平。我们这样说，根据之一，就是这段时间里，我们完全有可能把教育搞上去，提高我国的科学技术水平，培养出数以亿计的各级各类人才。"④而对于如何培养满足社会主义现代化发展需要的人，他特别强调价值观教育的重要性，如其在 1980 年中共中央工作会议上的讲话中指出："要加强各级学校的政治教育、形势教育、思想教育，包括人生观教育、德育教育。"⑤并且以"三个面向"和"四有新人"为重要抓手进行人的培养。

"三个面向"即教育要"面向现代化、面向世界、面向未来"。改革开放以后，尽管人们在思想上已经完成了拨乱反正，但是"文革"期间中国的高考停滞了 10 年，高等教育的发展极其缓慢，这也就直接导致改革开放前期我国人才缺口较大，人员整体素质不高，国内文盲半文盲人数较多，直接影响我国社会主义现代化建设。20 世纪 70 年代正逢第三次科技革命，欧美资本主义国

① 《邓小平文选》(第 3 卷)，人民出版社 1993 年版，第 440 页。
② 《邓小平文选》(第 3 卷)，人民出版社 1993 年版，第 380 页。
③ 《邓小平文选》(第 3 卷)，人民出版社 1993 年版，第 120 页。
④ 《邓小平文选》(第 3 卷)，人民出版社 1993 年版，第 120 页。
⑤ 《邓小平文选》(第 2 卷)，人民出版社 1993 年版，第 92 页。

家借助科技革命的“顺风车”迅速发展，人才效应凸显。基于此，邓小平明确指出教育是实现人的自由全面发展的基础，亦是进行社会主义现代化建设的基础。他指出：“一个十亿人口的大国，教育搞上去了，人才资源的巨大优势是任何国家比不了的。有了人才优势，再加上先进的社会主义制度，我们的目标就有把握达到。中央提出要以极大的努力抓教育，并且从中小学抓起，这是有战略眼光的一着。如果现在不向全党提出这样的任务，就会误大事，就要负历史的责任。”①“三个面向”一方面是社会主义人才培养的重要抓手，同时也是实现人自身发展的重要途径。

“四有”即有理想、有道德、有文化、有纪律，是邓小平人才观的重要方面，也是价值观教育人本化不可忽视的环节。邓小平指出，“我们在建设具有中国特色的社会主义社会时，一定要坚持发展物质文明和精神文明，坚持五讲四美三热爱，教育全国人民做到有理想、有道德、有文化、有纪律。”②邓小平认为，“理想”和“纪律”是“四有”的关键。明确社会主义的理想目标是指引人发展的航标；“纪律”是实现社会稳定和“全部人”发展的基础。他指出：“我们这么大一个国家，怎样才能团结起来、组织起来呢？一靠理想，二靠纪律。组织起来就是力量。没有理想，没有纪律，就会像旧中国那样一盘散沙，那我们的革命怎么能够成功？我们的建设怎么能够成功？”③“四有”作为价值观教育人本化的重要环节，对推动我国人民群众思想解放、素质提升、精神升华具有重要效果。

综上而言，邓小平价值观教育人本化思想是以“人权”为前提，明确把握“人民发展”与“人民利益”的基本尺度，以“三个面向”和“四有新人”为重要抓手，形成了邓小平关于价值观教育人本化的思想。这一思想不仅仅局限于“单个人”，其强调对社会主义的人需要以共产主义的理想信念为引领，确保人的发展方向的正确性，而只有“爱社会主义国家”“爱社会主义的集体”的人的发展才是具体的、真实的。在人的发展过程中，坚持“艰苦创业精神”则是保障人民抵御各类诱惑和风险的武器，是在社会主义现代化建设中彰显韧性的必要途径，在价值观教育人本化上实现了由“个体本位”向“类本位”与“个体本位”相统一的重大转向。

---

① 《邓小平文选》(第3卷)，人民出版社1993年版，第38页。

② 《邓小平文选》(第3卷)，人民出版社1993年版，第110页。

③ 《邓小平文选》(第3卷)，人民出版社1993年版，第111页。

三、世纪之交中国共产党对价值观教育人本化的丰富

邓小平以我国改革开放的历史现实为基点，面对复杂市场环境给人民群众带来的严重思想冲击，从思想政治教育的角度深刻阐发了价值观教育人本化的内容，强调价值观教育的目的是“为了人，发展人”，是对马克思主义、毛泽东思想创造性的继承。世纪之交，以江泽民为核心的第三代领导集体，高举邓小平理论伟大旗帜，沿着“以人为本”、始终代表最广大人民群众的根本利益的执政理念，与时俱进，开拓创新，提出了“三个代表”重要思想，不仅从根本上回答了中国在21世纪加强党的建设问题，而且深化和推进了价值观教育人本化的思想进路。表面来看，尽管江泽民并未直接使用“社会主义价值观教育人本化”的词汇，但是“三个代表”重要思想却赋予了价值观教育人本化更高的政治、思想和理论地位，强调人的全面发展是社会主义的本质要求，我们既要着眼于人民现实的物质文化生活需要，同时，又要着眼于促进人民素质的提高。

(一) 坚持人民利益至上的价值取向，代表最广大人民群众的根本利益

中国共产党始终代表最广大人民群众的利益作为“三个代表”重要思想的主要内容之一，其直接明确了价值观教育的价值主体和评价主体都是人民，即价值观教育以人民为根本，以人民“适合不适合、满意不满意”为衡量的尺度，他说：“党除了最广大人民的利益，没有自己的利益。”①为了贯彻落实“人民至上”的理念，他要求全党同志必须要“始终坚持一切为了群众、一切依靠群众的根本观点，坚持党的群众路线”②，同时要求领导干部必须要“深入群众，深入基层，倾听群众呼声，反映群众意愿，集中群众智慧，使各项决策和工作符合实际和群众要求。”③2000年，江泽民在出席“三讲”教育会议的时候指出，在今后的很长一段时间内，各级党政领导班子及党政干部都需要进一步加强“讲学习、讲政治、讲正气”的教育，依托“三讲”教育改善党风、政风，引导“人民利益”至上的价值取向。1993年2月，中央发布了《中国教育改革与发展纲要》。《纲要》明确了在建设中国特色社会主义的新形势下，必须要加快教育制度改革并提出“建立适应社会主义市场经济体制和政治、科技体制

---

① 江泽民：《在庆祝中国共产党成立八十周年大会上的讲话》，人民出版社2001年版，第23页。

② 江泽民：《在庆祝中国共产党成立八十周年大会上的讲话》，人民出版社2001年版，第23页。

③ 江泽民：《在庆祝中国共产党成立八十周年大会上的讲话》，人民出版社2001年版，第23页。

改革需要的教育体制，更好地为社会主义现代化建设服务”，“培养德智体全面发展的建设者和接班人”①。此外，江泽民在众多场合多次明确：教育的目的就是为了提升人民素质，就是为了发展人，其中最为关键的部分就是提升人民群众的综合素质。

(二) 强化社会主义道德教育，提升人的道德素养

中国共产党始终代表中国先进文化的前进方向，是发展社会主义文化、建设社会主义文明最高的价值目标。马克思主义认为，“文化作为一种精神财富的总和，它终究要孕育、凝聚一种思想，形成社会文化结构的核心和灵魂”②。可见，思想道德价值观念作为特殊的文化形态，是我们把握世界的实践精神，是文化的核心层次。江泽民指出，“加强社会主义思想道德建设，是发展先进文化的重要内容和中心环节。”③社会主义道德教育能够充分发挥道德对人民群众的引导、激励、凝聚的作用。江泽民立足中国特色社会主义现代化建设的实际情况明确指出，社会主义道德教育并不是“空中楼阁”，而是为了解决社会生活中较为突出的道德问题的。面对社会主义市场经济的日益完善，面对改革开放过程中各类思潮的冲击与影响，他指出：“党的思想政治工作的一项重要任务，就是要引导干部和群众分清主流和支流、分清正确与谬误。”④社会主义道德建设必须要以马克思主义为指导思想，用马克思主义塑造的进步思想观念应该成为整个社会思想的主流。针对曲解马克思主义、丑化马克思主义的观念，他明确指出：“尽管是支流，但必须认真对待，如果任其发展，就会造成极大的社会危害。”⑤他还强调，“越是变革时期，越要警惕各种错误思想观念的发生和对人们带来的消极影响”⑥。这些表述不仅对党的思想政治教育提出了新的要求，同时也明确了社会主义道德教育的人本取向。

从宏观角度而言，社会主义道德建设需要以马克思主义指导思想为根本，以“道德”教育为关键，提升人的道德素养。从微观层面而言，强化社会主义道德教育的基础应该是“知耻”。“知耻”不仅是人的基本道德要求，同时也是做人做事的根本要求。因此，开展社会主义道德教育必须始于“知耻”即明

---

① 《中国教育改革与发展纲要》，中国教育在线，https://www.eol.cn/guojia_3489/20060323/t20060323_49571.shtml。

② 《马克思恩格斯选集》(第2卷)，人民出版社1972年版，第104页。

③ 江泽民：《论“三个代表”》，中央文献出版社2001年版，第159页。

④ 《江泽民文选》(第3卷)，人民出版社2006年版，第82页。

⑤ 《江泽民文选》(第3卷)，人民出版社2006年版，第82页。

⑥ 《江泽民文选》(第3卷)，人民出版社2006年版，第82页。

荣辱。“知耻”需要在全社会形成惩恶扬善的舆论氛围和大力弘扬主旋律。江泽民认为弘扬主旋律，就是要对“散布否定党的领导和社会主义制度的东西，散布腐朽思想、颓废情绪和传播封建迷信、渲染色情暴力的东西”①予以坚决取缔，“就是要在建设有中国特色社会主义的理论和党的基本路线指导下，大力倡导一切有利于发扬爱国主义、集体主义、社会主义的思想和精神，大力倡导一切有利于改革开放和现代化建设的思想和精神，大力倡导一切有利于民族团结、社会进步、人民幸福的思想和精神，大力倡导一切用诚实劳动争取美好生活的思想和精神”②。总体而言，社会主义道德建设是江泽民价值观教育人本化思想的重要内容，为提高人民群众道德水平、解放思想提供了内在动力。

（三）以科教兴国、人才强国战略推动人与社会的全面发展

江泽民基于对马克思主义人的全面发展理论与科教兴国关系的深刻理解指出，人的综合素质的提升是人的全面发展的关键与核心，提升人的综合素养的关键与核心则在于实施科教兴国战略。一方面，江泽民以马列主义、毛泽东思想、邓小平理论为指导，立足我国历史现实的人民根本利益，提出和实施了科教兴国、人才强国战略。科教兴国、人才强国战略是对“科学技术是第一生产力”思想的全面落实，是对教育为本理念的践行，它将教育与科技放在经济、社会和人的全面发展的重要位置，旨在全面提升全民族的思想道德、科学文化和创新素质等综合素养，将经济建设和人与自然、社会的协调发展转移到依靠科学技术和劳动者素质提升的轨道上。这也就直接为我国全面建成小康社会伟大目标的实现和促进人与自然、社会全面协调发展指明了方向，确立了方针。另一方面，提出教育要以“五个成为”彰显人的全面发展。“教育是一个系统工程，要不断提高教育质量和教育水平，不仅要加强对学生的文化知识教育，而且要切实加强对学生的思想政治教育、品德教育、纪律教育、法制教育。”各级各类学校，“都要认真贯彻执行教育为社会主义事业服务，教育与社会实践相结合的教育方针。”③在庆祝清华大学建校 90 周年大会上，江泽民对青年学生提出了“五个成为”的要求和希望，即希望学生成为理想远大、热爱祖国的人，成为追求真理、勇于创新的人，成为德才兼备、全面

① 江泽民:《论党的建设》,中央文献出版社 2001 年版,第 137 页。
② 江泽民:《论党的建设》,中央文献出版社 2001 年版,第 134 页。
③ 江泽民:《关于教育问题的谈话》,《人民日报》2000 年 3 月 1 日第 1 版。

发展的人，成为视野开阔、胸怀宽广的人，成为知行统一、脚踏实地的人。“五个成为”，实质上就是要培养造就德、智、体、美全面发展的建设者和接班人。

总之，“三个代表”重要思想是中国共产党人对马克思主义人的全面发展理论的继承与创新，将人的全面发展问题提升到了社会主义发展目标的高度，提出和实施了科教兴国、人才强国的发展战略；在具体教育实践中，进一步完善和实践了“以人为本”的教育方式，在人的发展中又增添了“美”的价值需求。在价值观教育人本化发展的实践中逐步完善人的全面发展的各个方面，逐步实现“三育”“四有”“五为”的飞跃。

四、21世纪初中国共产党对价值观教育人本化的发展

党的十六大以来，以胡锦涛为总书记的党中央，以马克思主义、毛泽东思想、邓小平理论、“三个代表”重要思想为指导，形成了以人为本的科学发展观即“坚持以人为本，树立全面、协调、可持续的发展观，促进经济社会和人的全面发展”①。科学发展观的“第一要义是发展，核心是以人为本，基本要求是全面协调可持续，根本方法是统筹兼顾。”②在科学发展观的指引下，党中央根据时代需求先后提出了构建社会主义和谐社会、培育社会主义荣辱观、加强党的执政能力和先进性建设、加强社会主义核心价值体系建设引领和谐文化发展等重大战略思想，这些重大战略思想的提出直接为社会主义价值观教育人本化指明了发展方向。

（一）以社会主义荣辱观教育引导人的全面发展的价值导向

2006年3月4日，胡锦涛在全国政协民盟、民进联组会上提出：“要引导广大干部群众特别是青少年树立社会主义荣辱观，坚持以热爱祖国为荣、以危害祖国为耻，以服务人民为荣、以背离人民为耻，以崇尚科学为荣、以愚昧无知为耻，以辛勤劳动为荣、以好逸恶劳为耻，以团结互助为荣、以损人利己为耻，以诚实守信为荣、以见利忘义为耻，以遵纪守法为荣、以违法乱纪为耻，以艰苦奋斗为荣、以骄奢淫逸为耻”。“八荣八耻”深刻阐述了社会主义

---

① 中共中央文献研究室编：《十六大以来重要文献选编》（上），中央文献出版社2011年版，第465页。

② 中共中央文献研究室编：《十七大以来重要文献选编》（上），中央文献出版社2009年版，第11—12页。

荣辱观的内涵和本质，为新的历史条件下社会主义价值观教育人本化提供了重要“抓手”。在全面建设小康社会的历史阶段，社会经济成分、利益主体、市场环境等均发生了重大变化，这些变化体现在价值观上面则是部分群众美丑不分、善恶不分、是非不分，道德价值标准呈现出多重分裂趋势，使得社会的荣辱观出现了畸形状态，即“坚持什么、反对什么、倡导什么、抵制什么”混淆不清。所以他指出，“在我们的社会主义社会里，是非、善恶、美丑的界限绝对不能混淆。坚持什么、反对什么、倡导什么、抵制什么都必须旗帜鲜明”①。因此，胡锦涛强调要引导广大人民群众牢固树立社会主义荣辱观，培养正确价值导向，促进人的全面发展。

社会主义荣辱观教育是融理想信念教育、集体主义教育与道德教育为一体的，是促进人的全面发展的必经之路。理想信念是人们对于未来的向往与追求，是世界观的集中体现。人民群众需要牢固树立社会主义的理想信念，坚持对党和国家的信任，自觉将国家利益、集体利益、个人利益有机融合。集体主义强调集体利益高于个人利益，在面对“个人主义”“享乐主义”等价值观的冲击时，要始终将服务集体、服务国家、服务人民作为价值观教育的导向。社会主义道德观教育还包含对中华优秀传统文化与社会主义经济道德的教育。在面对“历史虚无主义”“资本至上”等价值理念冲突时，人民群众需要结合中华民族传统优秀文化和社会主义的经济道德观，坚持诚实守信、勤俭廉洁和正确义利观，全方面提升抵御各类错误腐朽价值观的冲击，坚定社会主义荣辱观，夯实道德基础，提升自我发展厚度。

（二）坚持“以人为本”开展思想政治教育，凸显主体性

胡锦涛在 2003 年全国宣传工作会议上强调：“思想政治工作说到底是做人的工作，必须坚持以人为本。既要坚持教育人、引领人、鼓舞人、鞭策人，又要做到尊重人、理解人、关心人、帮助人。”②改革开放以来，中国特色社会主义建设紧紧围绕经济建设的中心点，不断解放和发展生产力。但是，发展不是片面的、孤立的，更不是人的异化发展。“以人为本”作为社会主义核心价值观教育的核心内容，直接明确了“为谁发展、因谁发展”的问题。首先，“以人为本”明确了主体的多样性。传统的“民本”因子或“民本”思想对于“人

① 《中共教育部党组关于学习贯彻胡锦涛总书记讲话精神，切实加强社会主义荣辱观教育的通知》，教党组[2006]4 号。

② 《胡锦涛在全国思想工作会议发表重要讲话》，《人民日报》2003 年 12 月 8 日第 1 版。

民”的概念界定较为狭隘，但是“以人为本”中的人直接明确为：一切从事社会主义现代化建设和为全面建成小康社会努力的奋斗者、建设者。“以人为本”中的“本”则直接明确发展是为了维护最广大人民群众的根本利益，就是要把人民的利益作为一切工作的出发点和落脚点，不断满足人民的多方面需求和促进人的全面发展。“要大力宣传立党为公、执政为民的要求，着力营造权为民所用、情为民所系、利为民所谋的良好氛围，深刻阐述群众利益无小事的道理，多办得人心、暖人心、稳人心的好事实事，把党和政府的温暖送到群众心坎上。”①综上，就是要不断提高人民群众的物质文化水平和健康水平，就是要不断提高人们的思想道德素质、科学文化素质和健康素质，就是要创造人们平等发展、充分发挥聪明才智的社会环境。其次，“以人为本”的思想政治教育需要坚持人民的主体性，注重人民群众的首创精神。人民群众是历史的创造者。面对新形势下的价值观教育，胡锦涛明确指出社会主义文化事业的建设需要依靠人民群众，需要人民群众不断发挥首创精神，积极推动文化事业和文化产业的健康发展，为提升人民群众的文化修养贡献力量。他指出：“文艺出版工作要反映生活、服务群众，创作生产出更多积极健康、人民群众喜闻乐见的精神文化产品，丰富群众的文化生活、提高群众的精神境界。”②最后，“以人为本”与“全面发展”是相辅相成、有机融合的。“以人为本”作为科学发展观的核心，其目的是促进人的全面发展；“全面发展”作为科学发展观的总体要求，为“以人为本”细化了内容和要求。总体而言，“以人为本”的思想政治教育就是要理解人、尊重人、关心人、发展人，在充分调动人的主观能动性与积极性为社会主义建设贡献力量的同时发展自身。

（三）以弘扬社会主义核心价值观推动价值观教育人本化的新发展

2012 年，党的十八大明确指出：“倡导富强、民主、文明、和谐，倡导自由、平等、公正、法治，倡导爱国、敬业、诚信、友善，积极培育和践行社会主义核心价值观。”③这也就直接将社会主义核心价值观从国家、社会、个人三个层面凝练为 24 个字。在国家层面体现为富强、民主、文明、和谐；在社会层面体现为自由、平等、公正、法治；在个人层面体现为爱国、敬业、诚信、友善。

自五四运动以来，中国共产党人就以实现国家富强、民主、文明、和谐为

---

① 《胡锦涛在全国思想工作会议发表重要讲话》，《人民日报》2003 年 12 月 8 日第 1 版。

② 《胡锦涛在全国思想工作会议发表重要讲话》，《人民日报》2003 年 12 月 8 日第 1 版。

③ 胡锦涛：《坚定不移沿着中国特色社会主义道路前进 为全面建成小康社会而奋斗——在中国共产党第十八次全国代表大会上的报告》，《人民日报》2012 年 11 月 8 日第 1 版。

己任，历经北伐战争、土地革命、抗日战争、解放战争、社会主义革命与建设等时期，实现了中华民族由“站起来”到“富起来”的梦想，也就是国家富强。在民主方面则是不断推进我国民主政治建设，如“三三制”、人民代表大会制度、民主集中制、民主协商制度、基层群众自治制度、少数民族区域自治制度等，在政治上进一步解放了人们的思想，促进了生产力的发展。在文化方面，不断推动我国文化事业的发展，创新文化发展理念，改善文化发展环境，进一步提高了人民群众的文化素养。在和谐文化建设方面，通过塑造人与人、人与自然、人与社会等方面的和谐发展推动人的发展。从社会层面来说，自由是社会主义的本质要求。个体自由的程度直接取决于其所处的社会的性质。基于此，以胡锦涛为总书记的党中央，始终坚持中国特色社会主义道路，坚持解放和发展生产力，为人民群众的自由提供物质基础；坚持解放思想、实事求是、与时俱进的思想路线，为人民群众的精神自由提供思想基础。平等作为社会主义市场经济的本质要求，是保障人民当家作主，保障人民主体性的必要条件。以胡锦涛为总书记的党中央以科学发展观为引领，始终坚持“全面发展”，推动城乡、区域、物质与精神等方面协调发展，不断缩小各方面差距，为社会公平提供基本保障。公正与法治是保障民主与自由的重要方面，也是社会主义制度的必然要求。以胡锦涛为总书记的党中央，积极推动收入分配制度改革、完善收入分配体系、扩大社会保障体系、强化社会主义法治建设，为人民的发展提供了有效的保障。从个人层面来讲，社会主义的主体是个人，人的素质提升必然影响社会和国家的发展，因此爱国、敬业、诚信、友善既是社会主义道德的基本要求，也是社会主义核心价值观的必要内容，更是社会主义价值观教育人本化的必然要求。爱国历来是我国价值观教育的必要内容。纵观中国发展的历史，多灾多难的国家环境往往是不利于公民发展的，只有和谐稳定的国家环境才能为公民发展提供必要条件，因此爱国是个人发展的前提与基础。爱国的必然要求就是积极为社会主义现代化事业奋斗，积极投入到自身的事业当中，做到“爱岗敬业”，在平凡的岗位为我国的社会主义现代化建设而奋斗。无论个体所处的“共同体”类别如何，人的本质就是社会的人，总是处于一定社会关系之中的，因此必须处理好人与人之间的关系，诚信和友善则是必不可少的。

总体而言，以胡锦涛为总书记的党中央围绕科学发展观中的“以人为本”“全面发展”等内涵，结合价值观教育的特性，从以社会主义荣辱观为重要抓手、坚持“以人为本”的思想政治教育理念、积极弘扬社会主义核心价值观等方面出发，不仅创新了前人的价值观教育人本化理念，同时也进一步促进了人民群众的自由全面发展，切实增强了人民群众的获得感和幸福感。

五、新时代中国共产党对价值观教育人本化的创新

中国特色社会主义进入新时代，以习近平同志为核心的党中央坚持以马克思主义人的全面发展理论为指导，围绕实现中华民族伟大复兴的中国梦，以全面建成小康社会、推进社会主义现代化强国建设为抓手，以弘扬社会主义道德观为价值观培育的基点，从强调生命至上到实现人的自由全面发展等角度，深刻阐述了其价值观教育人本化发展理念。

（一）以“中国梦”筑牢价值观教育人本化的共同理想

2012 年 11 月 29 日，习近平总书记在北京参观“复兴之路”展览时，第一次明确提出实现中华民族伟大复兴的中国梦。2013 年 3 月 17 日，在十二届全国人大一次会议闭幕式上，他特别阐述了中国梦的内涵即国家富强、民族振兴、人民幸福。中国梦实质上是一个多维的概念，既作为“国家梦”表达了国富民强的愿望，又是中华民族渴望实现伟大复兴的“民族梦”，也体现了以习近平同志为核心的新一代领导集体努力实现治国安邦的政治诉求，是“政治梦”，更是 14 亿老百姓实现个人价值、追求远大理想的“人生梦”。无论从哪个维度来理解中国梦，都围绕着人展开，具体来说就是体现了人与自然、人与社会、人与自身关系的和谐发展这三组关系，丰富和发展马克思主义人学思想，引领社会主义核心价值观教育人本化发展。

第一，丰富和发展马克思主义关于人与自然和谐发展的思想。在人与自然的关系方面，马克思主义肯定了人与自然的内在统一性，将人与自然的关系归纳为两个层面：一是人的活动对自在自然性质的改变即改变成属人的存在；二是人自身的需要在改造自然的实践过程中不断得到满足与发展。从这两个层面来说，人与自然界密不可分，人类在改造自然界的同时，也改造了人自身。党的十八大以来，习近平总书记从中国特色社会主义事业“五位一体”总体布局的战略高度，对生态文明建设提出了一系列新思想、新观点、新论断。具体而言，包含以下几个方面：一是树立尊重自然、顺应自然和保护自然的理念。马克思认为尽管人并不是自然，但是自然是人的无机的身体，保护自然就是保护人本身。习近平总书记对于保护自然非常重视，在 2013 年 7 月对生态文明贵阳国际论坛致贺信时指出：“中国将按照尊重自然、顺应自然、保护自然的理念，贯彻节约资源和保护环境的基本国策，更加自觉推动绿色发展、循环发展、低碳发展，把生态文明建设融入经济建设、政治建设、文化

建设、社会建设各个方面和全过程。"①二是树立保护与发展相统一的理念。这就要求在使用自然资源的过程中牢固树立保护意识，体现工具价值与社会价值的统一，如习近平总书记所强调的"着力树立生态观念、完善生态制度、维护生态安全、优化生态环境。形成节约资源和保护环境的空间格局、产业结构、生产方式、生活方式。"②三是树立"绿水青山就是金山银山"的理念。发展必然需要利用自然资源，但是"发展"并不是意味着大规模的开发，并不是意味着通过破坏自然环境的开发，坚持生态发展才是可持续发展，并指出："生态环境保护是功在当代、利在千秋的事业。"③"建设生态文明，关系人民福祉，关系民族未来。"④，四是要以建设美丽中国为目标。建设美丽中国是中国共产党人落实生态文明理念，促进人与自然和谐共生的重要举措。观照上述内容，习近平总书记历来十分重视人与自然的关系，并明确指出确立"人与自然和谐共生"的生态共同体是关系个人发展、关系人民福祉、关系人类未来的大事。生态文明理念不仅仅是习近平总书记"以人为本"、以人民为中心的执政理念的体现，更是价值观教育必不可少的内容。2013 年 4 月，习近平总书记在参加首都义务植树活动时指出："要加强宣传教育、创新活动形式，引导广大人民群众积极参加义务植树"⑤。在十八届中央政治局第六次集体学习时习近平总书记再次强调："要加强生态文明宣传教育，增强全民节约意识、环保意识、生态意识，营造爱护环境的良好风气。"⑥在全社会广泛进行生态文明理念的宣传、教育与践行才能够更好推动构建美丽中国，推动人与自然的和谐共生，推动人的自由全面发展，而这也是"中国梦"的基础内容。

第二，丰富和发展马克思主义关于人与社会和谐发展的思想。在人与社会的关系方面，马克思主义认为，一方面，作为社会存在物的"现实的人"是社会的主体，他们在参与各类社会实践的过程中形成社会关系系统。另一方面，人的生存和发展需要依赖社会关系，社会关系影响着人的发展程度即人就是各种社会关系的总和。当前，我国正处于全面建设社会主义现代化国家的新征程上，但是，社会保障、就业压力、公共安全、医疗卫生、教育公平等问题依旧影响人民群众对美好生活需要的追求。这些问题一方面是人与社会

① 《习近平谈治国理政》，外文出版社 2014 年版，第 211 页。
② 《习近平谈治国理政》，外文出版社 2014 年版，第 209 页。
③ 《习近平谈治国理政》，外文出版社 2014 年版，第 208 页。
④ 《习近平谈治国理政》，外文出版社 2014 年版，第 208 页。
⑤ 《习近平谈治国理政》，外文出版社 2014 年版，第 207 页。
⑥ 《习近平谈治国理政》，外文出版社 2014 年版，第 210 页。

关系发展的必然结果，另一方面又会影响人与社会关系的和谐稳定，因此必然需要处理和解决。习近平总书记结合中国社会主义现代化建设的实际情况，从多方面强调了处理人与社会关系的重要性。2016 年他在贵州调研时指出："要依靠产业带动和必要的政策激励，鼓励创业、扩大就业，努力增加城乡居民收入。"①2015 年他在庆祝五一劳动节时指出："要建立健全党和政府主导的维护群众权益机制，抓住劳动就业、技能培训、收入分配、社会保障、安全卫生等问题，关注一线职工、农民工、困难职工等群体，完善制度，排除阻碍劳动者参与发展、分享发展成果的障碍，努力让劳动者实现体面劳动、全面发展。"②2016 年他在北京市八一学校考察时就教育问题指出："要优化教育资源配置，逐步缩小区域、城乡、校际差距，特别是要加大对革命老区、民族地区、边缘地区、贫困地区基础教育的投入力度。"③尽管 2020 年是全面建成小康社会的收官之年，但是只有更好解决上述矛盾，促进人与社会的良性互动，才能够更好实现中华民族伟大复兴的中国梦，才能够更好推动人的全面自由发展。

第三，丰富和发展马克思主义关于人与自身和谐发展的思想。在人与自身的关系方面，马克思主义认为，人是有意识的存在物。人的精神世界的改造问题是比人的自然素质和社会素质的改造更为深层次、更为重要的问题。社会生产力的高度发展，使人民群众物质生活水平得到巨大提升，物质需要的满足较为充分，但是精神层面亦是不可或缺的，二者的高度协调统一才是实现人的自由全面发展的重要标志。当前形势下，我国人民的精神文化需求是多种多样的，生活方式是多姿多彩的，只有通过合理的方式来引导社会成员的思想及价值取向，才有助于社会的健康持续发展，中国梦无疑就是个能凝聚人心的精神纽带。习近平总书记也多次从建设文化强国的角度提出人的精神建设的重要性。2014 年他在文艺座谈会上指出："人类社会与动物界最大的区别就是人是有精神需求的，人民对精神文化的需求时时刻刻都存在。"④物质文明的提升是基础，而精神文明的提升是人的本质发展的必然要求，要坚持"两手抓、两手都要硬"，要坚持"把精神文明建设贯穿改革开放和现代化全过程、渗透社会生活的各方面"⑤。推动精神文明建设，则需要"紧

---

① 《习近平谈治国理政》(第二卷)，外文出版社 2017 年版，第 362 页。
② 《习近平谈治国理政》(第二卷)，外文出版社 2017 年版，第 364 页。
③ 《习近平谈治国理政》(第二卷)，外文出版社 2017 年版，第 366 页。
④ 《习近平谈治国理政》(第二卷)，外文出版社 2017 年版，第 315 页。
⑤ 《习近平谈治国理政》(第二卷)，外文出版社 2017 年版，第 324 页。

密结合培育和践行社会主义核心价值观，大力倡导共产党人的世界观、人生观、价值观，坚守共产党人的精神家园；大力加强社会公德、职业道德、家庭美德、个人品德建设”①。人的发展是实现中华民族伟大复兴的基础环节，也是关键环节。习近平总书记从社会主义精神文明建设的高度深刻地阐释了精神素养对于人的发展的重要性，同时也为提升人的精神素养指明了方向，明确了道路。

（二）突出“以人民为中心”的执政理念夯实价值观教育人本化的政治基础

发展是人类社会永恒的话题，但是不同的政党对“为谁发展、靠谁发展”的回答却并不完全相同。西方国家尽管追求个人物质财富的极大丰富，但是其执政党维护的却是资产阶级的利益。马克思主义政党则强调人民群众是历史的创造者，全部社会实践首先是为了满足人的需要，无论是生产生活实践还是政治生活实践。作为马克思主义政党，中国共产党自成立之初就把人民立场当作最根本的政治立场。中国特色社会主义进入新时代，习近平总书记更是将人民置于党和国家事业发展的最高位置，坚持“以人民为中心”的思想，以实现人民利益、满足人民美好生活需要为立足点和落脚点。以习近平同志为核心的新一代党中央领导集体始终坚持将人民对美好生活的向往作为奋斗目标。面对风云变幻的国际形势、面对我国经济发展的新常态境遇，党的十九大报告指出：“中国特色社会主义进入新时代，我国社会主要矛盾已经转化为人民日益增长的美好生活需要和不平衡不充分的发展之间的矛盾。”②经过改革开放四十多年的发展，尽管人民物质生活水平得到了巨大的提升，但是发展中依旧存在着诸多不平衡不充分的问题，例如生态环境、教育公平、医疗卫生、住房保障等均制约着人民群众的美好生活需要。为了解决我国社会的主要矛盾，习近平总书记从进一步提升人民物质生活水平、发展社会主义民主政治、努力满足人民群众新的精神需求、坚持在发展中保障和改善民生等角度做了深刻阐释。

从提升人民物质生活水平来说，习近平总书记在党的十八届五中全会中明确提出了“创新、协调、绿色、开放、共享”的“新发展理念”，通过大力实施科教兴国、人才强国、完善人才培养机制、城乡一体化发展、城市反哺农村、构建

---

① 《习近平谈治国理政》（第二卷），外文出版社 2017 年版，第 324 页。

② 习近平：《决胜全面建成小康社会夺取新时代中国特色社会主义伟大胜利——在中国共产党第十九次全国代表大会上的报告》，《人民日报》2017 年 10 月 18 日第 1 版。

人与自然和谐共生的“生态共同体”、借助“一带一路”重大平台、推动构建人类命运共同体等方面践行“新发展理念”，形成内外联动的“大发展”格局。此外，针对发展过程中的结构性问题，习近平总书记指出：“我国不是需求不足，或是没有需求，而是需求变了，供给的商品却没有变，质量、服务跟不上”①。因此，坚定落实“三去一降一补”，深化供给侧改革，才能够有效推动我国经济高质量、高水平发展，满足人民群众的高质量消费需求。

从发展社会主义民主政治的角度来说，政治建设是关乎党的根本、关系发展全局的重大问题。新时代坚持“以人民为中心”的执政理念就必须要发展中国特色社会主义民主政治，充分保障人民群众的政治权利。基于此，习近平总书记从“坚持党的领导”和“坚持中国特色社会主义政治制度”两个宏观角度进行了深刻阐述。“党政军民学，东西南北中，党是领导一切的。”②中国共产党的领导是中国特色社会主义最本质特征和最显著优势。坚持党的领导，需要将党的政治建设放在首位，明确政治方向；需要加强党对全面依法治国的领导，从科学立法、严格执法、公正司法、全民守法等环节强化人民群众的法治信仰，从依法治国、依法执政、依法行政共同推进法治中国建设；需要不断推进党和国家治理能力现代化，从科学执政、民主执政、依法执政的角度改善法制体系、健全国家治理职能、权力监督体系等全方位为维护人民群众利益提供法治保障。中国特色社会主义政治制度是保障人民权利、发展人民事业、实现人民幸福的制度根基。习近平总书记指出：“在新的奋斗征程上，必须充分发挥人民代表大会制度的根本政治制度的作用，继续通过这一制度牢牢把国家和民族前途命运掌握在人民手中。”③即是说我们需要始终坚持人民代表大会制度，以根本政治制度为指向，融合中国共产党领导的多党合作和政治协商制度、民族区域自治制度和基层群众自治制度等基本政治制度，确保我国政治民主的真实性、广泛性、有效性，通过坚持根本政治制度和基本政治制度切实维护人民利益、反映人民愿望、增进人民福祉。

从满足人民群众新的文化需要来说，“一个国家、一个民族的强盛，总是以文化兴盛为支撑的。”④面对西方文化的渗透，“文化虚无主义”“文化娱乐

---

① 《习近平新时代中国特色社会主义思想学习纲要》，学习出版社 2019 年版，第 118 页。

② 习近平：《决胜全面建成小康社会　夺取新时代中国特色社会主义伟大胜利——在中国共产党第十九次全国代表大会上的报告》，《人民日报》2017 年 10 月 18 日第 1 版。

③ 《习近平新时代中国特色社会主义思想学习纲要》，学习出版社、人民出版社 2019 年版，第 127 页。

④ 《习近平新时代中国特色社会主义思想学习纲要》，学习出版社、人民出版社 2019 年版，第 3 页。

主义”等严重影响了我国社会主义文化建设，影响人民群众高尚的文化需求。基于此，习近平总书记从加强社会主义意识形态建设、弘扬社会主义核心价值观、培养实现中华民族伟大复兴中国梦的时代新人、加强家风建设、社会主义公德教育等方面明确表明了建设社会主义文化，满足人民新的文化需求的重要性。如习近平总书记指出：“社会主义核心价值观的建设归根到底是人的思想建设、灵魂建设。”①“要重视家庭文明建设，努力使千千万万个家庭成为国家发展、民族进步、社会和谐的重要基点。”②“‘意识形态工作是党的一项极端重要的工作，是为国家立心、为民族立魂的工作’，做好意识形态工作，事关党的前途命运，事关国家长治久安，事关民族凝聚力和向心力。”③“使全体人民在理想信念、价值理念、道德观念上紧紧团结在一起。”④

从发展和改善民生的角度来说，“民生是人民幸福之基、社会和谐之本。增进民生福祉是我们党坚持立党为公、执政为民的本质要求。”⑤在全面建成社会主义现代化国家的愿景目标开启之际，保障和改善民生才能够真正促使人民群众更加有信心、有期望地进入全面建成社会主义现代化国家的新征程之中。基于此，以习近平同志为核心的中国共产党人以打赢“脱贫攻坚战”为切入点，统筹教育、就业、医疗卫生等与人民密切相关的民生工作，打造共治共建共享的治理格局，继续坚持围绕“以经济建设为中心”的“中心点”，不断发展和改善民生，努力营造公平正义的社会环境。

总体而言，“以人民为中心”的执政理念贯穿于实现中华民族伟大复兴中国梦的全过程，亦是中国共产党人执政的政治根本。为进一步贯彻落实“以人民为中心”的理念，与人民群众形成心理共鸣。以习近平同志为核心的党中央积极推动中国梦的理念教育，将中国梦融入青春梦、民族梦、社会梦，通过中国梦引领人民群众形成正确的世界观、人生观和价值观；积极推动社会主义核心价值观教育，将中华民族的传统文化、革命文化、社会主义先进文化等融入社会主义核心价值观教育的全过程，在全社会积极弘扬抗战精神、抗美援朝精神、抗洪精神、红船精神、抗疫精神等，让社会主义核心价值观更加

---

① 《习近平新时代中国特色社会主义思想三十讲》，学习出版社 2018 年版，第 197 页。

② 《习近平在会见第一届全国文明家庭代表时的讲话》，《人民日报》2016 年 12 月 21 日第 1 版。

③ 《习近平新时代中国特色社会主义思想学习纲要》，学习出版社、人民出版社 2019 年版，第 140 页。

④ 《习近平新时代中国特色社会主义思想学习纲要》，学习出版社、人民出版社 2019 年版，第 141 页。

⑤ 《习近平谈治国理政》（第二卷），外文出版社 2017 年版，361 页。

具体、真实。中国特色社会主义能够取得今天的成就离不开中国共产党的领导、离不开对中国特色社会主义道路的坚持、离不开马克思主义理论和中国特色社会主义理论的正确引领、离不开中国特色社会主义文化的内在动力，而强化“四个自信”教育是开启新征程必不可少的条件。

(三) 创新教育形式，以政治建设加强对党员干部的理论武装和思想价值引领

习近平总书记十分重视从人的实践本质出发加强马克思主义理论武装和思想价值引领，特别注重从党和国家发展战略高度，加强对党员干部的马克思主义理论武装和思想价值引领，根据新时代世情、国情、党情的实际变化情况，加强党建思想政治教育和价值观教育，引领党的政治建设和价值观教育人本化发展。

党的十八大以来，以习近平同志为核心的党中央根据世情、国情、党情的新变化，从提高党的领导水平和执政能力、促进党员干部全面发展的高度，着重全面从严治党，与时俱进加强党的建设，加强对党员干部的思想政治教育和思想价值引领。明确提出要把政治建设摆在党的建设的首位，既是继承和发扬我们党重视政治建设的优良传统，更是针对市场经济条件下一些人甚至党的领导干部忽视党的政治建设的不良倾向而提出来的，对全面从严治党推进党的建设更有针对性、更加注重从人的本质的实践性和社会性出发，积极探索加强党员干部思想政治教育和思想价值引领的新形式，提高了全面推进党的建设新的伟大工程的科学性、实效性、针对性和系统性：一是针对中国共产党在长期执政中，一些党员干部脱离群众，“四风”盛行，开展了党的群众路线教育活动。二是针对县处级以上领导干部开展“三严三实”教育，在群众路线教育活动基础上进一步规范了党内政治生活和领导干部的工作作风，正如十八届六中全会《公报》指出的，“党要管党必须从党内政治生活管起，从严治党必须从党内政治生活严起。”探索出沿着加强和规范党内政治生活提升全面从严治党实效性的好路子。三是开展了“两学一做”教育，使党员干部的政治教育机制化、常态化，进一步端正了党风、政风，带动了民风和社会风气的好转。四是加强巡视、反腐败力度和机制构建，提高党的拒腐防变能力。推进制度创新，把反腐倡廉建设放在更加突出的位置，强调党纪严于国法，既要“打老虎”又要“拍苍蝇”，将反腐倡廉建设在制度层面上进一步推进，党的十八大以来，我们党依据党纲党章的规定，修订出台了一系列加强党的政治建设、从严治党的规章制度，有效遏制了腐败不断蔓延的势头，从根本上提高了党的拒腐防变能力。五是开展“不忘初心、牢记使命”主题教育，增强党员干部的宗旨意识，激励党员干部不忘初心、不辱使命，砥砺前行，开拓创新，全面

推进党的建设新的伟大工程 。六是结合中国共产党建党一百周年开展党史学习教育，通过党史教育引导广大党员干部学党史、长知识、传精神、增才干，反对历史虚无主义，保持党的优良传统，践行党的宗旨，激励党员干部带领人民群众为建设社会主义现代化强国而努力奋斗。

（四）以建设社会主义现代化强国目标引领人的本质的全面发展

一方面，坚持解放思想、实事求是、与时俱进丰富和发展马克思主义，形成了习近平新时代中国特色社会主义思想，在继承和发展马列主义、毛泽东思想、邓小平理论、“三个代表”重要思想和科学发展观的基础上，进一步科学回答了“什么是中国特色社会主义和怎样建设中国特色社会主义”问题，不仅把马克思主义中国化推进到新境界，而且强调要用马克思主义中国化的最新成果加强马克思主义理论武装和思想价值引领，在世界格局正处在百年未有变化的新时代，我们要抢抓机遇，通过理论创新、实践创新和制度创新，在不断解放思想中统一思想，谋划中国的中长期发展战略，引领和激励全党、全国人民为实现“两个一百年”的奋斗目标而努力奋斗，在建设中国特色社会主义现代化强国的“四个伟大”中实现中国人民的自由全面发展。

习近平总书记强调，从全面建成小康社会到基本实现现代化，再到全面建成社会主义现代化强国，是新时代中国特色社会主义发展的战略安排。我们要坚忍不拔、锲而不舍，奋力谱写社会主义现代化新征程的壮丽篇章。他在党的十九大报告中提出：我们既要全面建成小康社会、实现第一个百年奋斗目标，又要乘势而上开启全面建设社会主义现代化国家新征程，向第二个百年奋斗目标进军。从十九大到二十大，是“两个一百年”奋斗目标的历史交汇期。党的十九届五中全会进一步制定了推进中国社会进一步发展的“十四五”规划和到二〇三五年在全面建成小康社会的基础上、再奋斗十五年基本实现社会主义现代化的中长期发展战略，为不断推进人的本质的自由全面发展夯实社会基础。到那时，我国经济实力、科技实力将大幅跃升，跻身创新型国家前列；人民平等参与、平等发展权利得到充分保障，法治国家、法治政府、法治社会基本建成，各方面制度更加完善，国家治理体系和治理能力现代化基本实现；社会文明程度达到新的高度，国家文化软实力显著增强，中华文化影响更加广泛深入；人民生活更为宽裕，中等收入群体比例明显提高，城乡区域发展差距和居民生活水平差距显著缩小，基本公共服务均等化基本实现，全体人民共同富裕迈出坚实步伐；现代社会治理格局基本形成，社会充满活力又和谐有序；生态环境根本好转，美丽中国目标基本实现。从二〇三五年到本世纪中叶，在基本实现现代化的基础上，再奋斗十五年，把我国建成富强民主文明和谐美丽的社会主义现代化强国。到那时，我国物质文明、政治文明、精神文明、社会文明、生态文明将全面提升，实现国家治理体系和治理能力现代化，成为综合国力和国际影响力领先的国家，全体人民共同富裕基本实现，我国人民将享有更加幸福安康的生活，中华民族将以更加昂扬的姿态屹立于世界民族之林。

（五）注重对青少年学生的思想政治教育，凸显思想政治理论课立德树人功能

习近平总书记十分重视对青少年学生的思想政治教育，提出和强调思想政治理论课是立德树人、引领学生思想价值观教育的关键课程，凸显思想政治理论课立德树人功能；强调以社会主义核心价值观教育加强对青少年学生的马克思主义理论武装和思想价值引领。

一方面，从关系党和国家战略高度强调立德树人的重要性。习近平总书记十分重视青少年的健康成长，从关系党和国家发展战略高度提出“为谁培养人、培养什么样的人”是教育的根本问题，强调社会主义教育的根本任务是立德树人，培养社会主义合格建设者和接班人。早在1990年，习近平任福州市委书记并兼任闽江职业大学校长时，他对高等教育培养什么样的人、如何培养人和为谁培养人这个根本问题就有了深入的思考。1990年9月22日，在闽江职业大学迎新暨军民共建大会上，习近平同志强调指出：“教师要以身作则，以德育人，不但要以严谨的治学态度向学生传道授业解惑，让他们学到为人民服务、建设‘四化’的本领，还要以自己高尚的品德、模范的行动感染他们，陶冶他们的性情，提高他们政治思想觉悟和道德水平。”这充分说明了“立德树人”与“以德育人”是一脉相承的，是习近平总书记从教育视角对党的初心和使命的思考和探索。2018年闽江学院60周年校庆前夕，习近平总书记在百忙之中发来贺信，再次提到希望闽江学院全面贯彻党的教育方针，坚持立德树人，坚持走应用型办学之路，努力培养更多高素质的技术技能人才，为国家建设和地方发展做出新的更大贡献。这是他对学校发展提出的殷切希望。正是通过对我们党的教育使命的深入思考和探索，习近平总书记强调立德树人是党的教育的根本任务。党的十九大报告描绘了建设中国特色社会主义现代化强国的宏伟蓝图，报告的最后把实现这个宏伟蓝图落实在青少年的教育上，强调“少年强则国强”，要求各级党委政府和学校都要办人民满意的教育，全面落实立德树人根本任务，高度重视加强对青少年学生的马克思主义理论武装和思想价值引领，更加重视科教兴国、人才强国发展战略，构建创新型社会，以社会主义核心价值观教育引领广大青少年健康成长，为党育人、为国育才，为建设中国特色社会主义现代化强国而努力奋斗。

另一方面,强调思想政治理论课是立德树人的关键课程,突出思想政治理论课的立德树人功能。习近平总书记十分重视学校思想政治理论课建设在立德树人、引领学生价值观教育中的重大建构作用。2013 年的全国宣传思想工作会议上就从加强宣传和意识形态建设高度提出高校思想政治理论课"一好加三好"的要求,强调办好思想政治理论课,关键在于把教师队伍建设好、把教材建设好、把课上好。2017 年底,在全国高校思想政治工作会议上,习近平总书记强调高校要加强对大学生的马克思主义理论武装和思想价值引领,坚持把立德树人作为中心环节,把思想政治工作贯穿教育教学全过程,实现全程育人、全方位育人,努力开创我国高等教育事业发展新局面。2019 年 3 月 18 日,习近平总书记主持召开全国学校思想政治理论课教师座谈会,从党和国家事业长远发展的战略高度深刻阐明学校思想政治理论课的重要意义,就如何适应新时代加强学校思想政治理论课作出部署。习近平总书记关于加强思想政治理论课建设的系列讲话和文章,深入回答了事关学校思想政治工作的方向性、根本性问题,深化了对思想政治理论课立德树人、引领社会主义核心价值观教育的规律性认识,为思想政治理论课立德树人、引领新时代学生价值观教育教学指明了马克思主义人学发展方向。我们要牢记总书记重托,就要充分发挥思想政治理论课作为落实立德树人根本任务关键课程的作用,坚持思想政治理论课引领新时代学校价值观教育的马克思主义人学理路,促进学生自由全面发展,努力培养一代代德智体美劳全面发展的社会主义建设者和接班人。

总之,任何社会都有属于自己的价值观和价值观教育,中国共产党人在中国革命、建设和改革的过程中,以马克思主义为指导思想,形成了科学丰富的社会主义核心价值体系和价值观教育理路,尽管每一代党中央领导集体进行价值观教育的方式不尽相同,但是贯穿于其中的"以人为本、促进中国绝大多数人的本质的自由全面发展"是一条主线。这与封建社会和资本主义社会少数人的本质的自由全面发展是以牺牲绝大多数人的发展为代价是截然不同的。无论是中国封建社会的"三纲五常"等核心价值观念,还是西方国家的"自由""民主""平等""博爱"等核心价值观念,都是对各自时核心代价值观的高度总结和凝练,但是都存在着巨大的缺陷,在一定程度上仅仅代表作为统治阶级的少数人的价值观念或者加强价值观教育的目的是维护少数人的利益,是为占人口少数的统治阶级服务的,因为"任何社会占统治地位的思想都是统治阶级的思想"。从毛泽东到习近平几代中国共产党人对马克思主义人学思想的丰富与发展、对社会主义价值观教育人本化发展理路的艰辛探索、为社会主义核心价值观教育人本化发展进一步夯实了理论基础。以人为本、以人民为中心的执政理念和促进人的本质的自由全面发展的价值追求是中国共产党对马克思主义人学思想的继承与发展，是对人类价值观的合理扬弃，是党的初心和宗旨在价值观上的具体体现，是时代精神的精华，是社会主义核心价值观教育人本化发展的内在根据，为新时代加强和改进社会主义核心价值观教育提供了理论指导。

第六章 以人为本:价值观教育人本化发展的新理路

价值观教育是以人为对象,研究人的思想、行为及其价值取向的一门科学。马克思人的本质观揭示了人的本质与人的价值的内在联系,为以人为本的价值观教育指明了发展方向,也为我们探索价值观教育人本化发展提供了基本理论依据。以人为本就要充分尊重人的需要,不断促进人的本质的自由全面发展。这是新时代价值观教育的根本。中国特色社会主义进入新时代,面对新的形势怎样基于人的实践本质和思想现实状态促进价值观教育人本化发展,是我们必须思考和面对的一个重要问题。以人为本作为一种新的教育理念,有着其独特的内涵:它要求我们改变过去开展价值观教育工作的传统观念和灌输方式,在以人为本教育理念的指导下积极探索新的教育方式和途径,不断增强价值观教育人本化发展的针对性、实效性、感染力,全面推进价值观教育的发展质量,促进人的健康成长和全面发展。

一、以人为本:价值观教育的新理念

从前面我们对价值观教育发展的中西方人学思想渊源和马克思主义人学理路的分析,可以看到,人类教育特别是价值观教育发展中早就蕴含着“人本”思想的萌芽。但是,由于阶级局限和历史局限,中国古代人性论思想虽然有许多闪光之处,却没有得到合理发展。古希腊的人文主义精神在漫长的中世纪甚至被宗教和封建主义扭曲,在文艺复兴之后,人本主义思想在资本主义时代得到了快速发展,但却被异化为资产阶级意识形态,成为西方个人主义、功利主义和实用主义的理论先导,不但不能促进无产阶级和全人类的自由、解放和全面发展,反而成为资产阶级统治无产阶级的思想武器,具有意识形态的虚假性和欺骗性。马克思主义抛弃了以往一切哲学抽象谈论人的本质、自由和解放的错误思想,创立了唯物史观和唯物辩证法,坚持运用科学的世界观和方法论来分析人的本质、自由和解放的历史进程和发展规律，不仅在哲学和人学发展史上引起了革命性变革，而且为无产阶级的解放和人的自由全面发展提供了思想武器，为价值观教育人本化发展指明了方向。中国共产党坚持解放思想、实事求是、与时俱进，在理论和实践上不断丰富和发展马克思主义人学思想，并把它作为以人为本、以人民为中心、执政为民、科学发展的核心，它包括三个层次的内涵：首先，它是对人在社会历史发展中的作用和主体性地位的充分肯定；其次，就当前中国实际而言，它是立足于解放人、为了人并实现人的现代化发展的价值取向；最后，它是一种思维方式，它要求我们在分析、思考和解决一切问题时，要确立起人性化的尺度，实行人性化服务。① 这是对中西方抽象人性理论和价值观的辩证的扬弃，赋予了以人为本新的时代内涵。

我们要坚持以马克思主义人学思想为指导，坚持古为今用、洋为中用，对中西方人学思想进行创造性转化、创新性发展，与时俱进、开拓创新，丰富和发展以人为本的新理念，引领价值观教育人本化发展。

一方面，从扬弃中国人性论价值观来看，中国传统文化中很少有个人本位的思想，而是提倡人生下来就要读圣贤书，要光耀门楣，要“修身齐家治国平天下”，很少有追求自身幸福的权利。“文化大革命”时期，由于受到极“左”思想的影响，个人根本就没有追求幸福与自由的权利，人的个性也被抹杀和压制，这种情况一直持续到十一届三中全会以后才得到根本转变。经过40多年的改革开放，我国人民生活水平总体上达到了小康，应该说这与十一届三中全会以来党始终坚持以人为本是不可分割的。正如《中共中央关于完善社会主义市场经济体制若干问题的决定》所指出的：“坚持以人为本，树立全面、协调、可持续的发展观，促进经济社会和人的发展。”②这就是中国共产党执政为民理念的重要体现，也是我国价值观教育工作的出发点与落脚点。

另一方面，我们要批评和扬弃西方人本主义思想及其个人主义价值观。显然，我们价值观教育中的以人为本与西方人本主义提出抽象的以人为本根本不同。西方人本主义者割裂人与人的具体历史和社会关系，片面孤立地将人看作个体进行研究，他们过于注重个体心理、本能和意志等非理性因素，而忽视人类及其活动的普遍性。西方人本主义学者例如叔本华、尼采、费尔巴哈等都公然宣扬人的本性是自私的，都通过不同的方式鼓吹西方的个人主

---

① 韩庆祥：《“以人为本”的科学内涵及其理论实践》，《河北学刊》2004年第3期。

② 《中共中央关于完善社会主义市场经济体制若干问题的决定》，中国政府网，http://www.gov.cn/test/2008－08/13/content_1071062.htm。

义、利己主义。如尼采的“利己主义”是“繁殖后代现象最美丽的花朵”、叔本华的“每个人都想一切为自己”、弗洛伊德的“自我、本我、超我”论和萨特的“他人就是地狱”等等。西方人本主义片面地将人生物化,具有明显的形而上学色彩。他们将人简单地看作是生物学上的一般的、抽象的人,不联系人所处的具体历史阶段和社会实践活动去考察人,所以不能够正确认识人的社会性。如果以人为本的中心是人的自然属性,那么人无疑就被单纯地看作是“动物人”或者“经济人”。在该观点的支配和引导下,人往往过分依赖物质条件的改善、个人利益的满足,缺乏对文化和精神手段的运用去正确培育人的“三观”。

从价值观教育人本化的角度对中西方人学理论的比较可以看出,马克思主义人学思想对于人的本质的深刻认识是从哲学高度进行的更高层次的思考。价值观教育是人对人的教育,人既是主体也是客体,因而价值观教育人本化发展理论体系的构建和实践行为的展开都必然是以对人的深刻理解为前提的。马克思主义人学思想辩证地否定了中西方哲学中抽象的人性思想来探究“以人为本”的错误观念,并将具体的、历史的、现实的人作为历史唯物主义的起点来考察人的自由全面发展的客观规律。马克思关于“现实的人”及人的本质的自由全面发展的思想为正确理解价值观教育人本化发展中的人提供了科学指导:

第一,回归生命的本原去研究价值观教育中的人。人作为有生命的自然存在物相对于其他的动物来说具有独特性和复杂性,优越于其他一切生命体。毋庸置疑,马克思主义对于人的生命自然的认识对于促进我们从生命本原的角度理解价值观教育中的人有着重要的意义,是我们进行价值观教育的准绳。例如价值观教育对人的主体意识的培养、能力的提升、主观能动性的提升和人的全面发展的提升等等,都首先要建立在对于人的生命自然的理解的基础之上。价值观教育中的人作为“有生命的自然存在物”,其本质就在于人所独有的生命活动,并不是指人具有的生命特性,因为这一生命活动创造了人的生命特征。所以,对价值观教育中的人的生命自然的认识也就是对其生命活动的认知。价值观教育对人的生命成长的促进作用并不是人为的为人的外在成长设定目标或者规定,也并不是像训练动物或者改造自然那样通过掌控规律来左右人的成长,而是将人看作教育的对象对人的某些方面进行塑造、引导和改变,促进其在实践中健康成长的过程。只有教育的主体将教育的对象看作不断成长、变化的复杂生命个体,而不是固定的、被动的产品,才能够真正让价值观教育实践实现对生命的守护与提升、对人的生命自然的尊重、对人的本质的科学引领。

第二，着眼于“现实的人”，为价值观教育研究提供方法论指导。马克思反对抽象地讨论“以人为本”，而是开创了从“现实的人及其活动”出发对人的现实本质揭示的思维方式，这是我们正确理解价值观教育中的人的思维方法，也为我们的价值观教育人本化研究提供了重要的方法论指导。从现实的人及其活动考察人，是马克思关于人的认识的基本思维路径。马克思认为人的本质是具有社会性和实践性的，这就要求我们进行价值观教育的时候不能脱离实践，要从现实生活及现实的人的角度出发。价值观教育的出发点与落脚点并不是某种主观的观念与思想，不能随心所欲、肆意妄为，它需要以现实的社会生活为基础，服务于社会实践的需要。我们对于价值观教育中的人的认知应该是对具体的、现实情境中的人的认识，是对教育中各类社会关系的认识，是对教育中人的生活状态和活动方式的认识，这也就直接要求价值观教育必须是贴近生活、贴近实际、贴近现实的人及其思想，通过帮助人解决实际的思想需要促进人的健康成长，从根本上为人的自由全面发展提供科学的价值指引。

第三，价值观教育的主客体都是人，从人的实践本质出发，促进人的自由全面发展，是社会主义价值观教育发展的基本出发点和落脚点。因此，认清人的本质是价值观教育人本化发展的前提和基础。马克思主义人的本质观是迄今为止关于人的本质问题最科学的理论体系，是以人为本的科学发展观的理论渊源和价值观教育人本化的根本指导思想。特别是当今世界正在发生广泛而深刻的变化，市场化进程、全球化生存和网络化交往，直接预设了价值观教育人本化发展的现代时空。新的时空坐标亟待用社会主义核心价值体系寓于和引领价值观教育人本化发展创新，造就人的新型人格。这就要求我们首先厘清马克思主义作为价值观教育人本化发展的指导思想在创新价值观教育中的功能：一是马克思主义的世界观和方法论在价值观教育人本化发展中的运用，让马克思主义旗帜在价值观教育人本化发展中永远飘扬，彰显其在价值观教育人本化发展中的保证功能；二是马克思主义的价值判断和价值准则在价值观教育人本化发展中如何更加显现，从而进一步规范价值观教育人本化发展的基本原则，促进价值观教育人本化发展；三是马克思主义是中国共产党认识世界和改造世界的强大思想武器，以马克思主义为指导思想的思想政治教育应从马克思主义认识世界和改造世界的视角观照价值观教育人本化发展的基本任务，从而提高价值观教育人本化发展的针对性和实效性；四是揭示以人为本、立德树人的教育新理念的马克思主义人学思想渊源，深入推进中国特色社会主义理论最新成果在价值观教育人本化发展中的“三进”“三出”工作，增强培育和践行社会主义核心价值观的自觉性；五是要创造性地把马克思人的本质观与思想政治教育结合起来,从理论上认清马克思主义人学思想与西方人本主义、人道主义和个人主义的联系和区别,深化对“以人为本”的科学内涵和价值的认识,揭示人的本质与思想道德建设和价值观教育的内在联系,为加强价值观教育人本化发展提供新视角、新思路、新方法和新措施。这些方法有助于我们认真贯彻和落实中央精神,坚持以人为本、以人民为中心、执政为民、科学发展,在促进价值观教育人本化发展中加强和改进人的思想政治教育特别是社会主义核心价值观教育,提高价值观教育人本化发展的系统性、针对性、创新性和有效性,引领和谐社会思想道德基础建设,促进人的健康成长及人与自身、自然和社会的协调而全面的发展。

二、以人为本:价值观教育的内在根据

马克思主义人学思想不仅为人的本质的自由全面发展提供了科学理念和理论依据,而且还指出了实现这一价值目标的基本途径。教育与生产劳动相结合是马克思特别强调的实现人的全面发展的基本途径,这也说明以人为本是价值观教育人本化的内在根据。

首先,以人为本是由教育的本质决定的。教育就是对教育对象施加影响的有计划的、有目标的立德树人活动,是帮助被教育者发展能力完善人格的活动,教育的本质是促进人的本质的全面发展。教育并不是单纯的文化传递,教育之为教育正是在于它对心灵的唤醒。可见,教育特别是价值观教育的根本使命就是陶冶人性、培育人的健康人格;就是立德树人,教学生学会做人。大学教育更要善于培养适应社会需要的有创新精神的全面发展人才。“真正的大学应该是探索真理和自由成长的最佳处所,在这里充满着对人的价值与意义的理解和尊崇,能够使置身于其间的每个人感受到充满内心的庄严感和被净化了的自我超越感。”①

其次,以人为本、立德树人是改革教育发展现状的需要。当前,我国学校价值观教育在一定程度上忽视了以人为本、立德树人的教育理念,主要体现在以下几个方面。一是强调教师的主导地位而忽视学生主体性和学习积极性。一些教师甚至要求学生对于所教的内容“惟命是从”“不敢越雷池一步”,忽视了“传道、授业、解惑”的系统性和学生的创造性。二是在价值观教育中不顾学生的主体差异性,习惯用统一目标甚至过高的标准来要求学生。如单

---

① 刘智运:《高等教育中“以人为本”的内涵》,《中国地质大学学报》2003 年第 4 期。

一的教学方法、相似的课程设置和统一的人才培养模式，必然造成“千校一面，万生一模”的尴尬局面。① 三是价值观教育中采用单向灌输的方式。将学生作为被影响的对象，片面强调对价值观教育理论知识的掌握，习惯采用口号式的价值观条目对学生进行灌输教育，把价值观教育与专业知识的理解完全等同起来，价值观教育教学忽视学生的需要、缺少师生思想的碰撞与心灵的交流，把学生当作是填充各种美德的方格，价值观教育的人学空场，忘记了人是具有思想、情感、精神世界的社会存在，使一些学生对价值观教育的内容“知而不信”“信而不行”“知行不一”。四是教育与教学被分割为“两张皮”。在一些学校价值观教育成为一个完全脱离智育、体育、美育的“空壳”，直接被人为地从完整的教育中剥离出来，单纯依靠专业教师、专业机构来进行教育。“这使得对人的全面教养、对人的灵魂原本起着整体作用的教育变成了某一门课的任务，某一本教材的任务，某一个或一些教师的任务，某一个机构的任务，变成了在一个集中时段里进行的事情。”②思政课程与课程思政严重脱节，一些专业课教师甚至放弃了本应承担的教书育人的义务与责任。这就迫切需要加强和改进价值观教育教学，尽快建立健全以人为本的价值观教育体系，使思政课程与课程思政有机结合，充分发挥立德树人的教育效用。③

再次，以人为本是科教兴国、人才强国的内在要求。科学技术的快速发展越来越离不开高素质人才，世界经济竞争归根结底是人才竞争，怎样培养人则成为教育的关键。当今世界，科学技术的快速发展给人们带来了巨大物质和精神财富，人们的思维方式、思想状态、生活方式等都发生了翻天覆地的变化，这也就直接导致部分人群对于科学技术的盲目崇拜。基于这种“科技万能论”的影响，教育与科技发展的关系被简单化、庸俗化，教育被一些人当作获取优越职位的敲门砖，而人的个性特长、兴趣爱好、道德信仰乃至精神生活遭到冷落甚至践踏，人的主体性不断丧失，科学技术、教育和人才培养中的异化，导致一些人甚至高层次人才丧失主体本性和失去精神家园。针对这种现象，人们痛定思痛，充分认识到价值观教育对科教兴国和人才强国的重要性，强调德育在教育中的突出性，注重培养能够控制科学技术、操纵物质力量的人，让科学技术不会成为异化于人的存在，使人成为世界真正的主体，让世界回归人的世界。

① 于健:《培养21世纪合格人才的几点思考》,《辽宁师范大学学报》2002年第5期。

② 朱小蔓:《德育——教师该扮演怎样的角色?》,《中国教育报》2004年6月4日。

③ 刘智运:《高等教育中“以人为本”的内涵》,《中国地质大学学报》2003年第4期。

三、以人为本:价值观教育的新体现

中国特色社会主义进入新时代,要求价值观教育要适应时代新需求实现新发展,就必须在价值理念、教育内容、教育方法等方面,始终贯彻落实"以人为本"的教育理念,引领价值观教育人本化发展。

(一) 要增强以人为本、立德树人的教育自觉

立德树人是我国教育的根本任务,要求价值观教育必须围绕这个根本任务展开,坚持以人为本,尊重人、关心人、理解人、鼓舞人,坚持围绕价值观教育对象的道德素养、价值取向、精神实质和行为表现而实践,实现价值观教育的个体与社会价值的辩证统一。

一是尊重人,树立教育者与被教育者平等的思想观念。价值观教育的主要对象是具有独立人格、现代意识和崇尚科学的青少年。因而价值观教育者必须要充分尊重和保护受教育者的人格,爱护受教育者的自尊心,为受教育者开展价值观教育,依靠受教育者开展价值观教育。以人为本的价值观教育的核心就在于对人性的肯定、对人的智慧与潜能的信任、对自由与民主的追寻,它的根本目的是唤醒和尊重人性,充分提高人的主体性意识,促进人的个性化发展,从而最充分地调动人的积极性、激发人的创造性,最大限度发挥人的主观能动性。价值观教育工作者首先要学会尊重人,将尊重他人与自身相统一,端正自身,严格要求自己;在与受教育者交往过程中谦逊谨慎,虚心听取他们的意见,尊重每一个人的权利。只有这样,受教育者才会真正的尊重教育人员、爱护教育人员。

二是关心人,帮助受教育者树立正确的利益观。以人为本的价值观教育就要关心人,而关心人重要的一点就在于关心人的利益。社会主义市场经济条件下人的趋利性特征日益明显,受教育者的思想认识与其合理利益的满足的联系日益紧密,对于两者关系的处理直接影响价值观教育的效果。这也就要求我们首先必须要高度重视受教育者合理合法的物质利益,用马克思主义的利益观来引导他们形成对各类利益的正确认识和正确处理各类利益关系,积极鼓励他们通过正当方式追寻个人利益。必须要从最广大人民群体的根本利益出发,深入他们的生活实际,掌握其思想状态,切实关心人,多做得人心、暖人心、稳人心的工作。只有这样才能够有效引导和发挥人们各方面的积极性,充分发挥价值观教育的效用。

三是理解人,树立教育的生命性价值。理解是思想沟通与情感交流的桥

梁与纽带。在进行价值观教育的过程中，我们要注重换位思考，想他人之所想，急他人之所急，设身处地地为对方着想。当今社会，人的个性特征差异较大，因此，针对不同个性的人所采用的教育方式方法也应该不同，因材施教，多关注他人的优点，信任他人、肯定他人、尊重他人，与他人多交流、沟通，在思想交流之中形成共识，减少误解，增进双方的友谊与信任。价值观教育要充分尊重教育对象的心理年龄特性及其规律，采用科学适当的方法，充分尊重教育对象的个性和天性，围绕个性来进行教育活动设计与教育方式的使用。

四是鼓舞人，树立教育的社会性价值。以人为本的价值观教育就是要不断地激励人、鼓舞人，不断提升人的积极性与创造性，开发人的潜能与价值。激励与鼓舞是对人工作与价值的肯定与认可。当今时代，压制人的个性也就等同于扼杀人的创造力，社会进步的一个显著标志就在于对人的个性的社会认同。在人际关系问题的协调上，强化学生的包容意识，形成相互合作、相互促进、相互激励的氛围，让人们在思想的碰撞与交流中实现自我价值的升华。要积极引导个人发展，为个性健康充分的发展创造有利环境；要积极开发人的智力，培养人的创造精神，提升人的创造力，提升人的自我价值实现程度与社会贡献度。基于此，我们应该坚持以人为本，将人的潜能的开发、价值的升华和创造力的提升作为新时代价值观教育工作追寻的重要目标，不断鼓舞与激励人，从而促进价值观教育目标的实现。

五是服务人，树立教育者为教育对象服务的观念。教育者与教育对象两者不可分割，没有主次之分，是平等存在的统一体，教育者的教育目标、教育方式、教育效果必须要通过教育对象才能够有效体现。价值观教育人本化要求教育者必须有正确的角色定位：即教导者与服务者的统一体。在进行价值观教育的过程中，教育者必须要为教育对象提供服务，彻底消除教育对象因师道尊严所带来的压迫感与紧张感，促进双方关系的有效融合。万万不能有“我打你痛，我说你听，我令你行，我禁你止”的极度不平等的教育观念。

（二）要为人的本质的自由全面发展提供价值引领

价值观教育人本化要把满足人的精神文化需要作为出发点和归宿，提升价值观教育的吸引力和实效性。这就要求价值观教育必须把以下四个方面有机结合起来，促使教育内容与时俱进、贴近实际，适应时代、社会和教育对象的发展需要，有利于新型思想人格的塑造。第一，加强理论引导。理论是行动的指南，科学的理论和思想价值观能够形成有效的凝聚力量，指导实践的正确实施，因此要有计划、有目的地开展常态化的理论学习。要通过开展专题教育培养人的良好政治素质,树立正确的“三观”,增强人们的学习热情与社会责任感。要贴近实际、贴近工作,以重大事件或重要纪念日为抓手,以增强理想信念为核心,大力开展集体主义、爱国主义、社会主义等社会主义核心价值观教育活动。第二,加强知识学习。当人的生存权得到满足以后,就会产生更高层次的发展权的需求,正如古人所云:“欲不可尽”。所以,价值观教育必须将引导人们学习科学技术知识、提升人的劳动技能、强化人的竞争意识作为重要内容。知识型社会的创建过程必然需要在整个社会中创造良好的学习风气和环境,引导人们树立正确的学习意识。学习不仅可以提升人的素养,同时也可以提升全社会的文明程度。第三,积极开展文体活动。通过开展人民群众喜闻乐见的、多层次的文体活动,让党员干部充分参与其中,寓教于乐、寓教于文。例如座谈会、茶话会、报告会;积极组织参观学习,开展慰问谈心活动;举办板报比赛、影像资料收集展示活动;等等。通过上述活动丰富人民群众的精神生活,增长见识,促进相互之间的信息交流与沟通。第四,加强道德教育。改革开放以后,西方个人主义价值观念渗透较为严重,拜金主义、享乐主义、实用主义甚至极端个人主义的发展趋势较为明显,人际关系在某些领域、某些范围、某些层次变得复杂化、庸俗化、商品化,这些都是社会发展的阻碍,因此,加强思想道德教育必然成为价值观教育的重要内容。

(三) 从人的实践本质出发,创新工作机制和方法

价值观教育要深刻贯彻落实以人为本的理念就必须要从根本上改变教育方法,创新教育工作机制。面对新形势、新任务、新时代,价值观教育必须要以新实践创新工作形式,探索工作新路径,提升工作水平。要从人的本质、发展规律和现实需要出发,努力创造适应新需要、新形势的工作机制与方法,把价值观教育与人的幸福、自由、尊严和价值紧密结合,以现代人的视野和精神培养全面发展的现代人。坚持架构建设人性化、人文化、人格化,摒弃不合时宜的传统观念,从旧的条条框框的束缚中解放出来,积极创造适合新形势与新要求的工作方式方法,走出价值观教育人本化的新路径。一是要深入研究人的特征、发展规律和现实要求。要认真研究作为个体的人的思想形成的客观原因,从而从最深处了解他所关心的问题、所需要解决的问题、所需要满足的需求,认真仔细、真心实意地了解他的意愿,掌握了解他的情绪、观念、需要的变化动向。此外,人本身就蕴藏着丰富的价值观教育资源,及时发现和总结人们在实践过程中所形成的良好思想品德、行为习惯和具有创新价值的经验、方法,通过有效地改变影响人思想的外在因素最终达到改变人的思想的结果。二是要坚持以“疏导”为主,积极引导人。要认真研究和把握新形势

下价值观教育工作的特征和规律，依据不同行业、专业、不同年龄、不同背景的群体的差异性，将实际情况与思想教育相结合，将服务与耐心、细致的思想教育相结合、加强思想价值引领。价值观教育的形式要求深入浅出，充满生机与活力，切记过去那种“假大空”式的说教；要以人的实际需求为根本，善于发现、培育、推广人们在实际工作中形成的典型方式，充分发挥典型的示范、引导和激励作用，让空洞的价值观教育变得有血有肉、入情入理；要将价值观教育活动常态化和生活化，经常性地组织开展谈心谈话活动，对受教育者因势利导，充分发挥价值观教育的效能。三是要关注受教育者的感受，构建渗透式的教育模式。要摆脱“纯粹”的思想道德工作桎梏，采用多方式、多渠道、多形式的教育模式向教育对象渗透正确的思想价值理念，达到“润物细无声”的效果。依托现代互联网传媒工具进行渗透。互联网的快速发展为新时代的价值观教育工作开辟了全新的渠道和方式。教育工作者要善于使用现代化传媒工具，特别是网络技术进行全方位的价值观教育，加大思想政治教育工作的科技水平，让高科技为党的建设、价值观教育工作的质量改善提供服务。要围绕人们对于知识、快乐、美好和进步的需求而开展教育活动，通过渐进的方式逐渐培育人们良好的集体意识、价值观念、生活方式等。四是注重自我教育，创造以情感人、以理服人、以爱育人全新价值观教育方式。目前，我国社会经济生活各方面正发生深刻的改变，改革正处于攻坚期，人们的心理状态、思想情感、价值观念、行为模式也因改革而发生变化，部分群体心理失衡，用强制漫灌的方式进行价值观教育工作已经无益于问题的解决了，甚至会导致人们产生逆反心理。所以，价值观教育要注重“内化”，创新教育方式方法，采用启发式、谈心式、交流式的方法让人们乐于接受价值观教育的内容。教育工作者要运用广泛参与、平等交流、自我教育等方式，全方位多角度做好价值观教育工作。要带着对人的诚挚情感，设身处地为他人利益着想，提高价值观教育的号召力、凝聚力和引导力。

（四）坚持以人为本、以文化人

价值观教育要科学合理运用大众传播媒介，加强文化建设，创造出以人为本的舆论环境与生态环境，充分发挥高度发达的大众传媒工作如电视、广播、报纸、网络、即时通信工具等媒介的作用，营造出以人为本的教育环境与氛围。要充分促进人与自然和谐共生，让人们在良好的生态环境中工作与生活是开展“以人为本”的价值观教育的基础与重要条件。例如，对青少年学生加强价值观教育要将促进学生与学生、学生与教师、学生与环境、教师与环境之间的协调发展作为重要内容。要让价值观教育达到以理服人、以爱感染人和教育人的目的就必须坚持“以人为本”的教育原则,构建和谐的环境,让价值观教育充满人性,切实提升其亲和力、凝聚力、感染力、号召力。价值观教育需要根据社会发展的新形势与新需求,从制度、管理、方式等方面不断健全教育体系和加强教育效果,为人们提供良好的展示平台。人是价值观教育中最为珍贵的资源,要培育全面发展的人,就必须要注重人的价值、能力和个性的开发与保护。价值观教育只有帮助人们建立良好的人际关系,才能够为人们提供宽松的环境,创造有利于培养人们积极向上精神状态的社会环境,让每个人的潜能都得到充分的发挥与展现。

四、以人为本:价值观教育适应时代发展的新要求

当今时代是一个百年未有的深刻变革时代,一方面,信息化、网络化、科技化、全球化、市场化条件下,文化多元、思想多样、价值多维,迫切需要我们从人的实践本质出发,适应复杂多变的国际国内形势和时代发展新要求,加强和改进价值观教育;另一方面,中国特色社会主义进入新时代,我们要坚持马克思主义人学思想,按照习近平总书记的要求,牢固树立以人为本、以人民为中心的价值理念,适应时代发展的新要求,与时俱进推进价值观教育人本化发展,为人的自由全面发展提供思想价值引领。

价值观教育人本化发展是教育工作者与教育对象依据社会和自身发展需要,以马克思人的本质的自由全面发展为价值导向,以正确的思想道德为指引,以促进社会和人的全面发展为目标,不断磨砺科学的价值观念、提高思想道德素质、引领人的全面发展的过程。中国特色社会主义进入新时代,我国所处的国际局势和国内形势都发生了十分深刻的变化,给价值观教育带来许多新情况、新矛盾和新挑战,这也对价值观教育提出了人本化发展的新要求。正如恩格斯所说:“每一时代的理论思维,从而我们时代的理论思维,都是一种历史的产物,在不同的时代具有非常不同的形式,并因而具有非常不同的内容。”①

(一) 适应网络对价值观教育发展的新要求,牢牢把握网络话语权

网络是指以计算机和信息技术为基础,以实现资源共享与信息互通为目的的虚拟世界。手机和网络越来越影响人们的生活方式和价值观念。网络

① 《马克思恩格斯选集》(第3卷),人民出版社1995年版,第465页。

信息传播直接改变了以往传统媒介的传播局限，首次将信息传播与互动推向了更为广阔的空间。网络的快速发展丰富与发展了人们的社会关系；网络领域信息、知识的丰富多样化为人们视野的拓展、知识量的丰富和辨别能力的提升提供了更多的资源与平台；网络交换、沟通的便捷与高效，消除了时空障碍，提升了人们的学习效益和发展机会；网络领域的虚拟现实性为人们的学习与研究提供了理想化的模拟和实验平台，提供了预测目标和防范风险的手段，促进了人的能力的提升。网络化时代，一方面我们可以畅游于知识的海洋，借助网络不断获取新的知识与信息；另外一方面我们也遭受了信息“暴力”，信息选择的难度不断提升，甚至部分群体沉溺于网络虚拟世界无法自拔。面对网络的机会与威胁，价值观教育如何科学有效地运用网络提升教育的针对性、实效性，降低网络的负面影响，成为当前亟待解决的重要课题。

一是高度重视网络对价值观教育的影响。

第一，海量网络信息增加了选择难度。网络平台信息的“爆炸性”与高容量突破了传统媒介信息传递与储存的局限，实现了信息的跨时空传播与链接。一方面，它表现的是信息种类、来源、容量的多样性和信息交换、传播的快速性。人们可以在浩如烟海的信息海洋中自由地徜徉，促进自身的发展。另一方面，它也给人们带来了强大的信息压力与信息选择困难。信息压力指的是人们面对激增与快速变化的网络信息，强烈的竞争性与差异性让人们无法快速应对，压力巨大。就信息的评价与选择而言，由于存在着价值多元化、社会背景多样化的情况，人们对于信息选择的主观认定与客观参照促使评价标准不断发生变化，一方面有利于人们期望值的攀升，产生激励作用，另一方面人们在信息的海洋中犹如漂泊不定的小船，无所适从，在无法选择的迷茫中产生焦虑感。

第二，网络对人的思想道德观念产生负面影响。网络容易导致人们政治观念淡薄、价值取向与道德标准多元化。青少年学生作为重要的网络群体，正在潜移默化地受到互联网的全方位影响，他们正处于“三观”塑造的重要时期，网络空间文化与价值观的多元性必然给辨识能力较弱的学生带来严重的冲击，导致一些青少年学生政治观念、民族意识、道德信仰歪化。此外，网络对于青年学生的身心健康也产生了一些消极的影响。网络空间纷繁复杂的信息使得人们容易沉溺于网络虚幻世界之中，严重与现实社会脱节，“网络成瘾综合征”已然成为一种新的精神疾病困扰着人们。网络的诱惑力使得很多“网迷”“网虫”整天沉浸于虚拟世界无法自拔，一个人若被“网瘾”所左右，就会陷入巨大的不安与焦虑之中，无法主宰自己的命运。网络特有的隐秘性与虚拟性在某些时候甚至成为心理疾病的诱因，不少群体表现出在现实生活中难以察觉的心理问题。

第三,网络削弱了价值观教育舆论导向的控制力。网络时代更是一个舆论分散的时代。传统传播媒介可以通过对同类信息的反复与持续传播产生累积效应;强势信息占据传播优势地位,从而产生社会认同效用,更加有利于舆论导向的形成。网络空间中信息传播的分散性导致舆论主导状态难以形成,价值观教育的舆论导向作用在网络空间必然遭到削弱。长期以来,由于对传统媒介的研究程度较深,借助传统媒介开展思想政治教育工作也较为得心应手;但是面对网络这一全新的媒介,由于管理经验、技术水平尚有欠缺,导致价值观教育与网络融合程度不深,教育效果不明显。这也就直接导致生活中一些伦理道德问题开始向网络世界蔓延,各种网络问题层出不穷,传统价值观工作舆论导向力减弱。

第四,网络对价值观教育主体地位形成挑战。网络传播的重要特点之一就是网民的参与度高,网民可以隐藏身份平等自由地在网络平台进行信息的传播与交流。网络世界中没有绝对的权威,价值观教育主体地位受到挑战,这对我们的社会主义核心价值观教育工作产生了一定的影响,传统的教育方式、观念也受到网络的冲击。网络让人们获取信息的主动性和多样化增强,这对于教育对象的“筛选与鉴别”能力是较为严峻的考验。

二是重视网络价值观教育对传统价值观教育的创新与发展。

面对网络的严峻挑战,新时代的价值观教育要增强针对性和实效性,就必然需要在继承和发展传统价值观教育的优势的基础之上充分了解网络价值观教育任务的紧迫性与艰巨性。网络价值观教育主要是指在深刻了解网络本质和影响的基础与前提之上,借助网络培养人们形成符合社会发展与需要的道德品质和信息素养的虚拟实践行为。

第一,网络价值观教育与传统价值观教育一脉相承。网络价值观教育与传统价值观教育两者在指导思想、工作目标和基本原则等方面是统一的,它们并不相互排斥,而是相辅相成的。在指导思想方面,两者都坚持马克思主义的科学立场、基本观点和根本方法,价值观教育工作有着其自身独特的规律和方法,无论在任何时候,任何条件下,都必须要坚持正确的政治方向,以帮助人们树立正确的“三观”为立足点。这也就要求我们必须要紧密结合全面建成小康社会、推进我国社会主义现代化建设的历史与现实,以促进人的全面发展为根本目标、以社会主义核心价值观教育为引领、以爱国主义教育为重点、以理想信念教育为核心、以思想道德教育为基础,不断解放思想、实事求是,坚持以人为本的教育理念,贴近生活、贴近实际、贴近群众,不断提升价值观教育的引领力、感染力、精准性和实效性,为培养社会主义现代化人才做贡献。价值观教育工作其实就是教育主体以一定的准则、观念或规范对教育客体实施有目的、有计划、有组织的影响，这种教育实践活动无论采用何种方式、手段、媒介，都必然需要遵循客观的教育规律，把握受教育者的发展规律和特点。深入贯彻价值观教育的政治性、民主性、平等性、精准性、层次性、差异性等基本教育原则，是实现价值观教育效果的有力保证。

第二，网络价值观教育的基本特征。网络虚拟空间与现实物理空间有很大差异，价值观教育与网络技术融合形成的网络价值观教育能够极大拓展教育空间，形成了许多新的特征。

首先，存在形态的虚拟性与开放性。网络空间的虚拟性与隐匿性，使得网络主体的个人信息都有着较大的虚假性。在网络空间，无论你做什么、你是谁，别人都无法确切了解你的真实身份。由于主体身份的虚假性，他们在网络交流中所表现的情感、思想也都带有一定的虚假性。当然，也可能因为网络空间让人们将现实生活中的“假面具”剥离，反而增加了其思想、行为的真实性与可信度。这种虚拟性与真实性相互渗透、相互存在的局面直接给网络价值观教育带来了较大的困难与挑战。教育工作者与教育对象的去粗取精、去伪存真的信息辨识能力就显得尤为重要。网络价值观教育开放性主要体现在两个方面：一是教育空间的开放性，网络可以将学校、家庭、社会的各个角落连接起来，不同国家、地区的教育界限被淡化，教育开放程度极高；二是指受教育对象的开放性，受教育者无论何种国家、民族、年龄、职业、学历、身份都可以进入网络获取教育资源。这些都是传统价值观教育无法比拟的优势。

其次，价值观教育理念的平等性与主动性。尽管在现实社会中我们十分注重人的主观能动性，但是教育过程中教育者与受教育者的地位和作用是明显不平等的。网络使得传统的面对面的教育模式变成了在线交流，由于虚拟性与隐匿性，双方交流的过程真正体现了主体的平等性。因此，进行网络价值观教育的关键必然是树立平等的教育理念，用平等的态度去对待受教育者。网络空间的特殊性决定网络价值观教育需要主动出击。在现实社会中，由于教育活动的主客体都是被限定在特定的时间和地点，教育者只需要按照事先确定的计划去进行教育工作就可以了。但在网络空间中，由于受教育者的虚拟性、教育主体内部的间接性、教育内容的即时性等因素直接对原有安排和计划产生严峻挑战。教育者必须要主动在网络平台中接触教育对象，了解教育对象，利用各类网络聊天室、微信等即时通信工具和平台了解受众的思想动态，有针对性地实施价值观教育。

再次，价值观教育内容的新颖性与特殊性。由于网络的开放性、虚拟性等特征,因此,价值观教育除了传统的教育内容以外,还必须依据网络的特征增加一些全新的内容:一是网络伦理教育,例如在网络平台尊重他人隐私、不传谣不信谣、不侮辱谩骂他人等等。同时还需要厘清网络的本质、功能,分析网络对于社会发展、价值观念、思想道德等所带来的正面或负面的影响。特别是针对网络黑客、虚拟社团组织、虚拟身份、虚拟人机关系等问题,这些都是现实社会中没有遇到的,所以价值观教育内容必须要新颖。二是道德自律教育,在网络社会中,由于其运行规律的独特性,建立有效的网络社会控制机制体制相当困难,尤其是建立外在的控制体制更困难。所以,着眼于建设内在控制机制,促进和强化网络道德生活主体的自律性不仅非常有必要,而且具有现实紧迫性。网络社会道德问题的特殊性对于道德自律的要求更高,也进一步促进了人们道德自律意识的觉醒,与现有的道德相比较而言,网络道德更加注重以"慎独"为主要特征的道德自律。现有的道德关系基本上都是以面对面的直接关系为主,在该类关系中虽然也强调"慎独",但是对个体行为起作用的往往是强大的舆论压力。在以信息技术为基础的互联网中,人与人之间的交往更多的是以数字信息为媒介的"符号式的交往"。网络行为主体的隐匿性、虚拟性、面具化,使得道德舆论的对象变得十分模糊、抽象。在这种情况下,面对面的传统道德舆论抨击难以形成,个体自身的道德自律则成了正常道德关系维系的主要保障。

最后,价值观教育方式的互动性与建构性。网络传播有效地将大众传播与人际传播二者融为一体,既具有两者的共同优势,又突破了两者的局限性。网络传播不仅具有人际传播的交互性优势,使受众可以直接迅速地接受和反馈信息,而且具有自由性与自主性优势,在网络传播中,受众可以自由自主选取自己感兴趣的内容。因此,网络价值观教育是一种双向互动的实践活动。传统价值观教育基本上采用的都是单向"灌输"的方式,而网络价值观教育则具有双向交互性。双向交互是网络价值观教育与传统价值观教育最大的区别。人们可以借助网络平台进行双向信息交流,教育对象可以在网络平台提出个人思想观点,大家一起讨论,也可以直接利用网络通信工具进行现场解答,实现交互式对话。传统价值观由于受到时空限制,师生之间的会话交流与协作环节难以充分实现或者需要在特定的时空中才能够实现。但是,网络具有互动性与开放性,教育者与教育对象之间、师生之间、同学之间、同事之间甚至陌生人之间都可以在网络虚拟情境中进行思想分享和观点讨论,通过思想的碰撞、语言的交流、信息的呼唤,最终形成自己成熟的知识构架。此外,网络社会中人与人之间是平等的,不存在领导与权威,也不存在高低贵贱之分,受教育者可以以平等的地位与教育者交流,真正做到畅所欲言。在这种平等的环境与氛围中，受教育者可以消除各类顾虑，积极主动地思考与探究问题，从而形成意义构建，这就直接增强了价值观教育工作的实效性与精准性。

三是积极探索网络价值观教育实效性的有效路径。

应该说，加强网络文化建设，提高网络价值观教育实效性的路径是多方面的，这里主要结合笔者从事的高校教育教学为例进行探讨，因为高校越来越成为文化建设和网络价值观教育的主要源泉、主要阵地和主要战场，对引领和谐文化和网络价值观教育有重大建构作用。

第一，加强高校网络文化建设，创新网络价值观教育模式。

从网络价值观教育现存的环境来看，高校网络价值观教育是以校园网络文化为基础的价值观教育全新模式。网络文化是以网络信息传递为手段，以创新和交互为核心的与现实文化密切相连的具有特殊内容和表现形式的文化形式。它所具有的物质、制度和精神层次直接构成了网络价值观教育的三个层面。网络文化已然成为校园文化的重要内容，应将网络文化建设纳入高校文化建设的整体框架之中，高校网络价值观教育也需要以高校网络文化为依托，从学生的网络学习、生活、娱乐等校园文化方面在动态过程中开展价值观教育工作，将价值观教育渗透到学生网络生活的方方面面，而不仅仅局限于课堂之上的价值观教育。

网络时代应该重新定位价值观教育的目的：培养教育对象面对复杂信息环境的价值选择与判断能力，最终形成正确的价值导向和良好的思想道德品质。高校网络价值观教育的内容应该更具精准性、实效性，主要包含三个层次的道德要求：第一，信息产品开发与应用过程中的道德规范。信息产品的开发与应用可能促进社会文明程度的提升，但是也可能给人类带来巨大的安全隐患，例如计算机病毒、信息泄露等等，这就要求产品设计与研发人员必须要具有责任感与正义感。第二，网络世界对人类利益与国家利益关系调整的道德要求。网络世界面临的重大问题之一就是如何正确处理和认识国家与人类的利益问题。网络社会与现实社会的差别就在于无国界性、全球性，因而出现了超国家主义观念。高校必须要正确认识并引导学生对待这一问题，既要注重网络集体利益，也需要注重国家利益，注重全人类的利益。第三，网络交往的道德规范与行为准则。网络主体具有隐匿性与虚拟性的特征，因而需要针对该特征规范受教育者的思想行为，提升网络空间的伦理道德水平。

网络时代，人们对于互联网的依赖程度日益增加，互联网的快速普及使得人们的生活、工作和娱乐都与其密不可分。借助互联网进行沟通与交流已经成为一种日常交往方式,该交往方式直接扩大了不同国家、民族、文化和宗教信仰的人们之间的交往。这就要求网络价值观教育要充分发挥其文化传播的功能,帮助各民族优秀文化有效传播,并且积极引导人们接受不同文化价值观念、不同文化存在的必要性与合理性,摒弃文化一元论、文化冲突论的思维,尊重和理解文化的差异性与多样性。此外,网络价值观教育还需要将网络交往纳入教育体系之中,引导网络主体在网络交往中相互信任、相互尊重、相互理解、相互合作,积极维护自身权益与他人合法利益。①

第二,做好三个"结合",增强价值观教育的实效性。

首先,重视网络价值观教育与传统价值观教育的有效结合,充分发挥思想政治教育主渠道的效用。网络价值观教育与传统价值观教育两者并不冲突、并不排斥,借助思想政治课堂教育和思想政治教育作为价值观教育的主渠道,特别是对广大青少年学生进行价值引领,依旧是极具效果的方式方法,这是其他形式的价值观教育无法比拟和取代的。因为价值观教育的对象依旧是实实在在的人,他们具有鲜明的个性和丰富的内心情感世界。网络世界毕竟只是一个虚拟世界,即使技术再先进也难以到达人们的内心深处,无法完成教育培养人们树立正确"三观"、道德素养和完善人格的重任;人们的辨析能力、思维能力、合作精神、组织能力、人际交往、沟通能力等现代人才具备的基本素养更是网络无法赋予的。实践证明,尽管网络价值观教育丰富了教育资源,拓展了教育渠道,丰富了教育形式,但是价值观教育的本质与核心问题依旧需要面对面的线下教育实践。所以,网络环境下必须要注重线上与线下教育的完美结合,优化、获取网络价值观教育资源的同时也需要充分依靠线下课程的讲授,充分发挥思想政治教育课堂教育的主渠道效用,才能够确保价值观教育的社会主义方向,实现价值观教育的最终目标,实现价值观教育的真实效果。

其次,各类各层次学校都要重视网络价值观教育与素质教育的充分融合,青少年是党和国家的未来,也是价值观教育的重点对象,单一的网络价值观教育资源并不能够满足和吸引学生接受价值观教育,必须要充分体现素质教育的内容,例如学术论坛、社会热点问题讨论、心理健康教育、职业规划教育等活动,充分有机地融入网络价值观教育之中,创新教育内容,增强网络价值观教育的吸引力、感染力和号召力。

最后,推动网络平等互动与主动引导相结合。平等互动是网络价值观教

① 杨丽萍:《高校网络德育创新及路径选择》,《广西大学学报》(哲学社会科学版)2006 年第 4 期。

育的基本特征，但是作为教育工作者需要牢记教育者的本色，不能被网络平台的虚拟性、平等性掩盖了教育者的身份与主动性，积极坚持正面、注重引导，争取教育的主动权，提升价值观教育工作的实效性。①

（二）适应科技发展对价值观教育的新要求，引领科技为人的发展服务

科学技术具有“双刃剑”作用，既为人类创造了丰富的物质财富和精神文明，也带来许多日益严重的社会问题。科学技术的快速发展既改变了社会的物质生产方式，也引起了社会生活方式和思维方式的巨大变革，是人的本质力量的体现。人们在感叹科学技术推动社会进步的巨大威力和改进人类福利的巨大作用的同时，也感受到科学技术对人类生活的冲击所造成的种种问题和危险。科学技术的巨大进步对社会的道德发展和学校的价值观教育工作提出了新挑战。进一步说，科学从来没有像现在这样具有道德价值，因为科学从未像当今时代这样深刻影响人类的前途命运。及时分析预见当前和未来科技发展中价值观教育工作遇到的新情况、新问题，积极探求应对之策，是摆在我们面前的一项重要课题。

一是正确认识科技与价值观教育的关系。

科学技术的进步不仅直接推进经济发展，促进人们生活水平的提高，而且对上层建筑领域的影响也日益广泛和深刻。科技与价值观教育存在着密切而直接的联系。价值观教育作为意识形态工作，属上层建筑范畴，科技的发展对价值观教育产生前所未有的影响，价值观教育面对科技进步也发挥了一定的能动作用。

面对科技发展的强劲势头及科技在当今社会中的重要作用，即使是作为价值观教育主阵地的高校也出现了重智育轻价值观教育，重科技轻人文的倾向，一切以科技为上，忽视了价值观教育要充分利用科技发展教育人的功用。为了摆脱这种错误倾向的影响，价值观教育工作者要厘清科技与意识形态的关系，正确引导人们对待科技知识的学习和个人思想道德素质的提升。马克思主义认为，科技与意识形态的关系是辩证的关系，即科技与意识形态既有区别，又有联系。二者应该相互促进，相得益彰，不可偏废。

第一，科技与意识形态的区别。

科学技术作为人类实践活动的产物，当社会发展到一定阶段的时候，科学技术便作为一种专门的精神生产形式独立存在于社会中。科学是一种知

---

① 杨丽萍：《高校网络德育创新及路径选择》，《广西大学学报》（哲学社会科学版）2006 年第 4 期。

识体系,它是对客观世界及其规律性的正确认识,最终表现为系统化的知识,特别是经过理性深化和加工的理论知识。意识形态则是与物质生活相联系为前提和基础的物质生活的升华,主要表现为政治法律、哲学宗教、道德艺术等多种形式。也就是说,意识形态是由政治、法律、哲学、宗教等观念组成的,这些观念反映出了一定社会阶级及其根本利益。社会意识形态与科学都具有系统性与知识性的特点,但是意识形态还具有反映特定阶级利益的特征,它是为一定的经济基础服务的。在阶级社会中,这种性质就表现为阶级性,主要是为特定的阶级服务。

科学作为一种特殊的社会意识形式,它从属于人与自然斗争的生产力,而不是社会意识形态。科学以其特殊的属性和功能与其他社会意识形态区分开来,作为一种特殊的社会意识形式而存在。这种特殊性就体现在:它作为一种知识形态总是处于向物质形态不断转化的过程中,它的价值、生命力和存在意义不仅仅因为它是一种文化形式、意识形式,更在于它具有的巨大物质力量能够促进社会生产力的发展,最终促使社会产生革命性变革。基于此,自然科学属于社会意识形式与生产力两个范畴,它对于社会的巨大作用可以简单地概括为“自然科学—技术—生产力—社会进步”这样一个公式。所以,马克思主义经典作家从未将科学纳入意识形态的范畴,只是将其纳入生产力的范畴。他们认为,科学技术作为一般的社会生产力可以有效地转化为直接生产力,而不属于意识形态的范畴。科学在其本质上并不是意识形态,它并不具有阶级性,不受阶级利益的支配,反映的仅是自然界的本质联系与客观规律。

科学技术与意识形态在本质、功能、社会等属性上,在反映对象和服务对象上,在社会生活中所具有的作用和承担的任务上,都有着一定的差异性。在当今时代,无论科学技术的力量如何强大,都不可能取代意识形态的作用,更不可能取代价值观教育。相反,随着科学技术的不断发展,社会需要人们具有更强的主观能动性和更加合理的价值取向控制和驾驭科学技术的力量,正确合理使用科技造福于人类社会。片面夸大科技作用,否定意识形态的效用,否定价值观教育的意义,无疑会让科技的负面作用凸显,人类社会及其生活的生态环境将会面临严重威胁,这绝对不是人类所追求的发展目标和生存状态。

第二,科学技术与意识形态的内在联系。

科学技术与意识形态的发展历史充分体现出两者之间的关系:两者相互交融,但又处于或明或暗的矛盾冲突中,意识形态是为维护、强化或改变某种社会制度服务的。科技领域与社会生活中的其他领域一样,也是意识形态竞争的舞台。意识形态与科学技术之间的差异并不能否认两者之间的内在联系和统一性。

首先,科技的发展在某种程度上决定意识形态和价值观教育的发展。“生产过程成了科学的应用,而科学反过来成了生产过程的因素即所谓职能,每一项发现都成了新的发明或生产方法的新的改进的基础。”①正因为科学技术在社会发展中起着基础性作用,所以“科学是一种在历史上起推动作用的、革命的力量”②。科技的发展促进意识形态的变革,丰富价值观教育的内容。自然科学研究活动取得的科学知识,所发现和创立的理论体系、运用的科学方法、树立的科学态度和形成的科学精神等都是推动社会文明发展的巨大力量。科学的本性是尊重客观事实和客观规律的,不盲从、不迷信、不承认任何腐朽权威,一直具有彻底的革命性。当代科技发展,不仅导致社会的经济结构、社会结构的调整与变革,推动经济、政治、教育体制改革,而且开辟了许多新的发展领域,要求社会探索、发展竞争道德、信息道德、网络道德、环境伦理等新的道德内容与规范,抛弃那些愚昧无知、陈旧落后、封建迷信的思想意识,为正确世界观、人生观、价值观与方法论的形成、发展提供事实材料和科学证据。

其次,科技的发展能够强化意识形态功能。科技本身不具有阶级性,也不专门为某一特定的阶级服务。然而,科技一旦被某一特定的主体所掌握和应用,如国家、团体、个人等,就会成为特定社会主体的工具甚至充当不同阶级政治斗争的武器,直接为特定的阶级利益服务。特定的社会主体总是希望寻求科技力量的支持与服务,为特定阶级利益和政治制度辩护或获得保障。无产阶级借助现代科学技术深刻揭示了事物的客观规律性、真理性,论证辩证唯物主义历史观和无产阶级革命理论。资产阶级同样也使用某些科学理论去反映资产阶级的利益诉求,使之成为资产阶级的利益工具。例如,资产阶级利用达尔文的生物进化论来反映资产阶级社会优胜劣汰的生活方式,并称之为社会达尔文主义,成为证明资本主义弱肉强食,对外侵略的理论依据。所以,法兰克福学派曾明确指出,在现代发达的资本主义社会,“随着技术对自然的征服的增长,人对人的征服也得到了增长”③。科技作为一种重要的社会力量,一个国家的重要事业,它的发展和取得的成就本身就具有扩大政治影响力的作用。许多国家之所以投入大量资源发展科技,力求科技在世界

① 《马克思恩格斯全集》(第 47 卷),人民出版社 1979 年版,第 570 页。

② 《马克思恩格斯选集》(第 3 卷),人民出版社 1995 年版,第 477 页。

③ 〔德〕马尔库塞:《单向度的人——发达工业社会意识形态研究》,上海译文出版社 1989 年版,第 228 页。

上争得优势地位,除了有发展经济的原因以外,还有显示国家威望,增强国民的自尊心、自信心、自豪感,增强民族凝聚力,扩大社会制度政治影响的作用。所以,世界各国都先后制定了"科教兴国""科技强国"的发展战略。

最后,意识形态对科学技术的发展具有反作用。意识形态的不同方式对科技发展产生不同程度的影响,以政治、道德的影响更为直接。科学技术知识的学习、运用与研究总是会受到一定的制度、法律法规、统治思想的制约,并为一定的政治服务,同时政治也反过来影响和促进科技发展的进程。政治所作用的直接对象是社会和人,它主要是通过政治秩序、制度环境对人产生影响,通过人的行为作用于科技,即通过作用于科技人员和教师等中介环节来影响科技。政治对科技实现的只是外部控制,并不能取代科技系统内部的力量。许多政治上的意图和要求都必须通过科技人员和教师接受并具体提出种种科研课题,变成科研人员的科学行动,才能发生实际效果。在现代社会条件下,政治、法律对科技的影响和作用,主要是通过政策、法规来实现的。学校如何正确利用国家科教兴国战略和政策、法规,鼓励人们献身科技事业,提高科技水平,攀登科技高峰,是价值观教育人本化发展的时代课题。

道德也能够影响科技发展。马克思主义认为,人们的道德水平、思想面貌和社会道德风尚一旦形成,就对经济基础和科学技术的发展起着能动作用。道德水平的提升、进步的道德风尚的形成必然会推动经济的发展,直接或间接地促进科技的进步。思想道德不仅仅为科学技术提供价值目标与判断,而且为科技人员提供人文和价值准则。良好的科技道德,不仅促进科技发展,而且是宝贵的精神财富。爱因斯坦 1935 年在悼念玛丽·居里的演讲时,列举了居里夫人在科技活动中的许多高贵品质,如坚持、纯洁的意志、严以律己、客观、谦逊、公正不阿、顽强和高度的社会责任心等。爱因斯坦不仅高度评价了居里夫人的高贵品质,而且深刻揭示了这些道德品质对科技发明、发展的价值,他说:"像居里夫人这样一位崇高人物结束她的一生的时候,我们不要仅仅满足于回忆她的工作成果对人类已经做出的贡献。第一流人物对于时代和历史进程的意义,在其道德品质方面,也许比单纯的才智成就方面还要大。即使是后者,它们取决于品格的程度,也远超过通常所认为的那样。"①

总之,科学技术与意识形态是密不可分的、不可替代的辩证统一关系。

---

① 〔德〕爱因斯坦:《爱因斯坦文集》(第 3 卷),许良英等译,商务印书馆 1979 年版,第 339—340 页。

针对当前科学技术地位较为突出、作用强大的现状,充分认识和把握两者之间的辩证关系,对于我们进行价值观教育实践、充分发挥价值观教育的引领作用、促进科学技术的进步、认清和拓展人的本质力量,具有十分重要的理论指导意义。

二是认清科技发展对价值观教育的挑战。

科学技术是一把“双刃剑”,对于社会发展既有促进作用,也有消极的影响或者异化。人们在享受科技文明成果的同时,也需要承担与之相关的代价。价值观教育的基本职能就是帮助人们形成一定的社会意识,帮助他们改善或确立良好的政治思想、道德素养和精神文明程度。现代科学技术的高速发展对于价值观教育的冲击较大,面临的机遇与挑战都是巨大的。

第一,科学技术引起价值观教育观念的转变。

一方面,科学技术发展大大提升了人们获得信息的自主性。信息高速公路、网络教育全球化和移动智能通信工具的普遍运用等使得网络主体性教育成为现实。自媒体时代的个体都是网络信息传播的主体,在科学技术的助推下,人们在价值观教育中的主体性地位正式形成,其主体意识、主体能力得到开发,促进了个体的全面发展。

另一方面,现代科学技术推动了人们价值观念的转变。价值观作为人类所特有的精神现象,主要是指人对相关社会关系所做出的判断、评价、态度和相应的思维方式。价值观产生于一定的社会环境和历史条件,是人们在社会实践的基础上进行经验总结和社会认同所形成的思想观念。换句话说,价值观念就是指个体对于各类社会实践活动所做出的评价及其观点。人们价值观念转变的基本方面与整个社会价值观念的转变方向大致是统一的。在封建社会,“官本位”价值观念盛行,人们认为做官可以“光宗耀祖”,因而竭尽全力考取功名;资本主义社会盛行的则是“钱本位”“金钱至上”的价值观念,人们会不择手段获取金钱;在以现代科学技术为核心的知识经济时代,人们知识的拥有程度和创造性地使用知识的能力成为该时期个体自我发展的自觉性要求。很多人都认为想要获得社会的尊重与认可就必须要有真才实学,要有过硬的本领。随着科学技术的进一步发展,以知识为核心的人才观也正在成为人们进行人才选择或评价的重要价值观念。针对人们价值观念的转变,价值观教育工作者要积极引导人们树立正确合理的价值观念,知识性教育与价值观教育并重,让人们在学习、生活、工作等各类实践活动中都能够正确引导自身的思想与行为,积极投身于社会主义现代化事业。

第二,科学技术促进价值观教育方式的改进。

现代科学技术的快速发展致使价值观教育的现实社会环境也在不断发

生变化,教育内容的复杂性和广泛性不断增加,教育教学条件的不断改变等等,必然会导致新的价值观教育方式产生,促使价值观教育方式发生改变。现代科学技术的广泛应用促使人的主体性不断增强,传统的价值观教育方式如"填鸭式""命令式""漫灌式"已经不能够适应现代人发展的需要了。价值观教育工作者必须改革传统的教育教学方法,例如教师可以运用现代价值观教育理论和教育技术改善现有的教学方案与教学设计,采用灵活多样的方式和路径因材施教,积极推动新型价值观念培育模式和方法的形成,从而适应知识经济时代社会发展的需要,切实增强价值观教育工作的实效。

第三,科学技术向价值观教育工作者提出更高要求。

价值观教育的成败很大程度上取决于价值观教育者自身的素质。现代科学技术的高速发展对价值观教育工作者提出了更高的要求。

首先,价值观教育工作者必须要具备博大精深的新科学技术知识。科学文化素养是一个人所具备的科学文化知识结构及掌握程度,它是价值观教育工作者从事教学和科研工作最为基本的素养。知识经济时代的特点就是知识更新速度快、学科渗透融合程度高,新学科层出不穷。根据数据统计,人类的科学技术在19世纪的时候是每五十年增加一倍,20世纪中期则是每十年增加一倍,而现代社会则是每三至五年增加一倍。因此,价值观教育工作者必须要博学多才,具备优秀的科学文化素养、专业素养和广泛的兴趣爱好等。深厚的科学文化素养不仅能够有效培育教育工作者自身品德和完善人格,更是对新时代价值观教育工作者的必然要求。

其次,要具备开拓创新能力和良好的教育技能。价值观教育工作者的能力素质是建立在不断优化的知识结构和丰富的教育实践活动之上的综合能力,例如组织能力、语言表达能力、教育疏导能力、开拓创新能力等等。未来的价值观教育工作者将由知识的灌输者向学习的引导者、组织者转变。他们要将十几名甚至几十名具备不同个性的人稳定有序地组织在一起,创造出生动高效的学习氛围,因材施教,促进人的全面发展。如果价值观教育工作者不具备高超的教育水平、良好的组织能力、创新的教育思维和科学的教育方法,他将无法真正做好价值观教育工作。

最后,价值观教育工作者必须要具备健全的心理素质。知识经济时代科学技术的广泛应用促进了生产效率的提升,人可自由支配的时间增加,但是快节奏的生活也会导致人们心理失衡。此外,由于就业需求的减少,结构性失业成为一种必然现象,而有限的岗位竞争则会导致人们产生剧烈的心理震荡。所以,价值观教育工作者健全的心理素质是保证他们适应社会快速发展、参与市场竞争和培养高素质人才的基本要素。

三是推进科技教育与价值观教育相互促进。

第一，在科技教育中注重人的社会责任感的培养。

科学技术工作者应该具备强烈的社会责任感。从人类社会发展历史来看，科学技术不仅仅是一种认识活动，更是一种与人类社会发展前途和命运紧密相连的社会活动。科学技术最为重要的社会功能就是为人类社会实现由必然王国向自由王国转变创造基础和条件，而实现这个功能的前提就是人类科技工作者必须要具备强烈的社会责任感和使命感。从人类社会发展的现实状态来看，科学技术发展程度越高，科技工作者承担的社会责任也就越重大。因此，掌握科学真理的人头脑中所形成的理性思想、逻辑观念、理想信仰和价值追求，必然需要从科学层面拓展到社会层面。科技工作者需要关心社会动态、参与社会活动、影响社会发展，产生对社会客观规律的敬畏感，具备在社会需要时挺身而出的巨大勇气。科学技术本身不具备阶级性，但是科技成果的使用者的差异会导致社会结构的差别。现代科技活动的内在要求之一就是需要科技工作者勇于承担社会责任，因而价值观教育工作者在教育过程中需要始终贯彻对人的社会责任感的培养，这是每一位教育工作者需要履行的义务。

第二，在科技教育中重视培养人的哲学思维能力。

科学之所以成为推动社会变革的伟大力量，正是因为它具备哲学的理性批判精神。理性批判精神对于激活人的思维潜能、拓展人的精神视野具有重要作用。这也就要求教育工作者在讲明科学知识的同时，也能够帮助和启发人们去积极探索科学知识背后蕴含的新课题、新知识，让人们掌握科学方法活的灵魂。科学方式是人们在认识和改造世界中总结归纳出来的正确思维方式，是深化对世界认识的重要工具。教育工作者只有自觉站在哲学思维的高度传授科学知识和科学方法，积极引导人们了解和掌握科学的动态性、成长性和具体性特征，才能够让人们真正掌握科学方法活的灵魂。人只有从哲学思维的高度掌握了科学方法，才能够在纷繁复杂的现代科技中寻求真相和揭示世界发展的客观规律，才能够结合具体环境灵活运用科学方法解决人们面临的具体问题。

第三，科技教育与价值观教育应融为一体。我们教育的根本目标是培养德智体美劳全面发展的人，这也就直接决定科技教育与价值观教育统一的必然性和重要性，科技教育中所蕴含的真、善、美也为两者融为一体提供了现实的可能性。一方面，科学能够拓展人的视野和胸怀。科学研究对象浩瀚深远，科学理论博大精深、科学目标宏伟壮丽，科学成就威力无比，科学精神高尚卓越，这些因素时时刻刻都在刺激探索者的心灵，拓宽他们的视野与情怀。

一个全身心热爱科学事业的人,当航天设备传回太空影像时,当能够欣赏到浩瀚星空的壮丽美景时,当能够了解某种函数展开的无穷魅力时,必然会产生能够融入宇宙的自豪情怀。另一方面,科学能够促进人们优良品德的形成。科学作为人们探索未知领域的实践活动,智力仅为成功提供了可能,而抵达科学真理彼岸更需要优秀品德的推动和正确价值观的引领。凡是成就斐然的科学家都具备优秀品德与智慧。科学所需要的科技品德,正是一代代科技工作者在长期实践过程中被科学精神哺育所形成的科学工作准则和优秀道德品质。

(三) 适应经济全球化对价值观教育的新要求,加强价值观教育

经济全球化是与市场化密切联系在一起的,马克思在分析资本主义市场经济时,早就预见了世界市场和经济全球化的必然趋势及其对人的思想价值观念和人的自由全面发展的影响。随着科学技术的进步和世界市场的不断发展,冷战结束后,和平与发展的时代主题成了经济全球化的助推器,要和平、促发展、谋合作的国际共识加快了经济全球化的历史进程。经济全球化主要是指由于生产国际化和科技革命的深化,世界各个经济体相互依赖、相互渗透的日益加深,导致各国家或者地区所有的经济部分和经济环节都成了这个整体不可分割的重要组成部分。经济全球化迅速推进必将衍生一系列国家间的政治问题,使国际交往显现出国际经济政治化和国际政治经济化的趋势。

一是正确认识经济全球化对人的发展和价值观教育的影响。

中国的发展离不开世界,在经济全球化的历史潮流中,不可避免地要与发达资本主义国家进行交往,与发达资本主义国家共存共生。经济全球化对价值观教育发展提出了新的要求,我们要认清经济全球化的实质,以此为契机不断推进价值观教育人本化发展。

第一,认清经济全球化的“双刃剑”作用。

生产力是人的本质力量的体现,经济全球化是生产力发展的必然结果,由于各个国家和地区生产力发展不平衡、加之文化思想价值观念不同,决定了经济全球化是一把“双刃剑”。一方面,经济全球化使得世界各地的资源得以在全球范围内有效配置,发达国家的资金、技术、管理经验与发展中国家的资源、劳动力和市场形成全新组合,各个国家与地区在世界经济发展过程中优势互补,相互促进,大大促进了世界和各个国家经济发展水平的提升。发达国家拥有雄厚的资金、掌握世界最先进的生产力,处于全球分工体系的优势地位,是经济全球化的最大受益者。另一方面,经济全球化对于发展中国

家则是一把“双刃剑”。发展中国家借助经济全球化的效能可以充分吸收外资、学习先进管理经验和先进技术，对国内经济进行调整和改革，从而整体提升其制造业和工业的国际竞争力。部分具有潜力的发展中国家甚至可以获得“后发优势”，在国际经济的竞技场上与发达国家展开比拼。与此同时，经济全球化加剧了发展中国家的竞争压力和经济风险。总体而言，发展中国家在经济全球化的竞争中依旧处于不利地位。

马克思主义强调经济基础决定上层建筑，恩格斯指出：“政治、法、哲学、宗教、文学、艺术等等的发展是以经济发展为基础的。但是，它们又都相互作用并对经济基础发生作用。并非只有经济状况才是原因，才是积极的，其余一切都不过是消极的结果。这是在归根到底总是得到实现的经济必然性的基础上的互相作用。”[①]经济是基础，政治是经济的集中表现，经济与政治不可能分道而行，它们是辩证统一的历史进程。政治与经济的统一，是历史的统一、现实的统一、发展的统一。在和平与发展成为时代主题的当今世界，以科技为先导，以经济为核心的综合国力的竞争成为国家间比拼的关键，经济与科技因素成为世界的主导性因素，政治则表现为经济的政治。尽管经济全球化浪潮汹涌澎湃，经济因素占据主导地位，但经济工作和其他各项工作中不可避免有着政治的渗入，只不过政治的内容与作用方式发生了变化。

第二，国际经济政治化与国际政治经济化。

国际政治指的是世界各国在国际社会中的利益关系的协调与控制活动和在活动中所形成的各类关系。国际经济则是指国际社会中的各个国家或地区之间的产品、劳务的生产、交换和流通分配活动，以及在这个过程中所形成的各类关系的总和。国际经济决定国际政治，而国际政治则对国际经济产生反作用。在主权国家之间所构成的国际关系之上所出现的国际经济政治化和国际政治经济化体现于主权国家的外交政策之中。

国际经济政治化主要是指国际经济的发展深受政治因素的影响，带有浓厚的政治色彩。国际经济政治化是当今世界发展的重要趋向。在冷战时期，国际关系的主要发展趋势是军事、战争政治化，表现为强国对弱国的武装干涉、军事封锁、战争威胁。冷战结束后，经济手段成为解决国际政治问题的主要手段，各国都利用经济手段为其国家政治服务。发达资本主义国家大量运用经济援助、经济合作、对外贸易、对外投资等方式进行政治渗透、政治干预；运用经济制裁、经济封锁手段进行政治攻击、政治颠覆。霸权主义既表现为政治霸权，又表现为经济霸权。经济发展压力在很大程度上也是一种政治

---

① 《马克思恩格斯选集》(第4卷)，人民出版社1995年版，第732页。

压力。

国际政治经济化指国际政治的发展深受国际经济因素的影响,从而带有浓厚的经济色彩。世界部分国家在利用经济手段影响政治,为本国获取最大化的综合利益的时候,在经济上积极干预国际政治活动和影响国际政治关系。国际政治受经济影响包含相互联系的两个方面:一方面国际政治活动与政治关系被赋予了经济目的;另一方面各个国家积极主动参与国际经济活动,力求由冷战结束后的军事斗争向经济竞争转变,真正形成了全球化的国际社会主题,也成为各国政治的主要内容。同时,世界各国都把政治外交由原来要直接维护政治制度和文化,转变到维护政治、经济、文化三位一体,通过解决经济问题,谋求经济利益和国家安全,利用国际政治舞台为其经济发展服务来达到巩固国家政权的目的。

第三,经济全球化与政治多极化、文化多元化。

经济全球化是当代世界发展的潮流和趋势,正在广泛而深刻影响世界政治、经济的未来走向,影响不同文化和意识形态的传播与交流。经济全球化加强了各民族间的相互交流,使各国间的相互依赖程度加深。现代科学技术的迅猛发展加速了经济全球化的进程。由于历史原因,造成了世界各国科技发展水平的差距,形成了经济实力间的巨大差异,西方发达资本主义国家较早完成了工业化,开启了经济全球化之门,就目前而言,发达国家在全球化进程中依然处于主导和支配地位。发达国家的经济发展,依赖现代科技的强大支撑,大量的经济投入又加快了现代科技的发展,形成了经济与科技的良性互动,成为经济全球化进程中的引擎。广大发展中国家经济发展囿于科技水平,科技发展受经济条件制约的状况比较明显。我们应当清醒地看到,发达国家不会放弃本国的经济利益与政治主张去与发展中国家在经济上共享,在政治上“趋同”。他们意图去做的是将广大的发展中国家变成发达资本主义国家的不对等的小伙伴,对社会主义国家实施“西化”“分化”的图谋,颠覆社会主义政权,实行资本主义的一统天下。随着经济全球化和信息化而来的则是不同文化、意识形态的矛盾冲突更加广泛而频繁。这些变化必然反映在人们的思想观念上。“不重视这些变化,不以这些变化作为加强和改进思想意识领域工作的终极依据,我们就会失去思想意识领域中的优势,进而失去该领域中的领导权。”①因此,认为经济全球化导致全球经济利益一致化、政治取向一体化、文化价值观念趋同化的“普世价值”论调,不过是发达国家的一种欺骗性宣传。由此可见,经济全球化不过是发达资本主义国家在旧的国际

① 郁建兴:《马克思主义理论与现时代》,《中国社会科学》2001年第6期。

政治经济秩序条件下，维护自身利益推销其政治目的的手段，一旦危及其利益就会出现经济逆全球化。[①]特朗普政府的美国优先政策和无端“退群”行为充分证明了这一点。

总之，经济全球化虽然有利于各个国家之间的经济联系，但绝不会导致政治一极化和文化一元化，而是会出现政治多极化、文化多元化。这是因为经济全球化进程的不平衡性是政治多极化发展的社会基础。世界是丰富多彩的，不可能为一种政治制度、一元价值观念所垄断，“华盛顿共识”破产越来越证明了这一点。

第四，经济全球化对我国价值观教育的影响。

随着经济全球化的发展，价值观教育也出现许多新情况、新问题。经济全球化不仅带来了全球范围内的资金流动，而且造成各种文化思想和价值观相互碰撞。发达资本主义国家不仅利用经济全球化剪发展中国家的羊毛，而且利用其在经济全球化进程中的优势对发展中国家进行政治、文化、生活方式和价值观的渗透，对发展中国家已有的价值观念、道德观念形成巨大的冲击和严峻的挑战。在经济全球化的发展过程中，发展中国家处于弱势地位，不仅要正视西方发达国家在经济上造成的后果，而且要正视这些经济上的后果造成的道德和政治上的后果。

价值观教育首先面临发达资本主义国家强势经济、科技扩张和文化霸权的影响。发达资本主义国家经济扩张的结果，拉大了发达国家与发展中国家间的经济差距，引起不同文明间的冲突。经济全球化是由发达国家主导的，使世界各国、各个地区在全球中的地位和发展水平差距进一步加大。广大发展中国家面临许多新的挑战，发展更趋困难，南北贫富差距进一步扩大。这不仅不利于全球经济的健康发展，也不利于地区和世界的和平与稳定。资本主义的发家史就是一部不断对外扩张的历史：一方面，资本主义凭借经济实力，通过资本输出、抢占他国市场；另一方面，通过赤裸裸的武力征服、进行资源掠夺。任何一个发达资本主义国家都有过掠夺聚财、剥削致富的历史，使发达资本主义国家与发展中国家经济的裂痕越来越大。冷战结束后，发达资本主义国家改变了传统的掠夺方式，主要通过资本扩张、科技输出、文化霸权和思想价值观念渗透来扩大发达国家的领先优势。

改革开放40多年来，我国经济高速发展、科技不断进步。可是与发达国家相比，差距依然很大，在竞争中我们仍然处于弱势地位。在经济全球化、信息化、网络化背景下，这种差距将被许多人从不同途径、以不同方式直接感受

① 马凤强：《“意识形态趋同论”探析》，《石河子大学学报》(哲学社会科学版)2007年第6期。

到。这一客观事实是对价值观教育最直接的挑战。我们要使青年人正视这一事实,为缩小与发达国家经济、科技的差距奋发图强,就既要做长期的、深入细致的说服教育工作,更要靠科学的理论武装和思想价值引领发展,不断增强社会主义核心价值观教育的说服力。邓小平告诫我们:"最终说服不相信社会主义的人要靠我们的发展。如果我们本世纪内达到小康水平,那就可以使他们清醒一点;到下世纪中叶我们建成中等发达水平的社会主义国家时,就会进一步说服他们。"①

在经济全球化的进程中,价值观教育直接面临发达资本主义国家意识形态的影响。资本主义制度和意识形态向全世界的渗透与资本主义的对外经济扩张相伴相依。获取高额经济利润是资本主义扩张的目的,思想渗透则为资本主义的扩张保驾护航。作为一个发展中的社会主义大国,我国被资本主义国家明确定位为竞争对手,是西方意识形态渗透的重点,是西方国家西化分化的焦点。新中国成立以来,西方意识形态的渗透就没有停止过。改革开放以后,西方文化大量涌入,西方意识形态的影响更为直接。西方发达国家凭借经济与科技优势抢占文化市场,对中国进行和平演变。面对发达资本主义国家利用经济全球化对我国进行经济与政治的双重挑战,我们必须推进价值观教育人本化发展来应对这一挑战。

二是应对经济全球化挑战推进价值观教育人本化发展。

经济全球化的迅猛推进,对世界产生了广泛而深刻的影响。为了自身的发展,中国正在积极地融入和引领经济全球化发展。面对全球化浪潮,我国的价值观教育工作一方面受到西方物质生活方式、文化价值观念等方方面面的冲击,另一方面也迎来了新的发展契机。我们要不断推进价值观教育人本化发展,引导人们磨砺正确的世界观、人生观和价值观,增强中国特色社会主义自信。

第一,经济全球化给予价值观教育的发展契机。

经济全球化有助于我国价值观教育人本化、世界化、现代化。重视思想政治工作中的价值观教育,是我国的政治特色,更是我国的政治优势,是中华民族优秀文化养成的重要途径和优良传统。中华文明上下五千年,有着光辉灿烂的文化积淀,是世界文明不可或缺的重要组成部分。中华文化的再发展,中华文明在世界范围内的传播,有利于增强我国在国际社会的影响力。在经济全球化的进程中,我们应当把价值观教育既作为我国的文化优势,也作为人类的精神财富推进它面向世界、面向未来发展。在这方面,高校应该

① 《邓小平文选》(第3卷),人民出版社1993年版,第204页。

更有优势，应该而且能够成为中华文化走向世界的推进器。面对教育国际化发展的大潮，我国高校已经走向世界，价值观教育工作更应面向世界。价值观教育应当把握世界发展潮流，以开放的视野、博大的胸襟，使价值观教育工作覆盖到高校对外的一切活动，培养师生的爱国热情，坚定社会主义理想信念，对参加国际交流和学习的人员产生正面影响，促进我国高校学术研究在国际舞台和对外交流的发展。例如孔子学院的蓬勃发展就不仅有效传播了中华优秀文化，而且推动了我国高等教育国际化发展。

经济全球化有利于进一步完善价值观教育体系。价值观教育是社会主义精神文明建设的重要组成部分，对于引领社会进步和人的全面发展意义重大。以我国经济制度、政治制度为根基的价值观教育工作，蕴涵着中华民族的传统美德，不仅有深厚的思想根基和文化底蕴，而且其鲜明的民族特色和文明之光正吸引世界的关注。中华民族的优秀传统文化已经得到了世界很多国家的赞许，传统文化中的整体主义价值观得到了各国的认同。然而，由于历史原因及现实条件的制约，我国价值观教育工作的开放性、发展性是不够的。在经济全球化的历史进程中，我们的价值观教育工作应该走向世界，面向未来，不断扩大我国社会主义意识形态的影响力，弘扬中华民族优秀文化，把在国内为人民服务的思想向全人类服务延伸，把集体主义价值取向循着开放性、社会化、全球化发展的趋势推进，推动建设持久和平的和谐世界和人类命运共同体，坚信社会主义意识形态和中华民族文化的先进性与生命力，从全球化的视野来丰富人的精神生活，拓展人的社会关系，传播先进文化，促进价值观教育发展人本化。

有比较才能有鉴别，有鉴别和斗争才能发展。世界各国从本国实际出发，以不同的方式对本国人民进行价值观教育，以促进人们的全面发展，为社会进步提供保证和服务。经济全球化有利于各国的相互交流，我国价值观教育在面向世界发展的过程中，应本着互相尊重的原则，求同存异，善于学习好的做法和汲取先进经验，进一步改进、发展价值观教育工作。

经济全球化有利于价值观教育在培养面向世界的人才过程中发挥重要作用。改革开放 40 多年来，我国与世界的联系日益密切，形成了全方位的改革开放格局、对外开放向纵深发展，对我国的人才培养提出了更高的要求。随着对外开放和交往范围的不断扩大，各种文化思想价值观念相互激荡，各种生活方式相互影响，必然引起思想方式、价值观念的深刻变化。面对经济全球化带来的人才竞争，我国的高等教育一方面要与国际接轨，将人才培养推向世界舞台；另一方面要培养大量具有国际竞争力的高素质人才。这也就直接要求价值观教育不仅要让师生掌握广博高深的知识，形成对外的核心竞争力;还需要我们有世界眼光、培养面向世界、能够满足人类社会各类发展需要的负责任的世界公民。

第二,正确应对经济全球化对价值观教育的挑战。

在经济全球化发展进程中,来自世界的不同因素势必对人们的思想观念造成一定的影响。在思想文化领域,不同文化与意识形态的激烈碰撞尽管有利于开拓我们的视野,汲取人类文明发展的优秀成果和进步观念;但与此同时,西方的价值观念也会对马克思主义指导思想的地位产生严峻挑战,一部分腐朽落后的文化也会对中国优秀传统文化产生剧烈的冲击。例如以美国为首的西方发达国家试图用经济全球化中的“国际惯例”以实现他国政治制度的“西方化”和“美国化”。再比如西方国家一直鼓吹的所谓“民主”、“自由”、“人权”、享乐主义、利己主义等价值观念,正在不断侵蚀世界各地的民族文化和区域文化。

全球化时代,我们既要学习西方发达国家先进的科学文化和管理技术,又要防止西方敌对势力利用文化输出搞和平演变。面对经济全球化进程中西方发达国家的强势与发展中国家的弱势的矛盾,如何正确引导人们认识经济全球化延伸出来的政治全球化和文化全球化的本质;如何认识资本主义的发展历程与社会的发展趋势,树立坚定和崇高的社会理想信念;在国际竞争日益激烈和国内改革进入攻坚期的关键时刻,如何增强中华民族的凝聚力、向心力、集体力和自信心,确保社会稳定繁荣发展;在中西方文化交流日益频繁紧密、不同价值观冲突加剧的情况下,如何坚持社会主义文化的主导地位,树立正确“三观”,都是现时代我国价值观教育亟待解决的现实课题。

我们要以习近平新时代中国特色社会主义思想为指导,按照以人为本的科学发展观、以人民为中心的执政价值追求和新发展理念的要求,促进价值观教育人本化发展,就要正确引导人们清醒地认识到:一方面,中国的建设与发展离不开世界,我们以更加积极主动的态度融入经济全球化的进程,是构建社会主义和谐社会、推动我国社会主义现代化建设的必然选择和必然要求;另一方面,在参与、融入经济全球化的进程中,我们始终要以维护国家和人民根本利益为出发点,抓住经济全球化的发展机遇,壮大自身实力,坚定不移走社会主义发展道路。

(四) 适应市场经济体制对价值观教育发展的新要求

由于经济全球化与市场化是密不可分的,与经济全球化相适应的是我国建立了社会主义市场经济体制,一方面促进了经济社会发展和人的自由全面发展;另一方面,市场经济的物化作用也使人们的思想道德价值观念发生剧变，引发价值观的物化和人的本质的异化，给思想政治工作特别是价值观教育带来了严重挑战。经济全球化和信息化的不断发展为我国的社会主义市场经济体制提供了更加广阔的开放性市场，这种大环境不仅拓宽了人们的视野，活跃了人们的思维，也让自己对未来的事业有着明确的信心。随着我国社会主义市场经济体制的不断完善，旧的政治、经济、文化和思想传统被打破，新的事物正在不断生成。新旧体制机制的转换使得社会道德秩序发生剧烈的变化，人们的思想朝着多元化方向发展。价值观教育在社会主义市场经济条件下，既面临着良好的发展机遇，也面临着新的挑战。

一是认清市场经济条件下价值观教育面临的挑战。

社会主义市场经济的发展，促进了人们生活水平的提高，同时对人们的思想价值观念也产生一些负面影响。在社会主义市场经济条件下，价值观教育工作面临着挑战。从市场经济和经济全球化的影响看，“市场经济存在的弱点及其带来的消极影响，反映到人们的思想意识和人与人的关系上来，容易引发自由主义、分散主义和拜金主义、享乐主义、利己主义。”①例如市场经济的竞争性、法制性、效益性有利于增强人们的经济、法律和竞争意识，但是另外一方面也导致部分群体过分注重知识的实用性，大量精致的利己主义者虽然注重实惠、法律，但是却忽视道德修养和义务的重要性。

第一，价值观教育工作的难度加大。

由于部分群体不能充分认识社会主义市场经济的特点，导致他们在认识上出现误区，价值观扭曲。人们错误地将商品经济的等价交换原则作为自身思想行为的准则，形成了较为严重的功利思想和做事讲价钱的想法。在对社会付出时具有明显的“务实性”，利他的前提是利己，更有甚者为了自我利益而罔顾他人利益或社会道德，认为生活的真谛就是及时行乐，就是享受，无私奉献已经不再被认可，导致一些人理想信念崩塌。人们思想观念功利色彩加重，加大了价值观教育难度。

第二，价值观教育的地位受到动摇。

价值观教育是教育的重要组成部分，致力于立德树人。马克思指出任何一个社会占统治地位的思想都是统治阶级的思想。价值观教育作为意识形态建设的核心历来受到统治阶级和教育家、思想家的重视。我国学校教育一直将思想政治教育放在首位，帮助学生培育正确的“三观”。邓小平在改革开放初就强调：“学校应该永远把坚定正确的政治方向放在第一位。”②社会主义

---

① 江泽民：《在中共中央思想政治工作会议上的讲话》，《人民日报》2000年6月29日。

② 《邓小平文选》（第2卷），人民出版社1994年版，第104页。

市场经济条件下价值观教育的“首位”地位却受到了冲击。一方面,一些学校没有把学生的思想政治教育始终放在首位并贯穿整个教学过程,在实际工作中,价值观教育工作也是忽冷忽热、时高时低,甚至出现了“说起来重要,做起来次要,忙起来不要”的现象,价值观教育被边缘化的趋势十分明显。另一方面,教育的功利性导致价值观教育的地位不断降低。部分群体认为价值观教育没有实际价值,只要自己学习或工作成绩优秀,不违反法律法规就可以了。

第三,价值观教育受到冲击。

价值观教育的内容是由价值观教育的目标确定的。新时代中国特色社会主义价值观教育的主要内容是以“三个倡导”引导人们培育和践行社会主义核心价值观。市场经济给价值观教育内容带来的冲击主要有两方面:一方面,一些人对马克思主义理论的兴趣不高,在马克思主义通俗化和大众化的过程中将其庸俗化、低俗化,对他人讲马克思主义,而对自己却大行个人主义、功利主义之风。另一方面,价值观教育工作遭受冷落,部分群体觉得思想政治教育和价值观教育都是意识形态的欺骗和“洗脑”,产生较为严重的逆反心理,说得多还不如给得多来得实惠;甚至部分专职的思想政治教育工作者也仅将价值观教育工作作为养家糊口的职业而不是当作神圣的使命,不愿参与到实际的工作之中,八小时之外绝对不会管“闲事”,对于日常生活中的不道德、不文明甚至违法行为冷漠视之,大有“不在其位,不谋其政”的姿态。应该说价值观教育工作是光荣的,教育者要能够经受得住市场的考验和各种利益的诱惑,确立不忘初心、牢记使命、立德树人、以文化人的使命担当。①

二是面向市场经济引领价值观教育人本化发展。

面对市场经济对价值观教育的冲击和不良影响,我们要树立价值观教育首位意识。把价值观教育作为其他一切工作的生命线贯彻在各项工作和各个领域中,以人为本、立德树人,纠正市场经济对人的物化和异化倾向,促进人的本质的自由全面发展。

第一,正确引导人们在市场竞争中的价值取向。

社会主义市场经济对于价值观教育工作的变革和深化有促进作用,市场经济体制作为一种社会运行机制,价值观教育必须与之相适应,这已形成共识。如:效益意识、时间观念、法制观念、平等竞争思想等,这同时也符合人类进步、社会和个体发展的必然趋势,有利于价值观教育更贴近现实生活、更具时代精神。但也应看到,市场经济意识与价值观教育在价值取向上的对立面,市场经济强烈的趋利性和利己性会影响到价值观教育。例如,目前不少

① 解荣鑫:《社会主义市场经济条件下高校德育建设初探》,《经济与社会发展》2006年第5期。

高校的周边环境不太理想，特别是一些有悖先进文化方向的娱乐设施和书店，造成了不良的文化氛围，严重影响青少年的思想价值教育进程，这不能不引起重视。

我国的价值观教育是建立在社会主义道德规范基础上的，在社会主义市场经济形成的过程中，价值观教育所坚持的价值观不能简单地以市场经济内涵为转移，要在传统价值观教育工作的基础上，不断充实新的内容，注入新的内涵。价值观教育要适应社会主义市场经济的发展，但不能以市场为唯一取向，不能将所有适用于经济领域的运行机制推及至价值观教育中去。如果当前道德教育的价值取向只囿于市场经济，那么在价值观教育价值取向上就陷入了误区，违背了价值观教育工作的宗旨。相反，精神文明与物质文明应当并重，使受教育者具有社会主义建设者和接班人所需要的道德品质和人格。

社会主义市场经济条件下要进一步加强人们的国家意识和爱国精神，及时采取一切有效手段向人们灌输中华传统美德和中华民族精神。道德虽然扎根于现实经济生活，但作为一种精神现象更直接反映的是人们的精神需要和道德价值追求，引导人们去追求美好的理想。如我们提倡的为人民服务、遵纪守法、舍己为人、无私奉献等精神，都是道德价值追求的崇高境界，引导、弘扬这种理想道德、理想人格应当成为当前价值观教育的重要取向。社会主义市场经济推动经济高速发展的同时也培养了众多道德高尚的人，并且成为经济发展的强大助推力。

要引导人们正确认识经济市场化与共同富裕之间的矛盾，正确认识市场定价和最低工资政策之间的矛盾，正确认识人际关系的物化与社会主义精神文明建设之间的矛盾，正确认识无序行为与社会主义法制建设之间的矛盾。针对上述矛盾，价值观教育必须引导人们正确对待市场经济发展所产生的双重效应，尤其是负面影响。但是我们不能因为这些矛盾的增加或部分丑陋现象的出现而否定市场经济，当然我们也不能为了发展市场经济忽视这些矛盾的存在而不去解决它。

价值观教育应该积极主动与社会主义市场经济相适应，同时也要时刻关注市场经济所带来的一些不道德的消极因素，克服社会市场化所导致的人的价值取向庸俗化的现象，例如拜金主义、享乐主义、利己主义等行为。要在继承和发展社会主义优良传统的基础之上积极吸收和借鉴市场文化的精华，对教育对象进行全方位、深层次的思想道德教育，正确处理取义与求利、奉献与享受等矛盾关系，引领人们树立正确的能够适应市场经济发展的价值取向，自觉内省修正错误价值观念。

第二,加强个人取向与集体取向相统一的正确价值观教育。

新中国成立以来,由于受计划经济体制的影响,我国的价值观教育过于强调集体主义的价值观念。这也就直接导致许多人认为服从集体利益就是牺牲个人利益,服从组织安排就是牺牲个人自由。改革开放以后,我国社会进入转型发展期,这种集体主义的价值取向培养出来的个体已经完全不能适应市场经济的发展要求,因为市场经济首先强调的就是尊重主体的积极性、创造性和能动性,并且在客观现实环境中也为人们个性的生成、实现和发展创造了较为有利的条件。如果社会个体还因为政治、阶级等非经济因素被制约,他们实际上已经不能被称为独立自主的市场主体了,也就更不用说去追求和实现自身利益。所以,为了能够适应和促进社会主义市场经济的发展,我们的价值观教育必须要将个体利益与集体利益相统一,将个体价值取向与集体价值取向相统一。

首先,要充分肯定个体追求自身利益和满足自身需求的合理性及其价值。只有承认个体追求利益的权利才能够保证市场经济的发展,集体利益也才能够实现或得到保障。个体是集体的一部分,只有每一滴水融入大海,大海才不会枯竭,所以我们不能否定水滴的存在价值。其次,要教育人们维护国家、集体利益。国家、集体的发展是个体能够获得利益和更好发展的前提与基础。我们很难想象一个无组织、无纪律的社会里个体的合法权益能够得到保障。市场经济在满足人们追求个体利益的同时,也需要教育人们注重集体利益,否则市场经济的发展环境就会遭受破坏。再次,要教育人们将个人利益与集体利益相结合,树立“人人为我,我为人人”的价值取向。个人利益与集体利益是同一个事物的两个方面,两者是辩证统一的。没有脱离集体的个体,也不存在脱离个体的集体。所以我们需要利用这一原则正确处理集体取向与个人取向的关系。最后,要注重培养人的奉献精神。在市场经济的竞争体制下,奉献精神就显得尤为重要。

第三,科学建构与市场经济体制相适应的价值观教育模式。

市场经济作为一种运行有效的经济组织形式,不仅仅需要与之相适应的制度体系保证,同时还需要市场经济主体具备优良的道德品质和精神状态。现代价值观教育的主要任务之一就是培养适应社会主义现代化建设和市场经济发展需要的新型主体,建构与市场体制相适应的价值观教育模式。

自然经济环境下的基本生产单位是家庭,基本交往单位是家族,基本活动范围是国家。人们社会关系的主要纽带是血缘和地缘。所以,个体的社会角色和身份是简单的、固定的,个人与团体的关系,包括思想道德和价值关系也是相对简单、固定的。市场经济体制生产与经济活动的多样性、复杂性、变化性促使社会经济、政治、文化、思想和生活环境变得多样复杂，人际关系也变得宽松。这样，各种类型的社会团体和社会组织纷纷建立，个人的社会身份和角色也变得多种多样，个人与团体的关系包括伦理道德和思想价值关系也从相对固定走向相对变动。价值观教育必须适应社会多样化和人们自主性的发展趋势，进行方式与模式变革。

一方面，价值观教育面对人们的流动性与多样化发展，也要引进市场体制的竞争机制，根据教育目标的要求和各级各类学校的实际，按照价值观教育的基本要求，建构价值观教育公开、公平的竞争模式，通过相互比较、公开竞争，形成鼓励先进、鞭策后进的局面。公开、公平竞争模式就是公开竞争的统一指标，明确价值取向；公开竞争程序，规范竞争行为；公开奖优罚劣，形成动力机制。研究运用竞争机制开展价值观教育，是推进价值观教育民主化、规范化的重要途径。另一方面，价值观教育要发展民主参与模式。及时沟通、公平竞争，只有在人们主动关注、自觉参与的条件下才起作用。同时，及时沟通、公平竞争也必定会激发人们主动关注与自觉参与，这种价值观教育的参与和互动，既是人们的自主性要求，也是价值观教育多样化发展的趋势。因此，要改变传统价值观教育单向灌输和集中教育的方式，形成民主参与、互动共进的工作模式

第四，拓展市场经济条件下价值观教育的功能。

首先，表现为社会性功能的拓展。现代世界不同国家、不同民族之间合作与竞争并存、尊重与压迫并行。为了全人类的利益，也为了本国、本民族自身的利益，人类必须要超越国别，超越民族、宗教文化和社会制度的差异，通力合作。因而，价值观教育的政治功能主要体现在促进社会的公正、和谐，维护国家社会的和平、合作与团结。突出和平教育，也就是要学会如何和平解决各类冲突，包含自然冲突与社会冲突，促使人们用理智替代战争，用宽容替代暴力，用和平替代冲突，这是和平教育的根本宗旨。我国市场经济中价值观教育要为经济建设服务，所以坚定执行党的基本路线，确保社会主义现代化建设顺利进行，是市场经济条件下我国价值观教育政治功能的深刻体现。

价值观教育的经济功能在内容上并不是片面强调经济增长，而是强调保护生态环境前提下的可持续性增长，即在科学理性主导下的增长。为了实现经济可持续性发展，价值观教育必须要让人们正确认识和处理眼前利益和长远利益、局部利益与整体利益、公平与效率之间的辩证关系。价值观教育经济功能需要以新的资源观和发展观替代传统的观念，培养人们的经济道德，坚持勤俭建国的方针。

思想道德和价值观教育的核心功能是传播伦理文化,促使受教育者实现伦理文化的社会化的同时具备相应的创新能力。现代社会的竞争很大程度上就是创造力的竞争。文化理念的更新是推动社会发展和实现人的发展的前提与基础,是提升创造力的关键与核心。价值观教育要实现创造力的超越就必须首先帮助人们学习先进、领先的思想观念。优质文化环境的创建要充分有效吸收健康有益的文化因素,排除和摒弃消极的文化影响;营造有利于培养创新精神和高素质人才的文化环境;充分发扬民主,扩大人们的参与范围,改善人们思想交流封闭的状态,克服情感冷漠与人际关系松散的问题。价值观教育要充分运用大众传媒所营造的舆论环境,努力创设良好的文化氛围,进行潜移默化的价值观教育。

其次,表现为价值观教育功能的延伸。市场经济环境下的价值观教育具有极大的自主性与创造性,价值观教育机遇与风险并存,其成效并不都是一帆风顺的。为有效避免价值观教育的失误,面向未来取得实际效果,价值观教育需由传统的"经验型"向"科学型"转变,因为价值观教育也是科学决策和预测的关键环节。价值观教育要着眼于提升人们的未来意识,让其对未来的发展趋势有着明确的定位,善于抓住机遇、防范风险,善于避开偶然因素和不道德因素的冲击,实现对自身发展方向的驾驭,培养品德高尚的人。道德不仅具有规范性品格,同时还具备理想指引性品格。价值观教育只有深入人的主体意识才能够让德性内化为人的理想信念,才具备现实伦理的重要价值。

信息化时代人类生存和实践的空间由现实的物质世界拓展到思维领域,人类社会的意义不再局限于"在场"的存在,而是扩大到了"不在场" 的存在。基于此背景,价值观教育应该着重强调对人的思维活动的规范和引领,重视思维空间秩序的构建与维护。这也就直接表明基于思维空间形成的信息社会需要思维认同与文化"新秩序",而这是现实行为规范无法保障的。因此,单纯的规范人的外在行为已经不能满足市场经济稳定发展的需要了。思维空间和虚拟空间秩序的确立,"不在场"存在的价值与意义,都需要价值观教育的思维规范功能发挥效果。这就需要我们激发动力,科学构建价值观教育发展的动力机制。

五、激发动力:科学构建价值观教育发展的动力机制

人的本质是马克思主义理论教育、思想政治理论课教育教学、思想政治工作、校园文化建设、心理健康教育、素质教育和社会主义核心价值观教育的

出发点、落脚点和连接点。这就要求我们要在新的历史条件下，面对新形势、新情况，从人的实践本质出发，深入贯彻落实以人为本、以人民为中心的价值观教育人本化发展新理念，坚持理论联系实际，把握规律性，着眼实效性，科学构建价值观教育人本化的动力机制，为价值观教育人本化提供坚实保障。

（一）机制构建的根本目标、原则和重大意义

党的十九大、二十大报告描绘了建设社会主义现代化强国的宏伟蓝图，并把实现这个宏伟蓝图的目标寄希望于广大青少年。这对加强和改进青少年学生的思想政治教育工作具有重要指导价值，为新时代改善我国价值观教育，促进人的全面自由发展提供了全新的理论指导。这就要求价值观教育创新发展要坚持以习近平新时代中国特色社会主义思想为指导，按照以人为本、以人民为中心、科学发展的总要求来确立根本目标和原则，积极构建价值观教育人本化发展的动力机制，为与时俱进地加强、改进和创新价值观教育提供机制保障。

1. 坚持全面发展观，以促进人的全面发展为根本目标

全面发展观是与片面发展观相对而言的。在人类社会发展的不同历史阶段形成了不同的发展观。马克思根据社会关系的历史发展情况将人的发展过程总结归纳为三个基本阶段：第一阶段是古代人基于“人的依赖关系”所形成的片面发展状态，第二阶段是资本主义社会的“物的依赖关系”下的片面发展状况，第三阶段则是人的自由全面发展的阶段，人的自由全面发展也是当前和未来社会人的发展的根本目标。中国共产党所提出的人的全面发展观就是基于对片面发展观缺陷的克服，按照人的本质属性即社会属性，实现人的政治、道德、科技、人文、精神、物质等的全面发展。①

市场经济条件下，经济与科技直接关系到人们的物质利益，并且可以量化、具体化、指标化，因而具有显性与直接性，受到人们的普遍重视；精神、思想、道德因其是隐性和间接的，常常容易被人们忽视。当代人的价值观受到其影响，出现了重智育轻德育、重物质轻精神的趋势，“于是一些人思想上存在着迷惘与困惑，不愿意从精神和理论的层面求解；一些人不同程度地存在政治信仰迷茫、理想信念模糊、价值取向扭曲、社会责任感缺乏的问题；一些人艰苦奋斗精神淡化、团结协作观念较差、诚信意识淡薄；一些人稍有不顺就

① 张文：《落实科学发展观，加强大学生思想道德教育》，《江苏社会科学》2006 年第 5 期。

怨天尤人和自暴自弃；还有一些人心理素质欠佳，倍受精神折磨。”①所有的这些问题都阻碍了人的全面发展的进程。

因此，价值观教育要坚持以人的全面发展为根本目标，加强科技人文精神教育，深化全面素质教育，促进人德智体美劳全面发展，促进人的心理健康素质、思想道德素质、科学文化素质多方面全面协调发展。

价值观教育在坚持以人的全面发展为根本目标的同时，还要促进人与自然、自身和社会的协调发展，才能真正实现人的全面、协调可持续发展目标。这是价值观教育人本化深入贯彻以人为本、科学发展的基本要求。协调发展强调的是人在发展过程中与外在环境的和谐互动。人的协调发展主要包含人与自然、人与社会和人与自身的协调发展。人的可持续发展强调的是人不仅要着眼于学校期间的发展，更需要面向社会、面向未来；不仅要培养人学会学习的能力，更需要培养人学会做人的道理。“授人以鱼不如授人以渔”，加快青少年学生的社会化进程，培养他们自主学习、终生学习的能力；培养他们良好思想道德品质和心理素质，使其能够勇敢面对挫折和困难；培养他们良好的行为习惯，塑造健康人格和提升自我保护能力等，对于他们未来的可持续发展有着重要意义。

人与社会的关系是人生存和发展的根基。一方面，人与社会的发展互为前提和基础。个人的发展依赖社会的发展，社会的发展为人的发展提供了广阔的空间，离开了社会人类只能够永远生存在刀耕火种的原始时期。社会是由人构成的，离开了人也就无所谓社会的发展了，正是由于人的实践活动的创造性与能动性，社会才能够由低级形态向高级阶段转变。

另一方面，人的发展与社会的发展相辅相成、共同进步。也就是说，人的全面发展与社会的全面发展应该是协调统一的。人们既要考虑自身的发展，同时也需要适应社会发展的基本要求，遵循社会发展的客观规律，遵守社会现有的道德法律原则。正如马克思、恩格斯所强调的：“只有在集体中，个人才能获得全面发展其才能的手段，也就是说，只有在集体中才可能有个人自由。”②

在现阶段，人与社会关系中的个人本位与个人中心主义倾向较为明显。部分人过分强调市场经济的竞争性与自主性，忽视了市场经济内在的社会化与合作性；部分群体过分注重个人主义，集体主义思想淡薄；还有部分群体只

---

① 中共中央、国务院：《关于进一步加强和改进大学生思想政治教育的意见》，（中发〔2004〕16号）。

② 《马克思恩格斯全集》（第3卷），人民出版社1960年版，第84页。

强调自由民主,却忽略了道德规范与法律约束。

因此,价值观教育要积极寻求与社会主义市场经济相契合的思想政治教育体系,引导人们科学正确对待个人利益与社会利益、自我价值与社会价值、个人发展与国家强大的辩证关系,坚持走个人与社会协调发展的路子。人与自然的关系是人所面临的基本关系。古代社会的“人的依赖关系”其本质是对于自然的屈从与依赖。随着科技水平和社会生产力的不断进步,人类认识和改造自然的能力逐渐增强,人类由原来依附、从属于自然的被动状态转变为以胜利者、征服者的姿态主动开发和利用自然资源。但是正如恩格斯所说:“不要过分陶醉于我们对自然界的胜利。对于每一次这样的胜利,自然界都报复了我们。”①虽然人类通过对自然规律的掌握与利用创造了前所未有的巨大生产力,但是对于人类赖以生存的自然环境的破坏也是巨大的。资本主义社会人“对物的依赖关系”也就直接导致了人与自然关系的对立。为了促进人与自然关系的和谐共生,马克思主义认为,人类既需要超越狭隘的“人本位”思想、摒弃过时的人类中心论的理念,寻求人与自然关系的和谐发展;又要不断发展科学技术,推动自身的发展从而超越自然对人的多方面限制,成为自然的主人和伙伴。

在我国社会主义现代化建设初期,由于人们不尊重自然规律、不尊重自然,盲目过度地开发自然资源、造成了严重的环境污染、生态恶化。人与自然的矛盾冲突已经严重威胁人类社会的生存与发展。所以,价值观教育需要将人与自然的和谐共生纳入其中,在鼓励人们积极掌握科学文化知识的同时,引导人们树立正确的自然观与生态观,帮助人们实现自我价值的同时,探索人与自然和谐发展的新路径。

人自身的协调发展是除了人与社会、自然协调发展以外的又一重大问题。人自身的协调发展其实就是可持续发展,强调的是人要确保短期发展与长期发展的协调,保持发展速度的稳定与持续,并不断实现自我超越的发展状态。人的存在与发展在不同的历史阶段总是表现出两种最为基本的状态:自发状态与自觉状态。自发状态指的是人对于社会全局和客观规律缺乏本质的认识,局限于眼前利益的一种精神与行为状态。自觉状态指的是人能面向社会、把握全局、确立长远发展目标并自主寻求发展的状态。② 在新时代,人的发展也存在自发与自觉两种状态:有些人受到眼前利益、局部利益与个

① 《马克思恩格斯选集》(第3卷),人民出版社2012年版,第998页。

② 郑永廷、朱礼军:《大学生思想政治教育的现实反思与时代课题》,《学校党建与思想教育》2005年第5期。

人利益的驱使,忽视整体利益与全局利益;有些人只重视个人的经济与物质利益,忽视国家、集体的利益;有些人只注重短期利益,忽视长远利益。部分人依旧处于自发的发展阶段,主要表现为目标模糊、精神动力缺乏,导致了狭隘的功利主义发展倾向。①

现代社会竞争的加剧、科技的迅猛发展和学习型社会的构建需要,都在客观上要求人能够持续发展。所以,价值观教育必然需要根据社会的客观需要,用马克思列宁主义、毛泽东思想和中国特色社会主义理论体系武装人的头脑,帮助和引导人们正确认识把握社会发展的规律,掌握社会与国家发展的全局,明确自身的社会责任。价值观教育人本化发展就是要引导人们克服自身发展片面、功利的局限性,实现自身自由自觉的可持续发展。在引导人们注重眼前发展的同时也需要确立长远目标,坚持现实与理想的协调统一,真正实现人的全面协调可持续发展。

2. 树立以人为本的价值观教育根本原则

以人为本是科学发展观的核心、更是价值观教育的本质要求。坚持以人为本,就是从人民群众根本利益的角度出发促进人的全面发展,把调动和激发人的积极性与创造性作为社会发展的根本目的与核心任务,这也是价值观教育价值的集中体现与意义所在。这就要反对形形色色的教条主义、形式主义、本本主义的现象。当前价值观教育缺乏针对性和实效性的主要表现是:一方面,部分人因为价值观教育缺乏针对性与实效性,难以形成对思想政治教育的兴趣;另外一方面,部分人因为缺乏科学理论武装出现迷茫、彷徨的现象,试图自发地去解决精神困惑。所以,价值观教育必须要贴近生活、贴近实际、贴近人民,将以人为本作为满足人民群众物质与精神文化需要的根本原则,提升价值观教育的针对性与实效性:第一,要确立人的主体性地位,尊重人的独立人格、思想情感与自身价值,启发其内在的思想道德需求,激发人的主体性意识、自主创造力等主体属性。第二,贴近人民群众的实际情况,克服社会角色的偏差,反对“四风”与高人一等,建立新型平等和谐的人际关系,努力通过互动交流、研讨交流等方式激发人的主动性与积极性;遇到问题,既要讲道理,讲求以理服人,又要做到润物无声,以情感人,以爱育人,增进价值观教育的说服力、感染力与引领力。第三,贴近生活,积极创造现实条件维护人的正当权益,满足人的多样化与个性化的需求。第四,关注特殊群体与弱势群体的需要,既要在经济上扶贫扶弱,也要在精神上答疑解惑。

---

① 参见张文《落实科学发展观,加强大学生思想道德教育》,《江苏社会科学》2006 年第 5 期。

3. 构建价值观教育人本化发展机制的重大意义

社会主义核心价值观教育人本化重在实践，贵在长远，建立相应的长效机制势在必行。

社会主义核心价值体系引领价值观教育发展的动力机制是通过对价值观教育人本化系统动态运行过程的考察，对多因素、多变量的引领做一个整体性、动态性的刻画，建立起协调、高效、平衡、长效的机制，从而实现最优的目的，为社会主义核心价值观教育工作提供动力和保障。

第一，构建价值观教育的动力机制能够使价值观教育人本化由虚变实，实现规范化、制度化、科学化。价值观教育人本化是一项综合的、系统的育人工程，它涉及很多方面，许多内容是思想意识方面的东西，对于这些内容既不能用强制手段进行规范，又不能放任自流，或者以空对空，进行泛泛的说教。因此，构建机制的任务就是要使价值观教育人本化、规范化、科学化，去掉盲目性，解决“抓一阵丢一阵”的问题，通过制定健全合理的有效机制，设立明确的目标，制定长、中、短期计划来保证价值观教育人本化目标的实现。

第二，构建社会主义核心价值观教育人本化的动力机制是价值观教育人本化建设所要求的，价值观教育人本化建设的内容需要有适应它自身发展的形式。当前，我国正处于深刻的社会转型期，对价值观教育人本化建设无论从形式到内容都提出了新的要求，为了保证社会主义核心价值体系引领价值观教育人本化的深入发展，必须对引领的机制加以研究，构建科学的、行之有效的机制，以保障价值观教育人本化建设适应新形势的发展。

(二) 价值观教育人本化发展的动力机制

作为一种新的教育理念，以人为本有其自身的特殊内涵，它要求价值观教育工作者改变过去开展德育工作的观念和方式。在新的历史条件下，价值观教育工作的环境、条件、对象、内容、任务等都发生了巨大变化，适势而行，在以人为本的教育原则指引下，努力走创新之路，积极探寻新的教育方法与途径，提高预见性和主动性，全面推进价值观教育发展，促进人的健康成长，增强价值观教育的针对性、实效性、感召力。为此，就不能不研究价值观教育人本化的动力机制，激发人的动力，调动各方面积极性。

1. 价值观教育人本化发展的动力特性①

需要之所以能够成为价值观教育发展的动力就在于其自身的特点，主要体现在两个方面：

---

① 参见马奇柯《论思想政治教育的动力机制》，《江汉论坛》2004 年第 9 期。

第一,需要与满足需要的对立统一性。无论需要的强弱程度与满足的可能性如何,它都具备不可遏止、寻求满足的基本态势。需要本身也就直接说明了主体处于匮乏或隐性匮乏的状态。这种匮乏状态的存在打破了主体自身的平衡性,要再次恢复平衡状态就必须要寻求满足物来满足主体需要。任何组织或个人都在需要的推动下不断寻求"需要—满足"之间的平衡状态,并且根据该目标制定相应的计划并采取行动,以期获得充分的满足物和满足感。"需要—满足"的对立统一性使得需要会不断推动主体参与各类社会活动,最终成为个体、组织乃至全社会的内在发展动力。

第二,需要成为价值观教育动力的重要原因之一还在于其永不满足的特性。需要本身是永无止境、永续发展的,一种需要的满足会立刻产生另一种新的需要。马克思指出:"人以其需要的无限性和广泛性区别于其它一切动物。"①"已经得到满足的第一个需要本身、满足需要的活动和已经获得的为满足需要用的工具又引起了新的需要。这种新的需要的产生是第一个历史活动。"②需要的发展性可以归纳为"需要上升规律",需要本身会不断突破原有的框架,由低级状态向高级阶段转变,这就推动了价值观教育在人类文明大道上永不停歇地发展。需要的"无限性"、"广泛性"和其所体现的"需求上升规律"正是它之所以成为价值观教育动力源泉的根本依据。③

2. 价值观教育人本化动力机制的结构

第一,动力主体。动力主体内在的包含动力发生主体与利用主体两类。需要驱使需要主体去追寻需要满足物,动力发生主体也就产生了。产生的动力是可以利用的存在,由谁利用、获得何种满足,这又与动力利用主体有关。动力发生主体与利用主体并非总是同一的。比如,一个人为了实现愿望是个人行动的动力,发生主体是行动者本人。行动者利用自我实现的动力,勤奋学习、积极向上、努力创造,从而在各个方面取得成功满足了成就需要,这个时候行动者既是发生主体也是利用主体。从价值观教育的角度而言,如果将受教育者的成就需要导入价值观教育的运行过程,让它为集体、国家和社会创造财富,推动社会的进步与发展,这个时候动力的利用主体则由行动者转变为集体、国家乃至社会。社会集体中的成员则既是动力发生主体也是自身的利用主体。综上,动力主体既可能具备两种身份,也有可能只占据其中一种主体身份。不过,高层次动力主体总是低层次动力主体的利用主体,如社

① 《马克思恩格斯全集》(第49卷),人民出版社1982年版,第130页。

② 《马克思恩格斯全集》(第3卷),人民出版社1960年版,第32页。

③ 马奇柯:《论思想政治教育的动力机制》,《江汉论坛》2004年第9期。

会、国家、集体与教育者个人就是如此。

第二,动力传递媒介。动力传递媒介指的是价值观教育动力由一个主体转向另一个主体的渠道,也是价值观教育动力积累的主要方式之一。正如恩格斯所指出的"无论历史的结局如何,人们总是通过每一个人追求他自己的、自觉预期的目的来创造他们的历史,而这许多按不同方向活动的愿望及其对外部世界的各种各样作用的合力,就是历史。"①这个合力也就是价值观教育的动力积累的重要来源。动力传递的媒介包含利益、文化和信息传导三种类型。利益传导指的是利益的传递与分配。利益作为满足需要物承担着动力客体的角色,但是它又是各类动力主体所追寻的目标之一,在各个动力主体之间按照一定的方式进行流通与分配,也就形成了动力在动力主体之间的传导过程。新时代视域下,价值观教育需要充分发挥高校的文化优势和积极性、创造性、能动性,带动整个社会价值观教育的发展,确保国家的整体利益。在这里,单个社会成员的动力也就凝聚成了整个社会发展的强大动力。文化传导指的是精神文化的传递与传播。精神文化主要包含价值观念、理想信念和道德规范等其他意识形态的内容。文化传导的原理主要是指文化通过社会化和内化的过程融入个体的人格之中,影响并改变个体的需要结构,从而使动力发生转变。一般来说,正文化传导正向动力,而反文化则是传导逆向动力。除此之外,文化传导价值观教育的动力时也需要关注亚文化的作用。信息传导主要是指信息作为动力媒介,某一动力主体将动力以信息的形式传导给另一主体,例如各种媒体将党的政策方针告知于民,让人民为该政策服务。

第三,动力客体。动力客体主要指的是满足人们需要的对象。满足需要的对象被称之为需要满足物,可以简单地划分为"硬性"满足物与"软性"满足物。"硬性"满足物主要是指任何以物质形式存在的满足物,大部分需要的满足都依赖于物质,例如吃、穿、住、行等。与之相反的则是"软性"满足物即非物质需要的满足物,如权利、地位、民主、自由、平等、尊重等。需要满足物的软硬之分正是价值观教育动力机制采取不同手段的重要依据与参照。

第四,动力方向。任何层次的价值观教育动力都是具有方向性的。所以,能够将各个层次、各个主体的动力整合成统一的价值观教育动力系统,完成价值观教育的整体目标,其中重要的原因就在于人们能够调整不同动力主体的动力方向,让整合后的总动力方向与价值观教育的目标趋同。动力方向还会依据动力的大小、程度发生改变。社会主义社会中,人们都具有财富、地

① 《马克思恩格斯选集》(第4卷),人民出版社2012年版,第254页。

位、金钱、荣誉等需要,但是任何需要都必须是适度的,否则将会被社会整体所排斥或者妨碍社会整体需要的满足。此外,那些西化、分化的动力已然成为我国价值观教育系统良好运行的重大阻力。因此,动力方向直接影响到动力主体的动力性质。

第五,动力贮存体。从微观价值观教育的动力主体来说,其贮存体就是指个体行动者的能力。个体基于自身需要的满足,在获取外界需要满足物的时候,也在不断提升自我的生产技术、实践经验、文化素养、社会交往经验等,获得需要满足物的方式方法也会得到改善。这些都会作为供给能力而贮存起来,从而刺激新需要的产生并为新需要的满足提供基础和条件。所以,人的新能力的产生往往伴随着新需要、新动力产生的可能。从中观动力主体的角度来说,组织或集体的凝聚力与物质实力就是动力贮存体。从宏观动力主体的角度来说,动力贮存体主要是指国家的经济、科技、国防实力和与之相对应的上层建筑。①

3. 价值观教育人本化动力机制的主要内容

价值观教育发展的动力机制主要有五个方面组成:政策导向机制、利益导向机制、精神动力机制、竞争机制、创新机制。

第一,政策导向机制。价值观教育发展的政策导向机制首先需要处理好两个方面的问题:一是需要满足的问题。如果人的需要具有正当性、合理性,与社会发展目标是一致的,在现有条件下可以实现的,政策应该加以鼓励和肯定,从而才能够充分调动人的积极性,让目标得以实现。二是对需要进行引导与调节。首先,对于不合理、不健康、不正当,与社会发展目标相背离的需要,例如个人主义、绝对平均主义、享乐主义等,就必须要加强控制与调节。其次,对那些正当、合理、健康的但与现实情况冲突的需要,应该积极引导,帮助人们正确认识个人期望与现实状态的矛盾,实事求是地合理选择、满足自身需要,并且需要在此基础上做好补偿措施。例如用同一层次的其他需要内容满足个体需要,让个体保持需要心理的平衡感,反之出现因需要无法满足的逆反心理最终借助消极行为转移需要。最后,引导人们不断提升自我觉悟与认知能力,完善需要内容与层次,强化和激励更高层次需要,为社会做出贡献。

第二,利益导向机制。"'思想'一旦离开'利益',就一定会使自己出丑。"②人们总是为获得利益而奋斗。马克思说过:"人们为之奋斗的一切,都

---

① 马奇柯:《论思想政治教育的动力机制》,《江汉论坛》2004 年第 9 期。

② 《马克思恩格斯全集》(第 2 卷),人民出版社 1960 年版,第 8 页。

同他们的利益有关。”①毛泽东说过:“马克思主义的基本原则,就是要使群众认识自己的利益,并团结起来,为自己的利益而奋斗。”②中国共产党一直在维护、发展和实现最广大人民群众的根本利益,满足人民群众的各类需求,为实现社会和谐发展创造更加有利的条件与环境。价值观教育使用思想政治教育的方式来维护一定的利益关系,是一定社会群体获取利益的工具。利益是价值观教育的根本出发点,因而需要引导人们坚持正确的利益导向,树立正确的利益观和价值观,调节社会各类利益关系之间的矛盾,统筹兼顾各类利益,特别是物质利益与精神境界的关系。

第三,精神动力机制。提升人们的思想道德素养,激发人的积极性、创造性和主观能动性,为人类实践活动提供强大的精神动力,是价值观教育的基本职能。马克思早在《〈黑格尔法哲学批判〉导言》中就明确指出,“理论一经掌握群众,就会变成物质力量”③。加强和改进价值观教育就需要不断为改革开放和社会主义现代化建设提供强大精神动力。何谓精神动力?精神动力是指理论思想、道德信仰、情感意志等精神因素对人的实践活动产生的精神推力和思想价值引领力。

新形势、新需要下,精神文化已然成为公认的社会资源。价值观教育的发展要更加注重对精神动力的开发,其中最为根本的就是加强理想信念、价值观念、科学信仰的教育引导。要坚持以人为本,不断提升全民族的思想道德、科学文化素质,实现人在精神与思想上的全面发展。努力做到“四个尊重”,积极营造鼓励人们干事业、支持人们干成事业的社会环境和氛围;就价值观教育工作而言,要做细、做实、做活、做深。要加强精神鼓励,借助各类方式尊重人、关心人、鼓舞人、帮助人,加深人与人之间的情感交流与信任,满足人的情感与精神需要。要积极开展思想政治教育,坚持马克思主义理论的指导地位,努力形成以中国特色社会主义理论体系为核心的理论指导、舆论力量、文化条件、精神支柱和以“三个倡导”为主要内容的社会主义核心价值引领。

第四,竞争机制。社会主义市场经济的客观要求必然需要价值观教育形成竞争机制。竞争机制有利于提升价值观教育的权威性与活力,有助于帮助人们解放思想、更新观念。它还可以破除平均主义的弊端,充分调动人们积极性。个体通过竞争可以不断强化自我意识、挖掘潜能、发挥才能。这对于

---

① 《马克思恩格斯选集》(第1卷),人民出版社1995年版,第187页。

② 《毛泽东选集》(第4卷),人民出版社1991年版,第1318页。

③ 《马克思恩格斯文集》(第1卷),人民出版社2009年版,第11页。

人的自我完善与个性发展、人的全面发展和社会进步有着巨大的推动作用。建立人人乐于竞争的价值观教育机制,就必须要确立公平、公正、公开的价值准则。公平竞争就是需要按照客观、统一的标准平等竞争。为每个人提供和创造公平的竞争机会是充分发挥价值观教育竞争机制的根本保证与前提。公开竞争指的就是竞争的信息、条件、规则、要求乃至整个过程都需要透明。让社会各个主体积极主动参与到社会科技、文化等各方面的竞争中。公正竞争指的是在竞争过程中要努力防止不正当竞争的存在,让整个竞争过程与结果都公正。需要注意的是,价值观教育发展的竞争机制并不是万能的,它无法解决所有的问题。

第五,创新机制。价值观教育要发展就需要创新。创新是一个民族进步的灵魂,是一个国家兴旺发达的不竭动力。创新的本质就是创造出新的东西,即具有首创性与新颖性的东西。社会主义核心价值观教育的发展,既是中国共产党人近百年的实践经验总结,也是中华优秀传统文化的沉淀,同时也是对世界各民族、各国家优秀文明成果的借鉴。现代价值观教育丰富多彩的内容与形式,是从社会实践中逐步积累和传承而来的,这是它不断前进的动力与前提。价值观教育的发展与创新必须要以继承和弘扬优秀传统为基础,在内容、形式、方式、体制、机制等多方面进行改良与创新,特别是要更加注重其时代感、实效性、主动性。①

价值观教育发展的动力机制发挥作用需要两个条件来保证。其一,价值观教育发展的目标应当是科学合理的。价值观教育发展的动力机制服务于价值观教育发展的目标,如果这个目标本身就是不恰当的,它也就直接失去了激发人们满足自身需要的动力基础,动力机制的作用也就无法发挥了。“社会体制、社会结构和制度、意识形态等社会因素总是根据社会目标来调整人们的需要结构。对人们的某种需要施加影响,使之变得有利于社会运行。”②其二,价值观教育发展的动力机制的具体实施,需要依据不同的教育环境与教育对象而定,充分把握好激励的实效性、时效性与针对性。

培育和践行社会主义核心价值观,必须加强价值观教育的动力机制建设。除此以外,还应该加强运行机制、保障机制等各种机制建设,进而构建价值观教育的运行和保障体系,发挥好机制的规范、保障和激励功能。

---

① 马奇柯:《论思想政治教育的动力机制》,《江汉论坛》2004年第9期。

② 郑杭生、李强:《社会运行导论》,中国人民大学出版社1993年版,第366页。

第七章　以文化人:社会主义核心价值观引领文化发展的人学理路

党的十八大提出:“倡导富强、民主、文明、和谐,倡导自由、平等、公正、法治,倡导爱国、敬业、诚信、友善,积极培育和践行社会主义核心价值观。牢牢掌握意识形态工作领导权和主导权,坚持正确导向,提高引导能力,壮大主流思想舆论。”①这是中国共产党第一次完整概括社会主义核心价值观并强调通过核心价值观建设引领意识形态和主流思想建设,对于社会主义文化建设具有深远的影响。党的十九大在十八大的基础上,进一步提出以社会主义核心价值观引领文化发展,增强中国特色社会主义文化自信,强调文化自信是中国特色社会主义道路自信、理论自信和制度自信的基础。这为我们构建社会主义核心价值观引领文化建设的马克思主义人学理路,加强思想文化引领提供了指导。

一、社会主义核心价值观与和谐文化概述

加强和改进社会主义核心价值观教育,必须以文化人,科学构建社会主义核心价值观引领我国文化发展的马克思主义人学理路,加强马克思主义理论武装和思想价值引领,为此有必要在党的十八大、十九大、二十大报告的基础上,厘清社会主义核心价值观的科学内涵与精神实质。

(一) 社会主义核心价值观的科学内涵与精神实质

首先,从科学内涵看,社会主义核心价值观是在社会主义核心价值体系

① 胡锦涛:《坚定不移沿着中国特色社会主义道路前进 为全面建成小康社会而奋斗——在中国共产党第十八次全国代表大会上的报告》,《人民日报》2012 年 11 月 8 日第 1 版。

中居于统治地位和起决定作用的价值观念,是社会主义价值体系中最为基本、最为核心的部分,是反映社会主义本质和建设规律的根本价值原则和价值观念的结晶。党的十八大报告从国家、社会、公民三个层面对其做了科学的概括,并且在此基础上提出了“三个倡导”:即“倡导富强、民主、文明、和谐,倡导自由、平等、公正、法治,倡导爱国、敬业、诚信、友善”。“三个倡导”对全面提升我国文化软实力、构建社会主义文化强国具有重要指导价值。

其次,从精神实质上看,社会主义核心价值观是新时代中国特色社会主义价值理论建设的重大成果,也是中国共产党带领中国人民进行社会主义民主建设和改革实践过程中形成的核心价值理念,是指导我国社会主义建设的行为准则与价值目标,从更深层次影响着人民进行社会主义现代主义建设的思维与行为方式,因此,它是社会主义意识形态的本质体现,是社会主义文化的根本,是引领社会主义意识形态的精神指南。

最后,从促进人的自由全面发展观看,社会主义核心价值观是以人为本的科学发展观和以人民为中心的执政理念在价值观上的集中体现。科学发展观和“三个倡导”的价值观都是中国共产党在社会主义建设和改革实践经验总结的基础上对马克思主义人的全面发展理论的继承与创新。马克思主义人的本质的自由全面发展观是其世界观的重要组成部分,是科学发展观和新发展理念的理论渊源。社会主义现代化进程的不断深入,使得我国人民群众的利益需求日益多样化,人民群众对于自身发展的要求不断提升,物质与精神需求都要得到满足,这也是社会的基本矛盾所决定的。精神文明建设对于社会主义现代化事业的发展有着重大意义,特别是在转型发展期思想多元化加剧与道德重塑问题日益紧迫的情况下,社会主义核心价值观的建设显得更加重要。实现人的自由全面发展是科学发展观的根本任务与永恒主题,它与人的全面发展和社会的全面发展的时代课题是统一的,为马克思主义人学思想注入了崭新的时代内涵,发展和创新了马克思主义人的自由全面发展理论。①

(二) 社会主义核心价值观引领和谐文化建设的主要特征

由于文化的内涵极其丰富,因此对文化的定义也是众说纷纭。一般来说,文化作为人类物质文明和精神文明成果的总和,主要包括科学技术和思想道德两大方面。其中,思想道德是一个国家文化建设的核心,决定了一个

---

① 汪钏等:《社会主义核心价值观引领大众文化建设探析——马克思主义人学视角》,《南昌工程学院学报》2014 年第 33 期。

国家和社会思想文化的性质;价值观是文化的灵魂,它是文化的核心组成部分,能决定和引领文化的发展方向,是文化软实力的内核。我国是社会主义国家,决定了我们要发展的文化是和谐文化,我们要建设的价值观是社会主义价值观,二者的发展在本质上一致:一是都要以马克思主义理论为科学指导,二是都要继承和弘扬中国传统文化的精髓,三是都要借鉴和吸收人类文明优秀成果,四是都要适应和服务现实社会的发展需要,引领社会主义现代化建设与人的本质的全面发展。

我们必须坚持社会主义核心价值观引领和谐文化发展的马克思主义方向,牢牢把握其主要特征:

第一,社会主义核心价值观引领文化建设具有目的性。文化是一个国家、民族的血脉,是人们的精神家园,文化建设为我国社会主义现代化建设提供了道德基础、理想信念、智力支撑和思想价值引领,对于促进社会主义文化大发展大繁荣具有重要的理论与实践价值。一方面,从理论方面来讲,文化建设特别是社会主义核心价值观与思想道德建设能够让人们更加深刻地理解核心价值观的内涵与价值,形成价值共识,进而推动中国特色社会主义价值理论建设。另一方面,文化建设特别是核心价值观与思想道德建设本身就是一个具有重大价值的实践课题。它不仅能为我国经济社会的可持续发展提供强大的思想、智力和人才保障,而且对于人们理解社会主义意识形态的合法性、巩固和增强党的执政地位具有深远意义。

第二,社会主义核心价值观引领文化建设具有实践性。一方面,文化作为意识形态,来源于实践又反作用于实践。社会主义文化随着中国特色社会主义现代化建设事业的推进而不断向前发展,我国社会主义现代化事业不断向纵深发展对文化提出了更高的要求与期望;反过来,文化特别是社会主义核心价值观与思想道德建设对于我国的社会主义现代化事业具有十分重要的指导意义,这也充分体现了物质与意识的辩证统一关系。另外一方面,社会主义核心价值观与思想道德建设是一项长期而艰巨的任务,只有在实践中充分激发广大人民群众的积极性与创造性才能够完成。

第三,社会主义核心价值观引领文化建设具有发展性。发展是人类社会永恒的主题。马克思主义物质和意识的辩证关系原理告诉我们,核心价值观作为意识形态来源于物质,并且随着物质的发展而变化。社会主义核心价值观来源于我国革命、建设和改革的伟大实践,随着我国社会主义现代化事业的不断推进,文化、思想和核心价值观等意识形态方面也必然向前发展,从而不断适应我国社会主义现代化事业发展的现实需要。

第四,社会主义核心价值观引领文化建设具有主体性。人民群众是历史的创造者与决定性力量。因此，致力社会主义核心价值观引领大众文化的发展，归根结底还是为了满足人民群众日益增长的文化需求，最终实现人的自由全面发展。在文化建设过程中，我们要始终坚持以人为本的理念，以人民群众为社会主义核心价值观建设的主体，依靠人民群众的实践力量推动社会主义文化的进一步发展和繁荣，促进人的本质力量的发展。

第五，社会主义核心价值观引领文化建设具有系统性。人类社会实践的发展与多样性让文化变得更加绚烂多彩，涵盖了人类生活的各个方面，此外，文化建设与政治、经济、社会、生态等息息相关。因此，进行社会主义文化建设必须要处理好与政治、经济、社会、生态和人的全面发展之间的关系，让其成为完整严密的科学体系，为社会主义现代化事业服务。①

二、马克思主义人学与社会主义核心价值观、和谐文化的辩证关系

马克思主义人的本质的自由全面发展观应该是培育和践行社会主义核心价值观的根本价值导向。这就要求我们应该从马克思人学思想的视角，厘清社会主义核心价值观引领文化发展的马克思主义人学理论依据，系统阐述马克思人学思想在社会主义核心价值观引领文化发展中的功能定位，揭示三者的互动品质，为科学构建社会主义核心价值观引领文化发展、促进人的全面发展提供理论指导。

（一）马克思主义人学是文化思想价值发展的理论依据

马克思主义人学思想是社会主义核心价值观引领文化发展的理论基础，这就要求我们要从源头上厘清马克思人学思想的科学内涵及其在马克思主义唯物史观、价值观和意识形态理论中的地位和作用，从理论上划清马克思人学思想与西方人本主义、个人主义和人道主义之间的区别，科学理解“以人为本”的科学内涵，开拓马克思主义人学研究的空间，按照以人为本、以人民为中心、有利于促进人的全面发展的要求，积极探索和构建社会主义核心价值观引领我国文化发展的人学理论依据。

首先，从马克思主义人学思想源头厘清马克思人学思想的内涵，是从人的本质出发去构建社会主义核心价值观引领文化发展的前提。马克思人学

---

① 汪钏等：《社会主义核心价值观引领大众文化建设探析——马克思主义人学视角》，《南昌工程学院学报》2014 年第 33 期。

思想是以人的本质问题为核心的科学体系，主要包括下述内容：人的需要是人的内在本质；生产劳动是人的类本质；个性是人的个体本质；人的社会本质是社会关系的总和；人的价值是人的本质的潜在形式；人的理性是人的本质的观念形式；人的实践是人的本质实现的根本途径；人的素质和能力是实现人的本质的潜在力量；人的自由与全面发展是马克思人学思想的主旨①。这九个方面是相互联系、相互作用的，其中需要是动力，劳动是基础，人的发展是目的，人的价值、理想、素质和能力是人的本质实现的潜在机制。

其次，马克思人的本质观是社会主义核心价值观引领我国文化发展的理论基础。从根本上看，以社会主义核心价值观引领文化发展，就是为了满足人民日益增长的精神文化需求，实现人的本质的自由全面发展，因而用社会主义核心价值观引领文化发展，就要从源头上厘清"人的本质"概念在马克思人学理论中的定位。马克思强调人的本质是社会关系的总和，这个"总和"是随着人在实践中自身素质和能力的提高、社会交往和联系的扩大、社会关系的丰富与发展而发展变化的。可见，以实践为基础的人的本质观，不仅是马克思主义哲学和人学思想的理论根基，而且是社会主义核心价值观引领文化发展的理论基础。②

再次，"以人为本"的发展价值观是对马克思人学思想的继承和发展。以马克思主义人学思想作为促进社会主义文化建设的哲学基础，并以此观照社会主义文化建设的理念和实践，深刻揭示马克思主义人学思想与社会主义文化建设的互动品质，从而引领社会思潮，促进社会主义文化的和谐发展，是深入研究以社会主义核心价值观引领文化发展的重点。只有在此基础上，科学把握中国共产党如何根据时代条件和实践主题的变化不断丰富和发展马克思主义人学思想、积极探索促进人的本质的自由全面发展的价值追求，才能真正揭示"以人为本"的发展价值观在构建和谐文化、以文化人中的重大价值。

（二）马克思主义人学为文化思想发展提供价值引领

和谐文化是社会和谐不可或缺的重要因素，文化建设主要包括两个方面：思想道德建设与科学文化建设。思想道德建设特别是核心价值观教育不仅是文化发展的核心，同时也有着重要的价值与功能：主要体现在核心价值

① 杨艳春：《立德树人的马克思主义人本理路探析》，《思想教育研究》2014 年第 1 期。

② 汪钏等：《社会主义核心价值观引领大众文化建设探析——马克思主义人学视角》，《南昌工程学院学报》2014 年第 33 期。

观不仅是思想道德建设的核心内容,而且是社会和谐发展的根本要求,能够为社会和谐发展提供强大的精神支柱、智力支持和价值保障,决定着社会文化思想道德发展的性质和方向,一向受到人们的关注和统治阶级的高度重视。文化软实力在综合国力竞争中的地位和作用越来越突出,社会主义核心价值观是引领文化发展的根本,对文化建设具有决定性作用,是文化建设的灵魂,决定着文化建设的性质、方向和目标。其作为文化建设的精髓和动力,规定了文化建设的道德规范和行为准则,对繁荣社会主义文化、促进人的自由和全面发展起重大引领作用,理应成为文化建设的精神指南。所以,文化发展离不开社会主义核心价值观的引领,否则,文化发展就有可能偏离社会主义的方向。

马克思指出,人的本质是社会关系的总和,人是社会关系的存在物。在人类社会发展的不同历史阶段,人作为社会关系的存在表现出了不同的现实状态,产生了不同的人学思想,最终导致人的价值取向发生否定之否定的飞跃。其主要表现为:依赖性"存在"→虚假的整体主义;独立性"存在"→利己的个体主义;共生性"存在"→人类大我的集体主义。因此,以马克思人的需要、人的主体性、人的价值、人的实践、人的自由与全面发展等"人学"思想观照社会主义文化发展,科学分析二者的内在联系,以马克思人的本质观作为社会主义核心价值观引领文化发展的哲学基础,观照大众文化建设的理念和实践,凸显马克思主义在社会主义核心价值观引领文化发展中的指导功能:

首先,强化马克思主义世界观与方法论对文化发展的作用,让马克思主义旗帜在文化发展中永远飘扬,彰显其在文化发展中的保证功能。马克思主义是一个严密而完整的科学理论体系,作为中国共产党的指导思想为我国文化发展提供正确的立场、基本观点和科学方法。基于人民利益需求和社会思潮多元化的时代现实,坚持和凸显马克思主义对文化发展的引领作用,既是发展马克思主义自身的需要,更是社会主义核心价值观教育的重要形式。

其次,发挥好马克思主义对文化思想价值的引领作用,进一步规范文化发展的基本原则,促进我国文化建设健康发展。马克思主义人学理论是马克思主义的重要组成部分,马克思、恩格斯在《共产党宣言》中指出:"代替那存在着阶级和阶级对立的资产阶级旧社会的,将是这样一个联合体,在那里,每一个人的自由发展是一切人的自由发展的条件。"①马克思主义对人类社会的最高价值追求就是实现人的自由全面发展,这个价值追求也是马克思主义人学思想和以人为本思想的精髓,而"以人为本"理念赋予了马克思主义人学

① 《马克思恩格斯全集》(第39卷),人民出版社1975年版,第189页。

思想关于人的全面自由发展观新的时代内涵与价值，是对人的发展理念的重大创新与推进。推进社会主义文化的繁荣发展其根本目标还是为了人的发展，所以，社会主义核心价值观引领文化发展必须要坚持以人为本、以人民为中心的原则，贯彻落实科学发展观和新发展理念，以人本化为基本方向创新发展，强调人民群众在文化建设中的主体性，并始终坚持将满足人民群众的精神文化需求作为一切文化工作的出发点与落脚点。只有这样，社会主义核心价值观引导文化建设发展才能真正贴近群众、贴近生活、贴近实际，才能在实践过程中将其内化为人民群众的自觉行为与价值共识，促进人的全面自由发展。

再次，深入贯彻落实以人为本、以人民为中心的价值发展理念，提升社会主义文化建设的针对性与实效性，引领文化发展，满足人民群众日益增长的精神文化需求。不断满足最广大人民群众的需要就是党和国家永恒的目标与追求，也是实现中华民族伟大复兴中国梦的永恒动力。社会经济的发展推动了人民群众需求多样性的形成，人们不再局限于物质需要的满足，同时还期待享受丰富的精神食粮。社会主义的优越性不仅在于高度发展的物质文明，还应该具有高度的精神文明，文化建设的目标和宗旨就是为了满足人民的精神文化需求，实现人的全面发展，这与科学发展观和新发展理念具有本质的统一性。①

（三）马克思主义人学、社会主义核心价值观与文化发展的互动品质

要厘清社会主义核心价值观引领文化发展的马克思主义人学依据，就必须科学分析它们之间的内在联系，深刻揭示其相互影响、相互作用、相得益彰的互动品质。

一方面，马克思主义人学思想、社会主义核心价值观与文化发展是“三位一体”的有机整体，统一于社会主义文化建设之中。中国共产党的宗旨是全心全意为人民服务，马克思主义作为我们党的指导思想决定了社会主义核心价值观引领文化发展必须坚持马克思主义人学思想，这是发展和繁荣社会主义文化的基本要求。为此，发展社会主义和谐文化，构建和谐社会的思想道德基础就必须要抓住社会主义核心价值观这个主流价值理念，抓好和谐文化建设这个中心环节。②

---

① 汪钏等：《社会主义核心价值观引领大众文化建设探析——马克思主义人学视角》，《南昌工程学院学报》2014 年第 33 期。

② 杨艳春：《马克思意识形态科学性的当代价值》，《山东社会科学》2007 年第 11 期。

另一方面,以人为本的科学发展观和以人民为中心的执政理念是对马克思主义人学思想的继承和创新,决定了社会主义核心价值观引领文化建设必须以满足人民群众的精神需要为基本要求。社会主义文化发展离不开核心价值观这个直接规定社会主义文化发展的性质和方向的根本。社会主义核心价值观对于文化的引领作用又必须以马克思主义人学理论为根本,用马克思主义的根本立场、基本观点和科学方法指导实践。人的本质的全面发展与社会主义核心价值观引领文化发展两者之间的联系主要体现在以下三个方面:一是社会主义核心价值观引领文化发展的出发点和落脚点是促进人的自由全面发展和拓展人的本质力量。培育和践行社会主义核心价值观、发展和繁荣社会主义文化归根结底也是为了促进人的全面发展、拓展人的本质力量,所以必须要用科学发展观和习近平新时代中国特色社会主义思想统领整个文化建设、培育和践行社会主义核心价值观和提升社会主义和谐社会文化软实力的全局,系统构建社会主义核心价值观引领文化发展的马克思主义人学理路。二是人的本质与社会主义核心价值观引领文化发展是相互影响和作用的。人的本质的生成、发展与社会文化和意识形态的教化是密不可分的,就物质与意识的辩证关系而言,人的实践活动必然并总是受到社会文化与意识形态的影响,反过来人类又会通过自身实践来进一步推动文化的发展与进步,人的全面自由发展正是在这种互动关系中逐渐实现的。三是社会主义核心价值观引领文化发展参与了人的本质的生成与发展。在用社会主义核心价值观引领文化发展的过程中,通过弘扬先进文化、不仅使主流的社会主义核心价值观念得到弘扬,而且能够以文化人、引领人的本质的健康生成发展,进而促进文化的健康发展,因而这一过程也正是人的本质的塑造过程,即人在社会实践活动中满足和实现自身的精神文化需求并不断增强改造世界的能力。因此,社会主义核心价值观引领文化发展必须坚持以人为本,科学发展,正确引导人的内心世界,通过改进人的思维方式和思想状态,提升人的思想境界、丰富人的精神文化生活,融入每个人的心灵大厦构建过程,让人能够按照自我本质和客观规律实现自我的自由全面发展、拓展人的本质力量。

三、社会主义核心价值观引领文化发展的马克思主义人学路径

党的十九大报告提出并强调文化自信在中国特色社会主义“四大自信”中的基础地位和根本作用,强调要以社会主义核心价值观引领文化建设,发

展和繁荣社会主义文化，满足人民群众对精神文化发展的需要，为建设富强、民主、文明、和谐、美丽的现代化强国提供文化支持、思想价值引领和精神支柱，为我们科学构建社会主义核心价值观引领文化发展的马克思主义人学路径提供了根本指导。

(一) 文化自觉:新时代中国特色社会主义建设的文化诉求

在当代中国，如何进行文化建设，存在着一个至为响亮的主题词——文化自信。文化自信是建立在文化自觉基础上的。文化自觉是费孝通先生在1997年于北京大学举行的第二届社会文化人类学高级研讨班中所提出的概念。费孝通先生认为:所谓的文化自觉就是生活在特定文化中的特定群体对于该文化有充分的自知之明，了解它的来历、发展历程、特色和未来趋势，并且能够自主自觉地把控文化转型，以求在新环境的适应和选择过程中有着自主地位。自费老提出文化自觉理念后，经过20多年的学理研究与发展，现在已经成为我国现代性建构中的一个重要理论范畴，被学界认为是五四时期提出“科学与民主”这一思想坐标之后又一新的文化诉求，具有划时代和里程碑式的意义。无论是从社会和谐与文化自觉的内在逻辑来看，还是从它们几乎同时成为当代中国的价值诉求来看，它们之间都存在着相互影响、相互促进的辩证关系。

1. 文化因素是现阶段影响中国特色社会主义现代化建设的深层原因

构建社会主义和谐社会、建设社会主义现代化强国，是对“什么是社会主义，怎样建设社会主义”认识的理论升华，是我国在当前重大发展机遇期与矛盾凸显期相交汇的关键阶段所做出的重大战略抉择。在现阶段，我国社会生产力水平明显提高，综合国力显著增强，各族人民根本利益一致，社会主义核心价值观不断深入人心，社会主义现代化建设目标明确，这些都表明我国社会在总体上是和谐的。但“也存在不少影响社会和谐的矛盾和问题”，我们应深刻认识我国发展的阶段性特征，科学分析影响社会和谐的各类矛盾及其隐藏的逻辑，更加积极主动地正视矛盾、化解矛盾，最大限度地增加和谐因素，最大限度地减少不和谐因素，不断促进社会和谐。马克思主义矛盾普遍性原理告诉我们，社会主义现代化建设进程中不和谐因素的出现是不可避免的，其原因也是多方面的，有社会发展规律的原因、有历史的原因、有体制方面的原因，但要考察当前社会中不和谐因素的深层原因，不能不提到文化，因为文化是带有根本性的因素。正如知名作家冯骥才所言:文化似乎不直接关系国计民生，但却直接关联民族的性格、精神、意识、思想、言语和气质。抽出文化这根神经，一个民族将成为植物人。

当代中国影响社会不和谐的因素很多,贫富分化特别是区域经济社会发展不平衡和腐败都是影响社会和谐发展的突出问题,其中都有深刻的文化因素。

从区域经济社会发展不平衡看,我国区域经济发展不平衡问题,固然是在效率优先原则的指导下,国家对区域发展采取了“让一部分地区先富起来”的非均衡发展战略,对某些地区给予了一系列倾斜发展的优惠政策,使这些地区先期获得了较大的发展空间。我们知道,谈到我国区域经济社会发展不平衡问题时,有所谓的东部、中部、西部之说,在全国经济高速增长的宏观背景中,东部、中部、西部三个地区的经济实力虽然都得到了较大提高和发展,但中西部没有与东部地区同步发展,而是处于明显的滞后状态。众所周知,东部地区因地处沿海,早在唐宋时期就与外界交往频繁,使得其文化具有较强的开放性特征,而中西部地区地处内陆,与外界文化接触的机会较少,其文化则具有较明显的保守、封闭等特征。正是这种文化特征上的差异,在一定意义上导致了中西部地区的经济未能与东部地区同步发展。东部地区的区域文化是当地人民在与外界长期的文化交流和民间商业贸易的基础上形成的,其中非常自然地具有许多有利于市场经济发展的积极价值观念,而中西部地区则市场经济意识淡薄,客观上成为制约中西部地区经济发展的重要因素,从某种意义上讲,区域经济发展的变革往往是从文化观念的更新开始的。

从腐败滋生的视角看,腐败现象的产生在我国有着许多因素,但是不可否认文化是其最深层次的原因之一。如果我们研究那些腐败分子的案例,会发现他们之所以走向腐败,主要是由于他们价值观扭曲,忽视了自身的思想文化建设,法制观念淡漠。从外部原因看,腐败的普遍化、流行化、社会化趋势,除了体制原因外,还因为它获得了一种“文化”的特性,即是说腐败成了一种社会风气,渗透到人的思想行为中,最终形成“腐败文化”。在当前社会转型期,腐败问题的严重性在很大程度上是来自不良文化环境的影响。因此,无论是从内部原因还是从外部原因来看,腐败的产生都与文化因素有关。在传统上,我们习惯将反腐败的对象和主战场指向公务人员和政府部门,但事实上,腐败充斥于各个行业,近年来屡屡见诸新闻媒体的“学术腐败”,就表明腐败已经进入了人类生活的最后一块圣地——学术殿堂。连学术都可以腐败,还有什么不可以腐败。一个人腐败,那是他个人的问题;某个行业腐败,那是制度设计的问题;如果有很多种人、很多类行业腐败,那是文化的问题。

人是文化的人,与其说人生活在一定的社会中,倒不如说生活在一定的文化中。文化所具有的导向、凝聚和规范作用,可以引导社会发展方向,促进社会和谐发展,可以凝聚人心,增加社会和谐因素,可以规范社会生活秩序,保障社会和谐发展。

2. 建设社会主义和谐文化必须注重文化自觉、增强文化自信

从增强文化自觉和文化自信看,党的十七大报告早就指出:“加强社会主义文化建设是不断满足人民群众日益增长的精神文化需求的需要,必须更加自觉、更加主动地推动文化大发展大繁荣。”①这是从全面建成小康社会、实现中华民族伟大复兴的高度所做出的重要论断,充分体现了中国共产党对文化自觉的重视和关注。

中国自古就是一个文明礼仪之邦。在与西方文化接触之前,我国一直是文化辐射源,这也就直接导致中国人形成了“中国是世界中心”的错觉。想当年赵武灵王为了进行军事改革而实行“胡服骑射”,引起了一场轩然大波,保守派的代表公子成说:“臣闻之,中国者,聪明睿智之所居也,万物财用之所聚也,圣贤之所教也,仁义之所施也,诗书礼乐之所用也,异敏技艺之所试也,远方之所观赴也,蛮夷之所义行也。”②这种华夏中心主义实际上统治了上下两千年中国人的思想。但随着西方近代文化传入,尤其是1840年鸦片战争后,华夏中心主义开始受到挑战,人们对中国前途和命运的思索最终从器物、制度深化到文化领域,中国文化如何发展成为中国人思考的首要问题。中国近代以来的文化论争,到20世纪30—40年代,实际上已由中国共产党人和若干党外马克思主义者做出了本质上正确的结论,那就是中国所要建设的新文化是“民族的科学的大众的文化”。这表明,中国文化的发展道路不是要主张“国粹主义”而固守中国传统文化,也不是要主张“全盘西化”而全面否定中国传统文化。

从我国文化发展的世界环境来看,尽管当今西方文化有一些优点和值得借鉴之处,但其文化中内含的“斗争”理念不符合中国人的文化心理需求。保尔·阿萨尔和陈独秀都曾认为,欧洲文明史实际上是一部“血泪史”,这种建立在“人性恶”基础上的崇尚竞争的文化,与我国建立在“人性善”基础上的崇尚中庸和平的文化具有巨大的差异。实际上,西方自身也开始了对其文化的反思和批判。例如,法国著名思想家埃德加·莫兰就曾经指出,西方文明的福祉正好包含了它的祸根:它的个人主义包含了以自我为中心的封闭与孤独;它的经济发展的盲目性造成了人类道德与心理的迟钝,导致了各个领域

① 胡锦涛:《高举中国特色社会主义伟大旗帜　为夺取全面建设小康社会新胜利而奋斗——在党的第十七次全国代表大会上的报告》,《人民日报》2007年10月15日第1版。

② 《战国策·赵策二》

的割裂,限制了人们的智慧发展,让人们在面临复杂问题时无法用全局性的眼光来处理;科技在推动社会进步的同时也造成了生态环境的恶化,产生了新的不平等;科学盲目性加剧了人们的紧张感,甚至有将人类引到核战争的危险。

因此,无论是从我国文化发展的历史渊源来看,还是从我国文化发展的世界环境来看,建设社会主义和谐文化必须注重文化自觉。中国文化自觉是一种文化生态自觉,中国文化之所以悠久而强劲,正是由于它的生态性,中国文化自古就是一种生态文化,中国传统的"儒—道—佛"三位一体的文化生态体系,是进退互补、刚柔相济地化解各种人生矛盾和人伦矛盾的自给自足的文化结构。这种自给自足的伦理精神结构与自给自足的自然经济结构形成和谐的文化生态。这是中国伦理对世界文明的特殊贡献。问题在于,当代中国的文化自觉与和谐社会建设,必须在弘扬民族文化的基础上,与建设有中国特色的社会主义文化相结合,形成一个由社会主义核心价值体系主导的、有中国传统文化特色的、适合我国国情的多元文化生态;坚持古为今用、洋为中用,科学构建适合中国国情、体现时代精神的"民族的科学的大众的先进文化",才是当今有利于和谐社会建设,抵御西方"文化冷战"和"文化霸权"的文化自觉意识与文化发展战略。党的十八大以来,以习近平同志为核心的党中央十分重视文化建设,不断提高以社会主义核心价值观引领文化发展的自觉性,推进了我国社会主义文化的大发展。

3. 社会主义和谐社会视域下文化自觉的实现途径

古今中外,文化自觉意识普遍觉醒的时代,就是文化繁荣的时代。如欧洲的文艺复兴时期,我国的战国百家争鸣时期,五四新文化运动时期等。根据费孝通先生对"文化自觉"的界定和理解,文化自觉包含三个方面的内容:一是要自觉到自己文化的优势和弱点,懂得发扬优点,克服弱点;二是要自觉到传统文化,对它进行新的现代诠释,让它有益于今天,也就是文化的转型与创新;三是自觉到当下,我们是作为全球的一员而存在的,所以我们要审时度势,了解世界不同文化,参与世界文化交流与文化重组,成为世界文化新秩序中不可缺少的组成部分。这给我们如何实现文化自觉、增强文化自信提供了有益启示。

首先,要提高文化自觉的意识。当前,中国正处于社会转型的关键时期。众所周知,人类历史上曾经多次发生过社会转型,但这些转型基本上是通过战争、暴力革命来完成的,尽管对人类社会具有一定的促进或推动作用,但也给人类留下了对于社会转型的恐怖记忆。所以中国有句古话,"宁做太平狗,不做乱世人”。正因如此，中国今天的转型注重文化的转型。文化转型不只是思想家、教育家和知识分子等精英阶层的事，而是需要人民大众普遍接受、认同并自觉行动。因为没有全民的文化觉醒，就没有“大众的”文化，文化也就不可能对社会有深刻的推动作用。

其次，要以马克思主义为指导。文化建设之所以需要一定的思想指导，是因为对各种文化要素的分析、评价、筛选要有一定的思想武器，还因为任何文化本身都以思想为核心，如果以不同的思想为指导就会形成不同的核心。马克思主义之所以能够成为我们的指导思想，是因为马克思主义是在批判地总结全人类文明优秀成果的基础上产生的，是有史以来最伟大的思想文化成果，是迄今为止最科学的文化思想。马克思主义不但没有过时，到目前为止，它仍是最伟大的哲学，仍是我们时代精神的精华，是现代文明活的灵魂，是我们武装人民群众进行革命、建设和改革成功的法宝。我们要坚持马克思主义的指导，但实际生活中，出现了意识形态多元化、多层次现象，这就要善于发挥马克思主义的批判性指导作用，即发挥以马克思主义为主导的意识形态一元论的指导作用。正是在这个意义上，习近平总书记多次强调，思想政治教育要发挥好马克思主义理论武装和思想价值引领作用。影响中国文化建设的意识形态主要有：西方自由化思想、中国传统文化（儒家学说）和马克思主义。马克思主义不是一般的意识形态，而是我们作为指导思想的意识形态。马克思主义的第一个角色是占统治地位、起指导作用的意识形态。中国共产党把发展着的马克思主义作为指导思想，不仅是中国社会历史发展的必然选择，更主要是因为它是科学的知识体系，是我们认识和改造世界的思想武器，是科学性和意识形态性的高度统一。当然马克思主义作为意识形态和作为科学体系也是有区别的：一方面，二者具有本质上的差异性，前者是制度化的、规范化的思想体系，是实践的，可操作的；而科学是一种知识，它不能制度化和规范化。另一方面，二者更新的方式不同，科学要破旧立新、推陈出新，意识形态则是不断地修整，是返本开新，越是离现实近的，越是需修正、需退让，是从未来出发去吸收面对现实的东西；科学会过时，而意识形态不会过时，它可以通过修补来适应新形势，具有不可否定性，而科学则可以自我否定、自我证伪。这就要求我们在坚持马克思主义的意识形态的指导和坚持其科学性上要有区别地对待。应该说，成为意识形态的马克思主义不是它的具体结论，而是它的基本立场、基本理论，即它的世界观、历史观和价值观。当然意识形态的指导也有历史阶段性，但无论何时，马克思主义的世界观、历史观和价值观都是我们应该坚持的基本指导思想。马克思主义意识形态性还体现在根据其世界观、历史观和价值观，制定的党在各个历史阶段的路线、方针、政策、法规等制度化的东西，这些东西必须是正确的，才能坚持；如果有失误，就必须及时纠正，使理论与实践相一致，这是马克思主义科学性的内在要求。当然，作为知识体系的马克思主义是可以争鸣和讨论的，应提倡丰富、发展和补充马克思主义，提倡对马克思主义的某些具体理论观点进行挑战和完善。如此才能始终坚持用发展着的马克思主义指导我们的实践，在实践中不断丰富和发展马克思主义，促进马克思主义的科学性和意识形态性的有机统一，加强马克思主义在意识形态和文化自觉中的指导。①

最后，在具体途径上，既要以优秀传统文化作为培育和谐文化的根基，实现文化的自我更新；又要借鉴世界文明成果，提升中华文化的现代适应力。中华民族优秀传统文化是我们赖以生存和发展的血脉根基。就中华文化的传统而言，“和”是其内在精神和显著特征，“和谐”是中国文化的最高价值目标，所以，深入挖掘我国传统文化的合理内核，特别是开发和利用好优秀传统文化中重视德行与价值观教育的精华，对于推动社会主义和谐文化建设具有重要意义。另外，我们也要意识到，随着全球化进程的日益加深，中国的发展也越来越离不开世界的发展，建设社会主义和谐文化也需要与世界文化进行交流与沟通，积极吸收、借鉴、学习世界优秀文化。任何国家、任何民族的文化都有其独特性，都对人类文明的发展做出了巨大贡献，而且都有追求和谐社会境界的相关内容。因此，一方面，中国在建设社会主义和谐社会文化过程中，应该积极吸收国外的优秀文化，丰富作为精神食粮的原料。中国文化要想在现代世界获得应有的地位，就必须在保持对民族文化自信的基础上，用更加宽广的眼界与胸怀，加强文化的对外交流与沟通，博采众长，不断提升中华文化的现代适应力。另一方面，要在揭示中国文化自觉及其与社会和谐发展关系的基础上，深化对全球化、信息化时代及当代中国社会转型条件下的文化自觉与和谐社会建设的研究。这一研究将“全球化”定位为既是一种“浪潮”（客观趋势），又是一种“思潮”（发达国家的发展战略与文化渗透），致力澄清和消解各种文化霸权、价值霸权、思想霸权，坚持和弘扬优秀的民族文化。在现代网络技术和信息技术背景下，建构自己的和谐文化就要着力探讨如何在社会转型中形成有机合理的国人的文化价值追求与文化自觉对社会和谐的影响，揭示和谐社会视域下文化自觉的发展理路，科学构建社会主义核心价值观引领社会和谐发展的文化自觉理路，发展和繁荣我国文化事业，使之成为引领当代中国成功实现现代化、促进社会和谐发展的精神指南和支

① 杨艳春、方章东:《试析马克思思想科学性和意识形态性的当代价值》,《江淮论坛》2008 年第 5 期。

柱产业,为实现中华文明的伟大复兴、引领人类命运共同体建设、促进世界和谐发展做出应有的文化贡献。这就决定了和谐文化不是搞折中妥协,而是要运用马克思主义矛盾分析方法,与各种妨碍我国社会主义现代化建设的思想价值观念进行交锋和斗争,这就要善于统揽伟大斗争、伟大工程、伟大事业、伟大梦想,增强文化自信,彰显中国特色社会主义文化先进性和制度优越性。

(二) 大众文化建设:社会主义核心价值观引领文化发展的着力点

核心价值观作为主流意识形态的本质内容,是一个社会文化建设的精髓。新时代中国特色社会主义文化建设应该坚持社会主义核心价值观的引导,形成凝聚思想共识、激发爱国热情和民族活力的精神食粮,为实现中国特色社会主义现代化建设和中华民族伟大复兴提供强大精神动力;同时,培育和践行社会主义核心价值观不能脱离大众文化,应该充分发挥现代大众传媒的效用,将社会主义核心价值观的核心内容融入大众文化之中,使主旋律得到弘扬,提升社会主义核心价值观在人民群众中的认可度与接受度。由此可见,社会主义核心价值观与大众文化之间有密不可分的关系,因而有必要深入分析二者之间的内在联系,深刻揭示社会主义核心价值观对大众文化建设引领的必要性与可行性,并为相关研究奠定深厚的理论基础。

1. 社会主义核心价值观与大众文化建设的互动品质[①]

(1) 社会主义核心价值观与大众文化建设的内在联系

首先,大众文化建设只有在社会主义核心价值观的引领下才能健康可持续发展。毛泽东早就指出:“一定文化(当作观念形态的文化)是一定社会的政治和经济的反映,又给予伟大影响和作用于一定社会的政治和经济。”[②]这说明在文化建设中,坚持什么样的方向,建设什么样的文化,既决定着文化自身的发展,更关系着经济的发展与党和国家事业的兴衰成败。文化主要包括两大方面即思想道德和科学文化,其中核心价值观居中心地位,主要体现在核心价值观是社会文化思想道德建设的核心内容,对文化建设具有决定性作用。受到经济全球化、世界多极化、信息多样化的影响,处于转型发展期的我国思想观念、价值观念与行为规范呈现多元化与多样性,传统的价值观体系正面临着解构与重构的问题,这就需要社会主义核心价值观作为文化的根基

---

① 该部分内容根据笔者主持完成的江西省社科规划招标项目“社会主义核心价值观引领大众文化建设研究”研究报告改写。

② 《毛泽东选集》(第2卷),人民出版社1991年版,第663页。

和主干,来决定文化建设的性质、目标和方向,对繁荣社会主义文化、促进人的自由和全面发展起重大引领作用。大众文化影响范围较广,直接影响着人们的生产、生活和思维方式方法,只有接受社会主义核心价值观的引导,才能实现健康发展,为人的现代化提供文化支持。

其次,大众文化是传播社会主义核心价值观的重要载体,主要表现在两方面:一方面,大众文化的发展为广泛传播社会主义核心价值观提供了路径。大众文化诞生以前,文化只是少数人才拥有的特权,大众群体实际上被排斥在文化生活以外,这也就直接影响了先进价值观的传播与传递。大众文化的产生发展让大众拥有参与文化生活、享受文化成果的可能,突破了精英文化的沉重性与受众的狭隘性,打破了文化特权与垄断,弥补了主流文化的单调与枯燥,以其生动多样的形式促进文化的传播,凸显文化的影响力。现代传媒是大众文化传播和发展的重要形式,也是社会主义核心价值观可以利用的传播与弘扬手段。另一方面,大众文化在内化社会主义核心价值观方面具有教化和熏陶功能。荀子曰:"蓬生麻中,不扶而直。白沙在涅,与之俱黑。"①可见,人是在一定文化中培养出来的人。发展和繁荣大众文化,可以通过其特定的人文环境将社会主义意识形态特别是核心价值观内化为人们所共有的价值标准和行为规范,培育新时代我国社会的共同思想道德基础,用和谐健康的大众文化推动社会主义核心价值观的发展与创新。

(2) 社会主义核心价值观引领大众文化建设的必要性

我国正处于社会转型发展期,深受经济全球化、文化多样化、信息多元化、世界多极化的影响,人们的思想和价值观念也呈现出复杂多变的特点。大众文化作为影响最为广泛的文化,直接影响着人们的生产、生活和思维,所以,用社会主义核心价值观引领大众文化建设,是凸显和巩固主流意识形态主体性、保证文化发展的社会主义方向的必然要求。这主要体现在:

首先,这是适应我国社会转型和复杂多变的国际形势,增强社会主义意识形态合法性的必然要求。我国正处于改革开放的关键时期,经济体制、社会结构、利益格局和思想观念都发生巨大变革。这种变革在给我国社会发展带来巨大动力的同时也产生许多新矛盾、新问题。我国社会的经济成分、组织形式、就业方式、分配形式、利益关系等日益多样化,人民群众的思想价值观念也呈现多元化的发展趋势。文化多元性尽管能够有效满足人民群众日益多样的文化需求,但是也导致新时代人民群众不再信仰某种意识形态,出现政治信仰迷茫、价值观扭曲等现象,传统价值观体系面临着消解与重构的

① 《荀子·解蔽》。

难题。如果不能及时科学构建适应社会发展需要的社会主义核心价值观教育理路，社会主义意识形态和党的执政合法性都将受到挑战与冲击。社会主义核心价值观作为我国主流文化的核心内容，对于文化性质与当代中国文化发展方向有着文化自觉、自信和引领作用。因此，我们要充分发挥社会主义核心价值观引领文化建设的导向作用，不断增强社会主义主流意识形态的影响力与吸引力，实现对多元化的社会思潮与思想的整合，在尊重差异的基础上扩大社会认同，增强社会主义意识形态合法性。大众文化作为影响范围最广的文化形式，直接影响着人们的生产、生活和思维方式方法，更需要社会主义核心价值观的引领，才能实现健康发展，为人的现代化提供文化支持。

其次，这是巩固民族文化发展主权的迫切需要。随着经济全球化与信息网络化的不断发展，文化与经济、政治的融合程度不断加深，文化在综合国力中的地位和作用更加突出。一方面我们要在吸收人类文明成果的基础上促进中国特色社会主义文化的繁荣与发展；另一方面更要时刻警惕西方国家以文化交流和输出形式对我国意识形态的渗透。意识形态一直是西方敌对势力与我们进行激烈争夺的阵地，如果出现问题将会导致社会动荡，甚至失去政权。以美国为首的西方发达国家借助其先发优势大力推行文化霸权，利用各种方式积极向发展中国家传播他们的意识形态、价值理念和生活方式，企图借西化、分化以实现其和平演变的政治野心。随着互联网的普及，东西方价值观念的冲突日益加剧，西方资本主义国家的享乐主义、个人主义、拜金主义等主流意识形态和思想价值观不断对我国社会主义意识形态进行渗透和冲击。我们只有坚持用社会主义核心价值观引领大众文化的发展，进一步巩固主流意识形态的主体性，提升我国文化实力，增强民族文化的感召力、凝聚力、影响力，才能够有效抵制西方敌对势力的文化入侵，维护我国民族文化主权、文化安全、意识形态安全，打赢和平演变的攻坚战。

再次，这是贯彻落实推动社会主义文化大发展大繁荣战略任务的基本要求。习近平总书记指出："核心价值观是文化软实力的灵魂、文化软实力建设的重点。这是决定文化性质和方向的最深层次要素。一个国家的文化软实力，从根本上说，取决于其核心价值观的生命力、凝聚力、感召力。培育和弘扬核心价值观，有效整合社会意识，是社会系统得以正常运转、社会秩序得以有效维护的重要途径，也是国家治理体系和治理能力的重要方面。"①由此可见，用社会主义核心价值观引领大众文化的建设，能够让社会主义文化建设

① 《习近平在中共中央政治局第十三次集体学习时强调　把培育和弘扬社会主义核心价值观作为凝魂聚气强基固本的基础工程》，《人民日报》2014 年 2 月 26 日第 1 版。

步入新的发展阶段,对于实现社会主义文化大繁荣大发展具有重大意义。我们要切实将培育和践行社会主义核心价值观融入精神文明建设的全过程,将其内化于心、外化于行,激发广大人民群众的文化创造力。我们要大力提升我国大众文化的核心竞争力和国际影响力,增强文化软实力,促进社会主义文化的繁荣和发展,让中华文明屹立于世界文明之林。

(3) 社会主义核心价值观引领大众文化建设的可行性

大众文化具有通俗性、大众性、娱乐性、商业性和技术复制性等特征,它在满足大众文化娱乐需求的同时,也对主流意识形态和精英文化有冲击和消解的消极作用,因而社会主义核心价值观引领大众文化建设不仅是必要的,而且具有可行性,主要体现在:

一方面,大众文化的差异性与多元化是社会主义核心价值观引领大众文化的逻辑起点。社会存在决定社会意识,大众文化作为社会意识的一种必然为其所处时代的社会存在所决定。丰富多彩的社会存在直接决定了大众文化的多元化与差异性,正是这种多元化与差异性为社会主义核心价值观发挥引领作用提供了逻辑起点。我们应该辩证、全面地分析和把握大众文化的多元化和差异性,认清多元化的大众文化体现的是不同群体的利益诉求与思想观念,要在始终坚持"百花齐放、百家争鸣"的基础上,对多元化的大众文化取其精华、去其糟粕,积极吸收其中具有人文精神和科学价值的合理部分来不断培育和践行社会主义核心价值观,牢牢把握意识形态领域的主导权,通过对多元化大众文化的具体、深入分析,根据其特有属性利用社会主义核心价值观进行引领,确保其正确的发展方向和健康向上的发展状态。

另一方面,大众文化消极作用的存在决定了引领的合理性。一是大众文化冲击主流意识形态的主体地位。正如邹广文在《当代中国大众文化论》中所说:"主流文化从一般文化哲学理论说来,是特定历史时期占统治地位的生产方式所决定的、作为社会的统治思想的文化。当代中国的主流文化即是中国共产党领导下的有中国特色的社会主义文化。"①大众文化尽管打破了主流意识形态长期一统天下的局面,但是其以现代传媒为载体的世俗享乐和商业炒作的优势,对以马克思主义为指导的主流意识形态产生了巨大冲击,主流文化的生存空间遭受大众文化的挤压。这种以营利为目的具有商品属性的文化淡化了文化的教导作用,必然会对主流文化产生冲击,挤压其生存空间,对整个社会来说是文化财富的巨大损失。二是大众文化对精英文化的消

---

① 邹广文:《当代中国大众文化及其生成背景》,《清华大学学报》(哲学社会科学版)2001年第2期。

解。法兰克福学派认为:“大众文化是意识形态与社会物质基础的融合,是资本主义商品制度的组成部分;发达的工业社会正是通过‘技术理性’和消费至上原则结合起来的‘大众文化’来控制个人的;同时由于它的商品化和标准化,排除或否定了文化艺术的独创性与个性。大众文化是被动的、无创造性的、浅薄的、消极的文化现象。”①可见,如火如荼的大众文化是资产阶级社会通过市场机制和价值规律运作,以利益为目标、凸显娱乐功能、消解人的意志和革命斗志、追求快乐至死的文化。大众文化不但缺少精英文化为大众提供理想的思想道德规范和精神文化感受的精神境界,而且其娱乐本质必然会消解精英文化的教化与引导作用。大众文化以其巨大的数量充斥着文化市场,以世俗享乐的志趣与精英文化争夺受众,使得精英文化日益被边缘化。这就十分容易导致人们疯狂追求利益而忽视了是非、善恶,价值观发生严重扭曲,拜金主义、个人主义、享乐主义等不健康的思潮充斥着人们的生活,这些思想糟粕严重侵蚀人们的心灵,降低了大众文化的道德品质与人文价值,诚信缺失、道德滑坡等问题严重败坏了社会风气。三是“三俗”化倾向降低了大众文化的人文价值和道德品质。“反三俗”已经成为中国当代大众文化建设的新课题。庸俗主要是指文化内容的低级、恶俗趣味;恶俗主要是指毫无原则、不择手段地取悦大众;低俗主要是指文化内容低贱。现如今,部分电视台盲目崇尚收视率、电影盲目崇尚票房、出版社盲目崇尚畅销,市场规律必然决定大众文化以市场为导向,以消费大众为“上帝”,以追寻最大化利润为主旨,不择手段地迎合部分消费者低俗的感官需要,抛弃了文化产品本身应具备的人文价值、道德品质和社会责任。大众文化的媚俗倾向直接歪曲了文化本身的艺术性和审美性,各种庸俗、低俗的相亲节目、选秀节目、言情小说等充斥着我们的日常生活。这种“三俗”化倾向也使得拜金主义、享乐主义、功利主义等成为人们的价值取向,严重影响了文化的教化功能,腐蚀着良好的社会风气。随着改革开放的深入,这些落后的、腐朽的、错误的大众文化的出现直接冲击主流意识形态的主导性,对社会和谐稳定发展产生了较大影响,同时也为社会主义核心价值观引领大众文化发展提供了广阔的空间,决定社会主义核心价值观必须要发挥积极导向,消解大众文化的消极影响,促进其健康发展。

2. 科学构建社会主义核心价值观引领大众文化建设的人学路径

当代中国文化应该是在社会主义核心价值观的引导下,成为凝聚思想共识、激发爱国热情与民族活力的精神食粮,为中国特色社会主义现代化建设和实现“中国梦”提供强有力的思想保证、精神支柱、思想价值引领和智力支

① 庞元正:《社会发展理论新词典》,吉林人民出版社,2001年版,第49页。

持。大众文化迫切需要社会主义核心价值观的引领,所以,将马克思主义人学思想与当代中国实际相结合去思考社会主义核心价值观引领大众文化发展路径至关重要。

(1) 立足于“现实的人”及其所处的历史条件

首先,厘清马克思关于“现实的人”这一思想的内涵,是我们从人的本质出发构建社会主义核心价值观引领大众文化建设的理论前提。费尔巴哈最早提出了“现实的人”这一概念,但是他所说的“人”只是空洞的、以自然为基础的感性的“抽象的人”,并不是真正的“现实的人”。马克思主义创始人在《德意志意识形态》中正式提出并系统阐述了“现实的人”的思想,主要可以从以下几个方面理解其内涵:第一,“现实的人”是有着现实需要的人。马克思指出,“富有的人同时就是需要有完整的人的生命表现的人,在这样的人的身上,他自己的实现表现为内在的必然性,表现为需要”①。可见,人的需要是人的本质的重要根据,理解“现实的人”首先就需要理解人的现实需要。第二,“现实的人”是从事实践活动并受到自然、社会条件和规律制约的人。正如马克思所说:“这里所说的个人不是他们自己或别人想象中的那种个人,而是现实中的个人,也就是说,这些个人是从事活动的,进行物质生产的,因而是在一定的物质的、不受他们任意支配的界限、前提和条件下活动着的。”②既然“现实的人”是生活在一定的自然与社会关系之中从事物质生产实践的人,那么他必然会受到自然界、社会的制约。马克思在《德意志意识形态》中对“现实的人”有着十分明确的规定:“但这里所说的人们是现实的、从事活动的人们,他们受自己的生产力和与之相适应的交往的一定发展——直到交往的最遥远的形态——所制约。”③第三,“现实的人”是处于历史发展过程中的人。“现实的人”不仅受到当前自然、社会方面条件的制约,同时人的本质的社会历史性决定了“现实的人”也是具体的、历史的人。

其次,社会主义核心价值观和大众文化的本质属性决定了它们离不开对“现实的人”的关注。社会主义核心价值观属于社会主义意识形态的重要范畴,因而也属于观念上层建筑的范畴。马克思指出:“人们在自己生活的社会生产中发生一定的、必然的、不以他们的意志为转移的关系,即同他们的物质生产力的一定发展阶段相适合的生产关系。这些生产关系的总和构成社会的经济结构,即有法律的和政治的上层建筑竖立其上并有一定

① 〔德〕马克思:《1844年经济学哲学手稿》,人民出版社2000年版,第90页。

② 《马克思恩格斯选集》(第1卷),人民出版社1995年版,第71页。

③ 《马克思恩格斯文集》(第1卷),人民出版社2009年版,第520页。

的社会意识形式与之相适应的现实基础。”①也就是说，生产力决定和制约着生产关系的发展，同时作为生产关系总和的经济基础决定和制约着上层建筑的发展。所以，作为观念上层建筑的大众文化特别是社会主义核心价值观也就必然要受到一定的生产关系的决定和制约，而生产关系的主体是从事物质生产活动的“现实的人”，因而构建社会主义核心价值观首先要从“现实的人”出发，关注“现实的人”的需要及其所处的自然和社会条件等。同样，大众文化作为一种以满足普通大众的文化娱乐需求为目的的文化形式，能够更好地满足人们的文化精神需求，因而对“现实的人”进行关注是其产生和发展的前提。

再次，社会价值观念的多样性和复杂性，迫切要求我们从“现实的人”出发去培育和践行社会主义核心价值观，引领大众文化健康发展。受社会主体的个人经历和生活环境等的影响，人们的价值观念有很大的差别，对文化的需求也表现出多样化，大众文化为了满足不同社会主体的文化需求也就具有多样化的内容，其中存在着一些与主流价值观念相背离的内容，因而需要占据主导地位的先进的价值观念的引领，使其能够健康发展，并将主流价值观念融入其中，使主流价值观念更易于被接受和认可。马克思主义认为：不是人们的意识决定人们的存在，相反，是人们的社会存在决定人们的意识。我们应当正确理解和运用马克思的历史唯物主义观点，具体地、历史地去谈论社会问题，否则只能陷入历史唯心主义的漩涡。所以，培育和践行社会主义核心价值观要从每个活生生的具体的现实的个人出发，即从“现实的人”所处的社会历史条件出发，按照“三个倡导”的要求加强社会主义核心价值观念教育，进而引领大众文化健康发展。

最后，立足于“现实的人”及其所处的历史条件，培育和践行社会主义核心价值观，引领大众文化发展。在经济全球化、世界多极化、信息化的影响下，思想文化领域出现不同价值观念交流和碰撞的现象不可避免。如何把握文化话语权、发挥马克思主义在思想文化领域中的指导作用，引导人们树立正确的世界观、人生观和价值观，迫切需要我们以习近平新时代中国特色社会主义思想为指导，以人为本、以人民为中心，科学发展、合理构建社会主义核心价值引领文化发展的马克思主义人学路径；同时，大众文化所具有的自发性和盲目性也要求在主流价值观念的引领下实现健康有序发展。社会主义核心价值观的培育和践行、用社会主义核心价值观引领大众文化的发展，都要从当前历史条件下的“现实的人”出发，抽象的、超阶

① 《马克思恩格斯全集》(第31卷)，人民出版社1998年版，第412页。

级的、超历史的谈论这一问题只能陷入历史唯心主义的漩涡。从“现实的人”出发去探究如何用社会主义核心价值观引领大众文化建设，就要深入探究在这一问题背后的人的因素，探究“现实的人”的基本文化需求和所处的自然、社会条件，明确各种思想价值观念背后的利益结构和社会关系的因素，从历史唯物主义的视角将培育和践行社会主义核心价值观、引领大众文化发展与对“现实的人”的关注联系起来，真正发挥好社会主义核心价值观的导向、教化、激励和凝聚功能，为大众文化健康发展提供理论武装和思想价值引领。

(2) 注重对人的本质的塑造和发展

马克思关于人的本质的自由全面发展思想是社会主义核心价值观引领大众文化发展的主要理论依据，因而从“现实的人”的本质出发，构建社会主义核心价值观引领大众文化建设能够树立文化自觉、自信、自强意识，增强大众文化建设的针对性。

首先，从人的本质出发，夯实“人类大我”的道德价值取向。核心价值观建设是大众文化建设中一项带有决定性的基础工程，其着力点是培育和践行社会主义核心价值观。马克思主义认为在人的不同的存在形式下，人的核心价值观会发生否定之否定的嬗变，当前中国特色社会主义进入新时代，在人的“共生性存在”条件下，我们要从人的本质出发，自觉加强“人类大我”的集体主义价值观教育，夯实“人类大我”的道德价值取向，为构建人类命运共同体提供思想价值引领。

其次，确立以人为本的大众文化建设原则，加强主体性教育。人的本质决定了人是世界的尺度，决定了人在世界与大众文化建设中的主体地位。人通过实践创造自己的本质使人成为世界和自己的主人，人的思想问题也是在实践中形成，并最终由自己在实践中解决。人的主客体的二重性要求我们在大众文化建设中，要加强主体性教育，为大众文化建设提供主体的能动性、积极性、创造性和发展性，这是增强文化自觉、自信、自强的基本要求。

再次，遵循社会价值与个人价值相统一的规律，增强核心价值观建设的针对性。人的本质是类本质和个体本质的统一，类本质存在于个体本质之中并通过不同个体本质体现出来。这就要求核心价值观建设要注重培养和发展人的个性，保持社会价值和个人价值的合理张力，而不是简单地向个体灌输特定的行为规范和要求。

最后，把握核心价值观建设的系统性、实践性、开放性和发展性，促进文化自觉、自信、自强。当前“共生共在”的社会关系决定了个体之间都是相互依赖、相互开放和发展着的，因此，我们要用联系、开放、发展的观点来观照社会主义核心价值观引领大众文化建设的理念和实践，牢固树立文化自觉、自信、自强意识，促进社会和谐发展。①

(3) 着眼于实现人的全面发展

社会主义核心价值观引领大众文化建设，最终还是为了实现人的本质的自由全面发展。

首先，社会主义核心价值观引领大众文化建设，以实现人的全面发展作为追求的最终目标。人的全面发展作为一种"终极理想"，它的实现是一个复杂、艰苦的历史过程，它作为一种目标和方向，指引着人们不懈地追求。马克思关于人的全面发展理论具有丰富的内涵，不仅包括人的社会关系的丰富与发展、人的需要的不断满足，而且包括人的个性的自由发展、人的能力和素质的提升和人的主体性的充分发挥，为社会主义核心价值观引领大众文化建设实现人的全面发展指明了方向。

其次，大众文化只有在社会主义核心价值观引领下才能健康发展、促进人的全面发展。随着社会的发展，文化消费需求日益旺盛，主流文化和精英文化难以满足大多数人的需求，大众文化弥补了主流文化和精英文化的缺陷，逐步发展为影响范围最广的文化形式。大众文化既有丰富人们的文化生活、发展文化娱乐功能的一面；又有因盲目性和自发性造成片面追求个人私欲的利己主义和崇尚感官享受的享乐主义的一面。所以，应当用社会主义核心价值观引领大众文化发展，使大众文化在主流价值观念的引领下能够健康发展，同时也能够利用现代传媒手段，将社会主义核心价值观的价值追求和基本理念融入大众文化之中，使主流价值观念获得大众的认可，从而促进人的需要、品格、素质等的全面发展。

最后，社会主义核心价值观引领大众文化建设着眼于实现人的全面发展。大众文化是现代社会的产物，它以满足大众的文化娱乐需求为目的，进而推动了满足大众文化需求的文化产业的发展；但是，文化商品大多采用批量复制的生产方式，这不利于创新意识的培养。此外，大众文化倡导的某些价值与原则甚至与社会主义核心价值观相背离，过分的商业化使得大众文化中不可避免地存在着一些低俗、庸俗甚至恶俗的元素，这对大众的思维结构、价值观念和行为方式都造成了不利的影响，不利于人的自由全面发展。因此，要充分发挥主流价值观念在大众文化中的引领作用，要在以满足广大人民群众的文化娱乐需求、关照广大人民群众的精神世界的基础上将社会主义

① 王水平、杨艳春：《构建和谐社会思想道德基础的人学观照》，《求实》2007 年第 7 期。

核心价值理念融入大众文化之中，充分利用现代传媒手段，打造全方位的信息交流和共享平台，增强社会主义核心价值观的吸引力和感召力，从而能够使大众在满足自身文化需求的同时，不断地提高自己的品格、素质、能力等，为逐步实现自身的全面发展提供思想保证、价值引领、精神动力和智力支持。

（三）校园文化建设：社会主义核心价值观引领文化发展的关键

共同的思想道德基础和理想信念能够为建设社会主义现代化强国提供强有力的思想保证、精神支柱和智力支持，是社会主义文化建设的核心，受到党和政府的高度重视。学校特别是高校越来越成为文化建设的主阵地、主战场，各种思想、文化和价值观念常常在学校发生激烈碰撞，并与校园文化相结合，不仅对广大师生产生深刻影响，而且由于高校的文化辐射作用对社会产生重大影响。当前，我国高校各类社会思潮十分活跃，意识形态领域纷繁复杂，对广大师生的思想观念产生了极大影响，亟待以社会主义核心价值观对其进行引领与整合，将新的价值理念与导向渗透到校园生活的方方面面，让高校校园文化朝着建设社会主义现代化强国伟大理想的方向前进，培养出合格的中国特色社会主义事业的建设者与接班人。

1. 当前高校校园文化存在的主要问题

目前，高校校园文化总体呈现出积极向上、高雅、健康的发展态势，但也不能忽视其中存在的许多矛盾与问题。这就需要我们积极转变教育理念、改进教育方式，认真探寻适合社会主义现代化建设的高校文化发展与创新的新思路、新观念、新方式。

第一，高校校园文化建设缺乏系统科学的规划导致其发展缓慢。我们通过研究高校校园文化建设的实践发现，虽然高校校园文化的硬件设施和制度建设都有一定基础，但是校园文化的核心即文化理念的建设进度发展缓慢，许多高校仍然只是停留在向观念文化推进的阶段。中央提出的对大学生实施全面素质教育的决定对高校育人理念提出了全新的挑战。各个高校需要在知识体系更新、实践活动拓展、课堂教学形式改善、制度文化与物质文化建设和校园精神的凝练等方面做出科学规划和调整。通常情况下，学校决策层对于校园文化建设的重要性都有着充分的认识，但是真正将其作为一个系统工程进行高度科学规划并付诸实践的则比较少。

第二，校园文化“同质化”导致其与学校整体风格不协调，特色不明显、个性不突出的情况较为常见。高校校园文化既要体现大学生的共性特征，又需要结合本校的办学特色、学生的个性特征进行文化建设。校园文化应该是充分展现其办学特征与专业特点的，但是目前很多高校的办学类型、专业设置、建筑风格都大同小异，高校“大而全、小而全”现象突出；校园文化建设的组织形式、活动内容、管理制度等都出现明显趋同化现象；甚至校训、校徽、校风等能够充分体现校园文化特色的核心元素也大同小异、明显缺乏特色；重视统一的师生管理与共性的价值观教育，却忽视了学生个性和综合素质的培育。高校校园文化建设对于反映本校治学理念和办学特色等方面的重视程度明显缺乏。甚至许多高校把校园文化建设主要当作学生文化活动和教育教学活动的管理方法与手段，注重强调对学生的控制、导向、凝聚、激励和改善学生物质、学习条件等，很少将校园文化建设与专业设置、课程设置、师资配置、师生个性发展和创新能力等方面结合起来，割裂校园文化与人才培养、立德树人、科学探究、技术创新、社会服务和文化传承的关系，忽视学校特色、历史渊源和发展趋势，限制了校园文化功能和大学功能的发挥，使得校园文化建设同质化现象严重。①

第三，文化环境建设滞后，文化活动层次较低。校园文化通过创设独特的文化环境实现教育效果与教学目标，这种目标与效果的实现就必须要依靠人与文化的双向构建，依靠人文精神与科学精神相统一、趣味性与思想性为一体的文化活动以及校园环境整体布局等对学生产生潜移默化的影响，逐步内化为学生素养，开阔学生视野，增强学生的求知欲、创新力。就当前情况而言，高校校园文化建设普遍存在重物质、轻精神的现象，部分高校甚至简单地将校园文化建设等同于丰富学生的业余文化生活，一味地从丰富学生课余活动角度出发开展文化活动，尽管这在一定程度上满足了学生的文娱需求，但是娱乐活动形式与内容的单调性、片面性、短视性势必使得校园文化建设缺乏长远性与系统性，这不仅削弱了校园文化在人才培养过程中的作用，与学校办学特色不能良好融合，同时也不能够很好满足学生全面发展的需要，最终导致校园文化功能失调，甚至失效。如果一味发展较低层次的文娱活动，不仅不能培养学生良好的综合素养，也难以发挥校园文化的功效。

第四，校园文化建设投入不足，建设滞后。高校扩招以后，给学校的基础设施、管理力量、师资队伍、制度建设等方面带来了巨大的压力，各大高校的精力主要放在应对扩招带来的压力上，忽视了校园文化的建设。各大高校在新校区建设过程中存在盲目跟风、贪图高大上的现象，并且时常面临着“时间紧、任务重”的问题，有的学校根本就无暇顾及新校区的校园文化建设。新校区建成以后，基础设施日益完善，但是却缺乏大学应有的人文关怀与精神熏

---

① 李丁宁:《社会主义核心价值体系引领高校校园文化的实践路径探析》,《江西青年职业学院学报》2011 年第 4 期。

陶,老师很少住校,师生互动交流较少。民办高校追求的是利益最大化,因此对于校园文化建设缺少足够认识,投入力度较少,起步晚、基础差、资助少的现象困扰着其校园文化建设。

第五,校园文化的教育、导向功能弱化,功利性色彩日益浓厚。当前,我国高校校园文化建设存在的突出问题就是过分注重功利主义,重视校园物质方面的建设,忽视校园精神文化建设对于学生发展的长期性价值。校园物质文化是校园精神文化的载体,建设物质文化仅仅是手段而不是最终目的。校园精神文化建设内在地隐含于物质文化建设之中,它是校园文化建设中最为实质性和根本性的部分。忽视精神文化的校园文化建设最终只能流于形式,并无实质性效果。但是,我国当前的高校文化建设普遍偏离了这一宗旨,部分高校甚至将校园文化建设等同于业余生活,导致娱乐文化在学校流行;加之评价校园文化建设成效时往往都是只看物质文化建设,对于校园文化的功能评价则仅仅局限于学生管理与思想政治教育的层次上。校园文化条件的有限性与大学生文化需求的多元性的共时性矛盾较为明显,高品质、高质量文化产品"供给"无法满足师生需求,导致社会上一些不良思想文化观念乘虚而入,精致的利己主义、功利主义甚至个人主义在高校时有出现,高知识水平与低素质涵养的两极反差明显。

2. 高校校园文化建设的主要路径

(1) 打造社会主义核心价值观引领高校校园文化建设的两个平台

高校校园文化建设要打造"教研"和"第二课堂"两个平台。在充分运用课堂教学与科学研究的基础上,更好利用第二课堂的优势,以立体化的教育模式推动高校校园文化建设,实现从理论到实践的突破和良性循环的发展态势,创造学生对理论有实际感觉、对实际有理论情怀的教育模式。

第一,以学科建设为依托,借助教研活动推动高校校园文化建设。

社会主义核心价值观引领高校校园文化建设是一项综合性的系统工程,同时也是一个内容丰富、交叉融合的庞大体系。要积极推动构建完善的"教学—科研"相结合的运作模式,实现"以教学促进学科建设,学科建设反哺教学"的和谐互动状态。

一方面,要充分发挥高校教育教学体系的整体性功效,构建以思政课为主、以哲学社会科学课程为载体、以自然科学课程为辅的价值观教育体系,全方位渗透社会主义核心价值观,引领校园文化建设。思想政治理论课程在社会主义核心价值观教育中的主渠道地位是由其课程性质所决定的,应该在教学过程中强化社会主义核心价值观教育正面灌输方式,发挥思政课引领价值观教育的独特优势。哲学社会科学中的绝大部分学科都有着明显的意识形态属性与价值规范的功能，因而应当将社会主义核心价值观的内涵与精神本质有机渗透到整个哲学社会科学课程教学体系中，并且坚持用社会主义核心价值观进行引导，帮助广大师生明确正确的政治方向和提升自我精神境界，自然科学尽管无明显的意识形态倾向，也需要发挥课程思政对社会主义核心价值观教育的引领作用，从而确保科学技术获得人文和人道内涵，有助于培养具有社会主义核心价值观的科技工作人员。

另一方面，需要不断加强科学研究。加强社会主义核心价值观建设，不仅需要加强理论研究，更需要基于具体实践去研究社会主义核心价值观引领和谐文化的逻辑理路与现实路径，以及借鉴其他国家在价值观建设上的经验做出具有前瞻性的预测。这就要求高校积极鼓励教师以社会主义核心价值观为中心进行探究，例如鼓励教师申报课题、出版理论著作和论文、定期召开人文社会科学学术论坛，通过一系列方式明确高校哲学社会科学发展的方向与任务，为价值观教育体系建设提供良好的学术氛围与文化环境，将价值观教育融入学科体系建设之中，做到立德树人、以文化人，促进师生全面发展。

第二，充分发挥第二课堂优势，以立体的教育模式促进高校校园文化建设。

首先，拓宽社会实践渠道，增强学生践行社会主义核心价值观的积极性、自主性与自觉性。社会实践是社会主义核心价值观引领高校校园文化建设的重要途径。通过教育实践活动，让学生走出象牙塔，融入社会、贴近生活、深入实践，这对于引导学生树立正确的价值观具有重要作用。因此，一方面需要以社会主义核心价值观教育为切入点，引导学生从点滴做起、从自身做起、从身边做起；另一方面，要积极拓宽大学生社会实践渠道，将社会主义核心价值观教育融入大学生志愿服务、专业实习、社会调查、创新创业等活动中，引导高校学生在服务社会的实践活动中巩固和深化社会主义核心价值观教育教学成果，并且内化为自身的思想观念、行为方式、文化涵养和能力素质，从而坚定中国特色社会主义的共同理想，深化对中国共产党执政的意识形态合法性的理解，将社会价值与个人价值的实现高度统一。

其次，充分发挥校园传媒的宣传阵地效用，提高校园舆论引导力。舆论导向的正确性是和谐校园建设、社会主义核心价值观体系建设和社会主义核心价值观教育的重要条件。因此，推动社会主义核心价值观引导高校校园文化建设就必须要整合校园各类宣传媒介与资源，坚持以校报、校刊、广播、学校官网、学校论坛等传播媒介为喉舌，努力构建功能互补、定位明确、覆盖广泛、方式全面的舆论引导新格局、新体系。互联网的高速发展使得网络成为广大师生获取信息、思想交流与表达诉求的重要平台，对学校的舆论态势和发展趋势有着巨大影响,因此需要特别注重校园网络对学生社会主义核心价值观的培育效用,例如开设网络"社会主义核心价值观教育课堂",开通相关论坛、博客、微信公众号、微课、慕课等,形成丰富多样的网络价值观教育体系,牢牢把握社会主义核心价值观教育的网络主导权,有效引导网络舆论,形成绿色、健康的网络氛围,让网络成为社会主义核心价值观教育的重要阵地,充分发挥校园传媒的育人功效。

最后,开展丰富多彩的校园文化活动,构建校园文化建设的有效载体。第一,以学生社团活动为载体开展形式多样的校园文化活动。学生社团种类多样,应当成为社会主义核心价值观引领高校文化建设的载体。通过学生社团,积极开展文化艺术节、技能大赛、科技展览等活动,将价值观教育与智育、体育等有机结合,增加师生与社会主义核心价值观的接触面,提升社会主义核心价值观的引领效果。第二,以各类节庆日、纪念日等为载体开展民族精神和爱国主题教育,以母亲节、父亲节、教师节等开展感恩教育主题活动等等。第三,以道德楷模、典型学习活动为载体,提升社会主义核心价值观的感召力,每年推选的道德楷模、"感动中国"人物和共和国勋章获得者等时代楷模的感召力是巨大的,通过学习他们的先进事迹可以有效地将感动内化为行动,推动大学生社会主义核心价值观践行的自觉性,进而推动高校校园文化建设。第四,以文化产品、公共文化服务为重要载体,通过宣传优秀文化感染、教育、熏陶广大师生。例如借助优秀书籍、影片、歌曲开展书展、画展、影展和红歌会等生动活泼的活动进行价值观引导,丰富和推广校园文化。总之,就是借助各类载体,让广大师生通过各类文化活动感悟社会主义核心价值体系的真谛,增强校园文化的生命力、感染力和魅力。

(2) 突出校园文化环境建设的隐性教育力量

校园文化作为青年亚文化是一种具有非强制性特征的教育手段,主要是通过创设特殊的文化环境实现教育目的和教育效果。因而,具有隐性教育功能的校园文化环境是社会主义核心价值观引领高校校园文化建设的重要途径,具有潜移默化的育人功效。校园文化环境建设包含物质文化环境建设与精神文化环境建设两个重要方面,二者共同推进校园文化建设的发展。

一方面,要加强校园物质文化环境建设。校园物质文化作为大学文化的外在标志,是大学精神文化的载体,属于校园文化的硬件,例如学校设施、建筑、场地等。物质文化环境建设是校园文化建设的重要途径和必要支撑,直接反映校园文化的高度,是高品质校园文化氛围的基础。所以,高校必须秉承认真务实的态度,按照"长期规划、统一部署、分期实施、定期更新"的原则,依据自身办学特色和未来发展方向,加强校园物质文化建设,让干净、整洁、绿色、优美、文明、和谐的校园环境对广大师生起到良好的引导作用。具体而言，就是将校园物质环境建设与社会主义核心价值观教育的内容有机结合，将价值观教育融入物质文化建设之中，做到思想性与艺术性的有机统一。学校在建筑风格、人文景观设计、公共场地规划布置和学校各楼宇、道路、景点命名等方面均应具有鲜明特色，这样不仅能给丰富多彩的教育教学活动提供场地，还能够让师生在其中受到文化熏陶与感染。例如，校园名人画像、雕塑，含有名言警句、校风校训等的各类标牌，以文化名人、爱国人士、抗战英雄等命名的校园建筑，这些对于强化师生对校园文化的深层次理解，营造健康向上、净化心灵、激发灵感、陶冶情操的良好校园教育氛围具有重要价值，有利于社会主义核心价值观的培育与发展。总之，高校应该不断加强物质文化环境建设，做到教育功能与审美功能的和谐统一，做到人与自然的和谐统一，让广大师生在求知、求美、求乐的过程中受到潜移默化的影响，提升自我精神境界，彰显当代高校特有的精神风貌与文化渗透力。

另一方面，要加强校园精神文化环境建设。校园精神文化是校园文化的灵魂。校园精神文化深刻反映了一所学校的办学理念、办学特色，彰显着学校的价值取向与价值观念。校园精神文化包含学校的校徽、校训、校歌、校规、教风等多方面，是大学长期积淀而成的宝贵精神财富，对广大师生具有强大的感召力和凝聚力，对大学生良好品质的塑造具有潜移默化的作用。我们要把校训、校歌、校徽、校标等校园精神文化内容融入办学理念、学校发展、学科专业特色、人才培养和社会服务等方面，引导师生树立正确的价值取向和精神追求。校园精神文化建设还包括建立、健全和完善学校的一系列规章制度和纪律，培育良好的校风、教风和学风，发展体现学校特色的社会主义核心价值观教育和时代特征的校园文化。

（四）机制构建：社会主义核心价值观引领文化发展的根本保障

社会主义核心价值观引领文化发展必须以一定的条件为基础、具备一定的经费和物质保障、完善的规章制度保障和监督体系保障等。因此，建立社会主义核心价值观引领文化发展的长效机制至关重要。

1. 经费及物质保障

价值观作为上层建筑，总是由一定社会的生产力和经济发展水平决定的，生产力的发展不仅是其发展的根本动因，而且决定了生产关系和包括核心价值观在内的上层建筑的变革，推动人类价值观体系不断完善与发展。所以，当前我国应该不断提升生产力水平，全面深化改革，完善社会主义市场经济机制，为社会主义核心价值观引领文化发展夯实物质基础。尽管市场经济对于文化建设是一把“双刃剑”,但是它能够有效推动我国生产力的发展,进而为社会主义核心价值观的完善、社会主义文化的发展奠定坚实的物质基础。社会主义核心价值观引领文化发展必须要加大物质投入,健全经费投入改善外在条件的保障机制。

2. 法律制度保障

在市场经济条件下,价值观并不能保障我们有效应对各种新问题、新状况,而是应该依靠法律法规来调节、改善各类社会关系,形成良好的社会风尚。所以,正确价值观的塑造必须教育与约束机制并重。其中,保障机制的根本就在于加强制度建设、完善制度体系、推进全面依法治国。因而,我们要及时将其中一些好的方法、成功经验凝练为制度,甚至以法定程序上升为法律法规,将社会主义核心价值融入法律和制度建设之中。需要注意的是,制度和法律建设一定要注意把握其系统性、层次性和可行性,寻求各类制度的内在联系,让各种制度、规定环环相扣、相互配合,形成实用化、程序化的制度体系。总之,就是要构建自律与他律、内在约束与外在约束的长效机制,让社会主义核心价值观引领文化发展走上制度化、规范化、法律化的道路。

3. 监督保障

监督是保障社会主义核心价值观引领文化发展实施力度的重要方式,它可以使社会主义核心价值观的引领作用更具效率、更具群众基础。首先,领导监督。党和国家领导人对于社会主义核心价值观引领文化建设规划制定和实施具有不可推卸的领导责任。其他各级领导更应该向中央看齐、加强所领导的具体部门的落实监督,使这个看似“软”的任务量化、具体化,让它由“软”变“硬”,将其作为年终绩效考核关键指标之一,赋予它一票否决的权利。其次,群众监督。社会主义核心价值观引领文化建设是每一位公民的事情,需要充分调动广大人民群众参与监督,建立健全监督信息反馈渠道,例如开通监督热线与领导信箱、设置领导接待日等。这些措施不仅能够加强领导与群众的关系,而且还能够有效提升广大人民群众的政治素养,更重要的是让每一个人充分认识到自己作为主人翁的责任感与使命感,进而学会监督、敢于监督、想去监督。利用报刊、网络、广播电视等现代传媒宣传社会主义核心价值观引领文化建设,积极弘扬这一建设过程中涌现的新人新事新风尚,挖掘身边的闪光点,让人民群众学有榜样、追有目标。此外,对于社会中的不文明现象和行为要敢于揭露、曝光,树立反面教材警醒世人,从而让人们自觉规范己身。舆论监督具有广泛性、公开性、及时性、权威性和实用性等功能和特性,充分利用好舆论监督对于保障社会主义核心价值观引领文化建设大有益处。

参考文献

一、经典文献

1. 马克思恩格斯:《马克思恩格斯选集》(第1—4卷),北京:人民出版社,2012年

2. 马克思恩格斯:《马克思恩格斯文集》(第1—10卷),北京:人民出版社,2009年

3. 恩格斯:《自然辩证法》,北京:人民出版社,1984年

4. 列宁:《列宁选集》(第1—4卷),北京:人民出版社,2012年

5. 毛泽东:《毛泽东选集》(第1—4卷),北京:人民出版社,1991年

6. 毛泽东:《毛泽东文集》(第1—8卷),北京:人民出版社,1993—1999年

7. 邓小平:《邓小平文选》(第1—3卷),北京:人民出版社,1993—1994年

8. 邓小平:《邓小平文集》(上、中、下卷),北京:人民出版社,2014年

9. 邓小平:《邓小平关于建设有中国特色社会主义的论述专题摘编》,北京:中共中央文献出版社,1995年

10. 邓小平:《邓小平同志论加强党同人民群众的联系》,北京:中共中央文献出版社,1990年

11. 邓小平:《小平同志论改革开放》,北京:中共中央文献出版社,1989年

12. 邓小平:《邓小平同志论坚持四项基本原则反对资产阶级自由化》,北京:中共中央文献出版社,1989年

13. 江泽民:《江泽民文选》(第1—3卷),北京:人民出版社,2006年

14. 江泽民:《论党的建设》,北京:中共中央文献出版社,2001年

15. 江泽民:《论"三个代表"》,北京:中共中央文献出版社,2001年

16. 江泽民:《论科学技术》,北京:中共中央文献出版社,2001年

17. 江泽民:《论社会主义市场经济》,北京:中共中央文献研究室编,2006年

18. 江泽民:《在纪念中国共产党成立七十八周年座谈会上的讲话》(单行本),北京:人民出版社,1999年

19. 胡锦涛:《胡锦涛文选》(第1—3卷),北京:人民出版社,2016年

20. 胡锦涛:《坚定不移沿着中国特色社会主义道路前进 为全面建成小康社会而奋斗——在中国共产党第十八次全国代表大会上的报告》(单行本),北京:人民出版社,2012年

21. 胡锦涛:《论构建社会主义和谐社会》,北京:中共中央文献出版社,2013年

22. 习近平:《决胜全面建成小康社会 夺取新时代中国特色社会主义伟大胜利——在中国共产党第十九次全国代表大会上的报告》,北京:人民出版社,2017 年

23. 习近平:《习近平谈治国理政》,北京:外文出版社,2014 年

24. 习近平:《习近平谈治国理政》(第 2 卷),北京:外文出版社,2017 年

25. 习近平:《习近平谈治国理政》(第 3 卷),北京:外文出版社,2020 年

26. 习近平:《习近平关于社会主义文化建设论述摘编》,北京:中共中央文献出版社,2017 年

27. 习近平:《习近平关于党风廉政建设和反腐败斗争论述摘编》,北京:中共中央文献出版社,2015 年

28. 习近平:《习近平关于实现中华民族伟大复兴的中国梦论述摘编》,北京:中共中央文献出版社,2013 年

29. 习近平:《习近平关于严明党的纪律和规矩论述摘编》,北京:中共中央文献出版社,2016 年

30. 习近平:《习近平关于社会主义政治建设论述摘编》,北京:中共中央文献出版社,2017 年

31. 习近平:《中共中央关于坚持和完善中国特色社会主义制度 推进国家治理体系和治理能力现代化若干重大问题的决定》,北京:人民出版社,2019 年

32. 中共中央文献研究室编:《十二大以来重要文献选编》(上中下),北京:中央文献出版社,2011 年

33. 中共中央文献研究室编:《十三大以来重要文献选编》(上中下),北京:中央文献出版社,2011 年

34. 中共中央文献研究室编:《十四大以来重要文献选编》(上中下),北京:中央文献出版社,2011 年

35. 中共中央文献研究室编:《十五大以来重要文献选编》(上中下),北京:中央文献出版社,2011 年

36. 中共中央文献研究室编:《十六大以来重要文献选编》(上中下),北京:中央文献出版社,2011 年

37. 中共中央文献研究室编:《十七大以来重要文献选编》(上),北京:中央文献出版社,2009 年

38. 中共中央文献研究室编:《十七大以来重要文献选编》(中),北京:中央文献出版社,2011 年

39. 中共中央文献研究室编:《十七大以来重要文献选编》(下),北京:中央文献出版社,2013 年

40. 中共中央文献研究室编:《十八大以来重要文献选编》(上),北京:中央文献出版社,2014 年

41. 中共中央文献研究室编:《十八大以来重要文献选编》(中),北京:中央文献出版社,2016 年

42. 中共中央文献研究室编:《十八大以来重要文献选编》(下),北京:中央文献出版社,2018 年

二、学术著作

1. 〔美〕爱因斯坦:《爱因斯坦文集》(第 1—3 卷),许良英等译,北京:商务印书馆,2010 年

2. 〔美〕费正清:《美国与中国》,张理京译,北京:世界知识出版社,1999 年

3. 〔美〕费正清:《伟大的中国革命》,刘尊棋译,北京:世界知识出版社,1999 年

4. 〔美〕傅高义:《邓小平时代》,冯克利译,北京:生活·读书·新知三联书店,2003 年

5. 〔美〕弗朗西斯·福山:《历史的终结与最后的人》,陈高华译,桂林:广西师范大学出版社,2014 年

6. 〔英〕卡尔·波普尔:《猜想与反驳》,周昌忠等译,上海:上海译文出版社,2001 年

7. 〔法〕勒庞.乌合之众:《大众心理研究》,冯克利译,北京:中央编译出版社,2004 年

8. 〔英〕马丁·雅克:《当中国统治世界:中国的崛起和西方世界的衰落》,张莉、刘曲译,北京:中信出版社,2008 年

9. 〔英〕塞缪尔·亨廷顿:《文明的冲突与世界秩序的重建》,周琪等译,北京:新华出版社,2009 年

10. 〔英〕魏斐德:《毛泽东思想的哲学透视》,李君如等译,北京:中国人民大学出版社,2003 年

11. 〔德〕马尔库塞:《单向度的人——发达工业社会意识形态研究》,刘继译,上海:上海译文出版社,2018 年

12. 杜旭宇、程洪宝:《执政条件下当的意识形态建构》,北京:社会科学文献出版社,2017 年

13. 陈万柏、张耀灿:《思想政治教育学原理》(第二版),北京:高等教育出版社,2007 年

14. 顾明远主编:《中国教育大百科全书》(全四卷),上海:上海教育出版社,2012 年

15. 杨昕:《中国共产党意识形态话语权研究》,北京:社会科学文献出版社,2015 年

16. 鲁洁、王逢贤主编:《德育新论》,南京:江苏教育出版社,2002 年

17. 孙喜亭:《教育原理》(修订版),北京:北京师范大学出版社,2003 年

18. 郑杭生、李强等:《社会运行导论——有中国特色的社会学基本理论的一种探索》,北京:中国人民大学出版社,1993 年

19. 卢晓中:《当代世界高等教育理念及对中国的影响》,上海:上海教育出版社,2001 年

20. 黄楠森、陈尚志等编:《人学的理论与历史》(全三册),北京:北京出版社,2004 年

21. 韩庆祥、亢安毅:《马克思开辟的道路:人的全面的发展研究》,北京:人民出版社,2005 年

22. 周从标:《全球化背景下思想政治教育创新研究》,北京:中国社会科学出版社,

2005年

23. 曾燕波:《青年八大热点问题》,上海:上海社会科学院出版社,2007年

24. 孙学玉主编:《价值》,南京:江苏人民出版社,2009年

25. 熊玠:《习近平时代》,北京:中共中央党校出版社,2015年

26. 姚颖:《马克思人学思想的现代解读:弗罗洛夫人道主义思想研究》,北京:中央编译出版社,2009年

27. 雷红霞:《西方哲学中人学思想研究》,武汉:湖北人民出版社,2005年

28. 张忠良:《毛泽东人学思想研究》,长沙:湖南人民出版社,2006年

29. 庞跃辉:《育人的多维演进》,成都:四川大学出版社,2016年

30. 刘敬鲁:《海德格尔人学思想研究》,北京:中国人民大学出版社,2012年

31. 杨晶著:《列宁人学思想研究》,北京:中国社会科学出版社,2020年

32. 龚天平:《人学思想寻踪与伦理理论探询》,武汉:湖北人民出版社,2016年

33. 白虹:《阿奎那人学思想研究》,北京:人民出版社,2010年

34. 张君平:《黑格尔人学思想研究》,北京:知识产权出版社,2015年

35. 张莉:《科学发展观的人学思想研究》,北京:经济科学出版社,2016年

36. 方幸福:《幻想彼岸的救赎—弗洛姆人学思想与文学》,北京:中央编译出版社,2014年

37. 于浚湜、陈兵兵:《董仲舒与海德格尔人学思想比较研究》,北京:九州出版社,2018年

38. 韩淑萍:《文化立人 文化立校—王欢教育思想研究》,北京:教育科学出版社,2015年

39. 张世欣:《思想政治教育的人学解读》,杭州:浙江大学出版社,2017年

三、学术论文

1. 侯惠勤:《坚定文化自信的理论自觉》,《马克思主义研究》2017年第11期

2. 胡海波、侯鉴洋:《习近平关于文化重要论述的总体性探讨》,《马克思主义研究》2019年第6期

3. 傅琛、张吉雄:《当代中国马克思主义大众化的实现路径新探》,《南昌大学学报》(人文社会科学版)2010年第6期

4. 宁友金、王永友:《社会主义核心价值观融入社会治理:价值、困境与实现》,《思想政治教育研究》2019年第1期

5. 左锋:《借重红色资源 传承革命文化》,《党建》2017年第4期

6. 张筱强、陈宇飞:《充分保障人民的基本书化权益》,《中共中央党校学报》2008年第3期

7. 冯刚、朱宏强:《以习近平新时代中国特色社会主义思想引领青年理想信念教育》,《思想理论教育导刊》2018年第11期

8. 朱炳元:《实现"两个一百年"奋斗目标的内在逻辑》,《红旗文稿》2018年第5期

9. 顾海良:《系统工程:高校思想政治工作的新认识》,《思想教育研究》2000年第

3 期

10. 郑永廷:《思想政治教育发展的哲学思考》,《社会主义研究》2001 年第 5 期

11. 郁建兴:《马克思主义理论与现时代》,《中国社会科学》2001 年第 6 期

12. 张建新、董云川:《大学文化研究述评及探究思路》,《中国大学教学》2005 年第 3 期

13. 张体勤等:《构建大学生思想政治教育体系的探讨》,《理论学习》2006 年第 9 期

14. 杨艳春:《略论思想政治教育发展的人学关照》,《南京政治学院学报》,2007 年第 4 期

15. 田心铭:《和谐文化与社会主义核心价值体系》,《中国高教研究》2007 年第 11 期

16. 杨艳春:《社会主义核心价值体系引领思想政治教育创新的人本理路》,《南京政治学院学报》2008 年第 4 期

17. 杨艳春:《人的本质概念在马克思思想中的不同理论定位》,《求实》2010 年第 8 期

18. 杨兴圆、袁银传:《马克思劳动人本思想的生成进路与双重内涵》,《学习与实践》,2020 年第 11 期

19. 王莅:《属人世界的历史性展开——马克思与 19 世纪人类学的互通思想背景》,《马克思主义与现实》2020 年第 4 期

20. 徐田、付东东:《习近平新时代中国特色社会主义思想人民价值主体性及其辩证特质》,《内蒙古社会科学》2020 年第 4 期

21. 郑敬斌、刘敏:《思想政治教育话语亲和力提升问题研究》,《思想理论教育导刊》2020 年第 3 期

22. 朱宇、陈晓辉:《论恩格斯人学思想的总体图景》,《理论探讨》2020 年第 6 期

23. 周至杰:《论严复以"民"为核心的国家建设思想》,《合肥工业大学学报》(社会科学版)2020 年第 5 期

24. 敖峰、饶玲:《论海德格尔人学思想的教育意蕴》,《当代教育科学》2020 年第 3 期

25. 赵永春:《西方人学思想发展的三次高潮及理性启示》,《哈尔滨师范大学社会科学学报》2020 年第 1 期

26. 刘颖:《和辻伦理学对马克思人学思想的转化运用》,《现代哲学》2019 年第 6 期

27. 季蒙:《贺麟的新儒家精神》,《学术研究》2019 年第 9 期

28. 邵发军:《人类命运共同体思想视阈下共享发展的人学意蕴》,《南昌大学学报》(人文社会科学版)2019 年第 4 期

29. 邓国彬:《思想政治教育人学研究的回顾、反思与前瞻》,《湖北社会科学》2019 年第 6 期

30. 朱雪微:《习近平"以人民为中心"的发展思想对马克思人学思想的创新与发展》,《理论视野》2019 年第 3 期

31. 安会茹:《论儒家为学思想的人学本质》,《学习与探索》2019 年第 2 期

32. 舒志定:《马克思为教育设定的人学前提》,《陕西师范大学学报》(哲学社会科学

版)2019 年第 1 期

33. 韩璞庚、朱思颖:《马克思生态人学思想及其当代价值》,《学术界》2018 年第 12 期

34. 杨艳春:《马克思人的本质观与大学生思想政治教育工作》,《教育探索》2008 年第 3 期

35. 张瑞敏、保虎:《习近平思想政治工作理念的人学特色》,《思想政治教育研究》2018 年第 4 期

36. 付安玲:《大数据时代思想政治教育“获得感”的人学意蕴》,《思想教育研究》2018 年第 2 期

37. 黄义灵、王萍:《马克思主义人学视域下大学生社会主义核心价值观教育研究》,《学校党建与思想教育》2020 年第 23 期

38. 陈秉公:《“结构与选择”机制下的人的生命本体——马克思主义人学理论的新探索》,《中国社会科学》2014 年第 3 期

39. 江畅:《核心价值观的合理性与道义性社会认同》,《中国社会科学》2018 年第 4 期

40. 成长春、张廷干等:《意识形态自觉与价值理性认同》,《中国社会科学》2018 年第 2 期

41. 袁祖社:《“中国价值”的文化发现及其实践意义》,《中国社会科学》2017 年第 8 期

42. 吴增礼、黄春凤:《构建社会主义核心价值观践行的负面清单制度》,《马克思主义研究》2020 年第 1 期

43. 顾保国:《论习近平新时代家风建设重要论述的理论逻辑与实践价值》,《马克思主义研究》2020 年第 2 期

44. 王易、田雨晴:《习近平对培育和践行社会主义核心价值观的新贡献》,《马克思主义研究》2019 年第 11 期

45. 胡媛媛、王岩:《意识形态安全视阈中的“普世价值”思潮批判》,《马克思主义研究》2019 年第 7 期

46. 金桂兰:《习近平的文化平等观及其时代价值》,《马克思主义研究》2019 年第 9 期

47. 杨艳春:《立德树人的马克思主义人本理路探析》,《思想教育研究》2014 年第 1 期

48. 景剑峰、赵东海:《公民与私人:马克思早期人学思想的双重向度及其辩证关系》,《求是学刊》2018 年第 6 期

49. 戴木才:《论坚定社会主义核心价值观自信》,《马克思主义研究》2018 年第 8 期

50. 杨艳春、王昭风:《矛盾视角中的理性主义与非理性主义》,《教学与研究》2002 年第 9 期

51. 裴学进:《习近平“确立价值观最大公约数”论断的深刻蕴涵与重要创新》,《马克思主义研究》2020 年第 1 期

后　记

本书是作者深入学习以人为本的科学发展观和习近平新时代中国特色社会主义思想的研究成果，以人为本的科学发展观，强调要加强社会主义核心价值体系建设，培育和践行社会主义核心价值观，发展和繁荣社会主义文化，构建和谐社会共同思想道德基础。以习近平同志为核心的党中央提出以人民为中心的执政理念，形成了习近平新时代中国特色社会主义思想，进一步强调立德树人、以社会主义核心价值观引领文化发展，增强中国特色社会主义文化自信，建设社会主义现代化强国，促进人的本质的自由全面发展。这为我们解放思想、实事求是，冲破价值观教育的教条主义、功利主义和形式主义传统，从人的实践本质出发，立足于人的本质的自由全面发展，坚持立德树人、以文化人、以理服人、以情感人，与时俱进加强和改进价值观教育，科学构建社会主义核心价值观引领文化发展的马克思主义人学理路指明了方向。作为一名从教三十多年的思想政治理论课老师，我在深入学习马克思主义中国化最新成果的过程中，始终不忘初心、牢记使命，注重把立德树人教育使命担当与自己深入学习以人为本的科学发展观和习近平新时代中国特色社会主义思想有机结合起来，深入系统研究和回答人们关心的价值观教育理论热点和现实难点问题，以文化人，以科学的理论武装人，为加强马克思理论武装和思想价值引领做出自己应有的贡献，《价值观教育的人学理路研究》就是基于这种使命担当的理论自觉和实践努力。

习近平总书记十分重视价值观教育在立德树人、以文化人中的重大建构作用。改革开放以来，价值领域中的“见物不见人”现象日益突出，一些人甚至党的高级领导干部的价值观被歪曲和异化，严重影响了中国社会的和谐发展与现代化建设，败坏党风、政风、民风和社会风气，习近平总书记多次强调：要把培育和弘扬社会主义核心价值观作为凝魂聚气、强基固本的基础工程，继承和发扬中华优秀传统文化和传统美德，广泛开展社会主义核心价值观宣传教育，积极引导人们讲道德、尊道德、守道德，追求高尚的道德理想，不断夯实中国特色社会主义的思想道德基础。为了深入贯彻落实习近平总书记系列讲话精神，特别是 2019 年 3 月 18 日在全国思想政治理论课教师座谈会上的讲话精神，和在“不忘初心，牢记使命”主题教育工作会议上的重要讲话精神，本书提出和论证了价值观教育的人本指向，对深入贯彻落实以人为本的科学发展观和新发展理念，坚持以人民为中心的执政价值观、立德树人、以文化人、加强和改进价值观教育做了积极探索，体现作者作为教育部“全国高校优秀中青年思想政治理论课教师择优资助计划”入选教师“不忘初心，牢记使命”的政治情怀和学术自觉。中国共产党人的初心是为中国人民谋幸福，政治使命是为中华民族谋复兴，体现了中国共产党人为实现人的本质的自由解放与全面发展而奋斗的政治情怀、使命担当和价值追求，为解决市场经济条件下人的本质的异化和价值观的物化、扭曲问题指引了人本化发展方向，也为本书系统梳理和分析中国传统价值观教育的人性论理路和西方价值观教育的人本主义哲学理路、科学构建价值观教育的马克思主义人学理路提供了指导。

一方面，本书在厘清价值、价值观、人性和马克思人的本质观等基本概念及其特点的基础上，系统研究了当今世界正在经历深刻的社会转型所引起的文化思想价值观多元化发展趋势和人本化发展指向，围绕“中国传统价值观教育的人性论理路、西方价值观教育的人本主义哲学理路、价值观教育的马克思主义人学理路”等价值观教育的基础理论难点问题，分析了当代中国的四种主要文化思想价值观：一是中国传统价值观，即以“三纲五常”等人性论思想为主导的价值观；二是改革开放前过分强调能绝对平等、大公无私的抽象的理想化集体主义价值观；三是改革开放后受西方文化思想和“普世价值”影响的以个人主义、实用主义和功利主义为核心的西方人本主义思想和自由主义价值观；四是正在逐渐形成的中国特色社会主义核心价值观，“三个倡导”是这种价值观的集中体现。本书结合中华文明五千年历史、西方人本主义千年思想、社会主义五百年思潮、中国共产党百年建党精神和社会主义革命、建设、改革开放所取得的辉煌成就，对历史和现实进行深入比较，科学分析了价值观教育的中国传统人性论思想资源、西方人本主义思潮辨析、马克思主义人学理论依据、实践路径和保障机制，论证了价值观教育的人本指向是以人为本的时代精神的体现和立德树人的根本要求；强调面对当前文化思想价值领域出现的复杂化、多元化情况，我们要主动适应新时代加强和改进社会主义核心价值观教育的需要，科学分析当前价值领域多元并存的复杂现状，坚持以人为本、以人民为中心，从人的实践本质出发，着眼于人的自由全面发展，坚持“三个倡导”，对前面三种价值观进行合理扬弃，使社会主义核心价值观成为凝聚思想共识、激发爱国热情与民族活力的精神食粮，为中国特色社会主义现代化建设和实现中华民族伟大复兴提供思想价值引领和文化、智力支持。

另一方面，根据习近平总书记关于“核心价值观是文化软实力的灵魂、文化软实力建设的重点。这是决定文化性质和方向的最深层次要素”的讲话精神，本书围绕中国共产党对马克思主义人学思想的丰富发展和对价值观教育人本化发展思想的探索与以人为本的理念对价值观教育人本化发展的新理路、社会主义核心价值观引领文化发展的人学理路等价值观教育人本化发展的重大理论和实践问题进行深入研究，论证了社会主义核心价值观对繁荣社会主义文化、构建和谐社会思想道德基础起的重大引领作用。从而得出社会主义核心价值观不仅是对马克思主义文化与价值理论的继承与发展，而且是中国共产党对人类价值观的合理扬弃，是党的全心全意为人民服务宗旨在价值观上的具体体现，有助于立德树人、以文化人，促进人的本质的自由全面发展。正因如此，中央多次强调要把加强和改进社会主义核心价值观作为文化宣传思想工作和价值观教育的主要内容和根本任务来抓。

本书是国家社科基金后期资助项目“价值观教育的人学理路研究”(20FKSB025)的最终研究成果，前期相关研究得到了江西省高校人文社科重点研究基地南昌大学“大学生思想政治教育研究中心”项目“价值观教育的人学理论基础研究”和福建省习近平新时代中国特色社会主义思想研究中心闽江学院研究基地项目“习近平总书记新时代教育重要论述研究”的支持。作者合理吸取了自己前期相关研究报告和已经发表的相关论文中的一些思想观点并在书稿中加以注释，在此基础上经过近五年的深入系统研究和一年多的修改与完善，最终完成了约 30 万字的研究专著。本书提出和论证了价值观教育的人本指向是以人为本的时代精神的体现和立德树人的根本要求；在科学构建以人为本的价值观教育的理论依据、实践路径和保障机制等价值观教育人本化发展理路方面提出了一些新思想、新观点、新方法和新措施，是着眼于人的本质的自由全面发展，是提升价值观教育的科学性、针对性、实效性、系统性和满意度的有益探索，为加强价值观教育提供了科学理路。

本书作者一直致力于书稿的写作、审稿、修改和完善工作；我指导过的青年老师卞桂平博士、王伟博士、李丁宁博士，研究生付维、汪钏、查唐龙，科研助理易晨琛老师、毕智超老师作为团队成员参与了本书资料收集和第七章初稿部分内容的写作校对工作；毕红芳助理研究员参与了第二章初稿部分内容的撰写；林婷婷老师为本书第二章的文献校对和修改做了一些工作；蒋田鹏博士为该书的查重做了大量工作，借该书出版之机想对参与研究的同仁们所付出的辛勤劳动深表感谢！本书在写作过程中还得到了中国人民大学陈先达教授、南京大学刘林元教授、南京大学姚润皋教授、华中师范大学俞思念教授、安徽工程大学张刚教授和安徽广播电视大学张敏副校长等专家的指导，感谢他们在百忙之中对本书写作提出的宝贵意见。本书得到国家社科基金项目后期资助项目推荐出版社——江苏人民出版社的推荐和在项目结题后出版，在此表示感谢。同时，本书合理借鉴了当前学术界相关研究的一些成果，在此一并表示感谢！